互联网+教育改革理念教材
创新型素质教育“十四五”规划精品教材

大学生心理健康自助与成长教程

主编 姚晓东 李蓓蕾 吕智慧

天津大学出版社
TIANJIN UNIVERSITY PRESS

图书在版编目（CIP）数据

大学生心理健康自助与成长教程 / 姚晓东, 李蓓蕾, 吕智慧主编. -- 天津 : 天津大学出版社, 2024.1
“互联网|”教育改革理念教材 创新型素质教育“十四五”规划精品教材
ISBN 978-7-5618-7673-2

Ⅰ. ①大… Ⅱ. ①姚… ②李… ③吕… Ⅲ. ①大学生－心理健康－健康教育－高等学校－教材 Ⅳ. ①G444

中国国家版本馆CIP数据核字(2024)第022421号

DAXUESHENG XINLI JIANKANG ZIZHU YU CHENGZHANG JIAOCHENG

出版发行　天津大学出版社
地　　址　天津市卫津路92号天津大学内（邮编：300072）
电　　话　发行部：022-27403647
网　　址　www.tjupress.com.cn
印　　刷　北京盛通印刷股份有限公司
经　　销　全国各地新华书店
开　　本　787mm×1092mm　1/16
印　　张　14
字　　数　350千
版　　次　2024年1月第1版
印　　次　2024年1月第1次
定　　价　42.00元

编委会

主　编

姚晓东　李蓓蕾　吕智慧

副主编

张　翀　李艳武　罗光霞　王晓欢

编　者

孙　宇　王春玲

前言

随着经济的发展、社会的进步，大学生面临着学业、人际交往、情绪情感、择业就业等诸多压力，心理问题日益增多，并呈现出多样化、严重化的趋势。因此，加强大学生心理健康教育，教会大学生心理调适方法，激发大学生自我成长，塑造大学生健全人格，已成为大学教育的一个重要内容。

良好的心态、健全的人格是人的身心健康的重要标志，也是社会和谐的基本条件。心理健康问题逐步成为世界各国普遍面临的社会化问题。这些问题已逐渐从成人、职业群体扩展延伸至大、中、小学群体，呈现“低龄化”的发展趋势。因此，加强青少年心理健康教育已成为当前全社会的共识。一直以来，党和政府对大学生心理健康教育工作非常重视。近年来，国家陆续出台了多个文件，如教育部等十七部门联合印发了《全面加强和改进新时代学生心理健康工作专项行动计划(2023—2025年)》，国家卫生健康委等十二部门印发了《健康中国行动——儿童青少年心理健康行动方案(2019—2022年)》，以及《关于加强学生心理健康管理工作的通知》《高等学校学生心理健康教育指导纲要》等。可见，提高大学生心理素质，促进大学生身心健康和谐发展，已经是高校人才培养体系的重要组成部分，也是高校思想政治工作的重要内容。同时，文件还要求各高校对新生开设心理健康教育公共必修课，实现大学生心理健康教育全覆盖。

以往的心理健康教育大多从问题出发，往往过多地强调大学生的心理问题，而忽略了问题背后隐藏着的积极意义。这样的结果常常是误导大学生，使大学生对心理健康教育产生偏见，认为其是一门找病治病的学科，甚至会对问题的产生起到负面强化作用。其实，问题本身从来不是问题，如何看待问题才是真正的问题。所以我们要从人本主义出发，从积极心理学角度去相信每一个大学生的内心都有足够的力量去促进他们的成长。因此，在编写本教材的过程中，我们更多地强调心理自我成长的力量，利用十三个专题对大学生在成长过程中可能遇到的境况进行叙述和剖析。

本书内容采用最新的事例和研究成果，贴近当今社会学生面临的诸多问题，从心理觉察、心理自测、心理课堂、心理训练到心理赋能，理论与实践相结合，促使大学生在学习过程中进行自我思考、自我学习、自我探索、自我成长。本教材项目一和项目十二由姚晓东编写；项目二由王晓欢编写；项目三和项目十三由罗光霞编写；项目四和项目七由吕智慧编写；项目五和项目六由李蓓蕾编写；项目八由孙宇编写；项目九由李艳武编写；项目十和项目十一由张翀编写。

在编写过程中，我们参考了大量的相关文献和心理健康教育教学资料，采纳了一些专家学者的研究成果。特此致以诚挚的谢忱。本书编写是编者对大学生心理健康教育的一个探索过程，还需要接受时间的检验。由于水平有限，书中难免存在疏漏之处，恳请各位专家学者使用本书时不吝指正，以期进一步修改和完善。

姚晓东

2023 年 12 月 30 日

目录

项目一

大学生活，从“心”开始

心语心愿

在世界上出人头地的人，都能够主动寻找他们要的时势，若找不到，他们就自己创造出来。

——萧伯纳

人的三大关系，一是人与自然的关系，广义上讲就是人与物的关系；二是人与他人的关系，即人际关系；三是人与自身的关系。

——梁漱溟

学习目标

知识目标：了解大学生常见的适应问题。掌握大学生适应不良心理的方法。

素质目标：培养平和的心态，乐观面对生活。积极同身边环境和人互动，提高自己的适应能力。

心理觉察

L 是一名大学一年级的新生，带着对大学的憧憬进入了某职业院校。在他的想象中，大学应该是自由、轻松、惬意的，有亲切的同学、美丽的校园、干净整洁的寝室。他内心一直期盼着轻松又丰富的大学生活。但开学一报到，他就傻眼了，满满的课程、八人间的寝室出乎他的意料，任课教师讲完课就走，很多知识需要自主学习，平时也没有测验，没有了父母、老师的监督，学习大多靠自觉。他渐渐开始散漫。同学们下课都有自己的安排。L 看着那么多的社团，却不知道报哪个好。他觉得自己平时虽然很忙，看上去也挺充实，但不知道忙了什么。这几天，他心中总是有个声音问自己：“这就是我期盼的大学生活吗？”

思考：L 为什么难以适应大学生活？他该如何改变现状呢？

心理自测

适应性测试

下面这些问题能帮助你进行心理适应能力的自我判断。请认真阅读，并根据你实际情况的符合程度，从每个问题的三个备选答案中选择一个。

1. 我最怕转学或转班。每到一个新环境，我总要经过很长时间才能适应。

A 无法肯定　　　　B 是　　　　C 不是

2. 每到一个新地方，我很容易同别人接近。

A 无法肯定 B 是 C 不是

3. 在陌生人面前，我常无话可说，以至于感到尴尬。

A 无法肯定 B 是 C 不是

4. 我最喜欢学习新知识或新技能。它给我一种新鲜感，能调动我的积极性。

A 无法肯定 B 是 C 不是

5. 每到一个新地方，我第一天总是睡不好。即使在家里，只要换一张床，有时也会失眠。

A 无法肯定 B 是 C 不是

6. 不管生活条件有多大变化，我都能很快习惯。

A 无法肯定 B 是 C 不是

7. 越是人多的地方，我越感到紧张。

A 无法肯定 B 是 C 不是

8. 我的考试成绩多半不会比平时练习差。

A 无法肯定 B 是 C 不是

9. 当全班都看着我时，我的心快要跳出来了。

A 无法肯定 B 是 C 不是

10. 当对某人有看法时，我仍能同他交往。

A 无法肯定 B 是 C 不是

11. 我做事情总有些不自在。

A 无法肯定 B 是 C 不是

12. 我很少固执己见，常常乐于接纳别人的观点。

A 无法肯定 B 是 C 不是

13. 同别人争论时，我常常感到语塞，事后才想起来怎样反驳对方，可惜已经太迟了。

A 无法肯定 B 是 C 不是

14. 我对生活条件要求不高，即使生活条件很艰苦，我也能过得很愉快。

A 无法肯定 B 是 C 不是

15. 有时自己明明把课文背得滚瓜烂熟了，可是在课堂上背还是会出差错。

A 无法肯定 B 是 C 不是

16. 在决定胜负成败的关键时刻，我虽然很紧张，但总能使自己很快镇定下来。

A 无法肯定 B 是 C 不是

17. 我喜欢的东西，不管怎么学都学不会。

A 无法肯定 B 是 C 不是

18. 在嘈杂混乱的环境里，我仍能集中精力学习，并且效率较高。

A 无法肯定 B 是 C 不是

19. 我不喜欢陌生人来家里做客，每逢这种情况，我就有意回避。

A 无法肯定 B 是 C 不是

20. 我很喜欢参加社交活动，我认为这是交朋友的好机会。

A 无法肯定 B 是 C 不是

计分标准与结果评估

选择"是"加 2 分,选择"无法肯定"加 1 分,选择"不是"加 0 分。各题分数相加得出总分。

35~40 分:心理适应能力很强。能很快适应新的学习生活环境,与他人交往轻松、大方,给他人的印象非常好。无论进入什么样的环境,都能应对自如。

29~34 分:心理适应能力良好。

17~28 分:心理适应能力一般。进入一个新的环境,经过一段时间的努力,基本上能适应。

6~16 分:心理适应能力较差。对熟悉的生活环境有依赖,一旦遇到困难容易怨天尤人,甚至消沉。

5 分以下:心理适应能力较差。在各种新环境中,即使经过相当长一段时间的努力,也不一定能适应,常常感到困惑,因与周围事物格格不入而苦恼。在与他人的交往中,总是显得拘谨、羞怯、手足无措。

如果在这个简单的测试中得高分,说明你的心理适应能力较强。如果得分较低,也不必担忧,因为一个人的心理适应能力是随着年龄的增长、知识经验的丰富而不断增强的。

心理课堂

任务一　了解大学生常见的适应问题

知识探索

一、适应概述

(一)适应的含义

"物竞天择,适者生存"是自然界所有生物的生存法则。对人类而言,适应环境已经成为生存和发展的一项重要能力。什么是适应?在生物学上,适应是指有机体为增加生存机会,而做出的身体上和心理上的改变。在心理学上,适应则表示个体对环境变化做出反应。一般认为,适应是指个体通过不断调整身心,在现实环境中维持一种良好有效的生存状态的过程。

从人类进化的角度来看,我们所处的自然环境和社会环境总是在不断地变化,适应是每个个体都要面对的人生问题,能否适应环境的变化也是个体心理是否健康的重要标志之一。

(二)大学新生适应与心理健康

经过高中三年的努力拼搏,学子们告别了中学时代,跨入了大学校园,进入了一个全新的生活环境。环境适应问题是新生进入大学后面临的第一个严峻挑战。与中学相比,大学的生活环境、学习特点、生活方式、人际关系等都发生了很大的变化。面对求学、交友、恋爱、就业、自我价值的实现等重大人生问题，大学新生难免感到困惑、迷茫甚至痛苦。一些大学生甚至会出现各种心理障碍，或是患上某些心理疾病。因此，对于大学新生来说，提高自身对环境的适应能力，对顺利完成大学学业、健康成长成才具有重要意义。

二、大学生常见的适应问题

（一）学习适应问题

在大学新生常见的适应问题当中，学习适应问题是较为重要的一个。进入大学后，面对新的教学方法、学习方式，很多学生会感到难以适应。具体来说，大学新生容易出现的学习适应问题主要体现在以下两个方面。

（1）学习方式的变化。中学阶段的学习模式极为简单，教师讲授，学生接受，对不懂的问题学生可以与教师交流及时解决。而在大学里，教师不再像中学时那样，针对每一个知识点进行详细讲解。学生要自己去管理学习时间、规划学习目标、安排学习内容、制订学习计划等，这就要求大学生要有很强的自制能力和自主学习能力。

（2）学习内容的变化。中学的学习内容以书本知识为主，大多是较为固定的基础知识，而大学学习更偏重于专业，需要学生在阅读大量理论研究成果的基础上，总结出所学习内容的规律和特点。大学生在学习时不能只限于教材上的知识，而需要学会查阅相关的书籍、文献，进行总结归纳，提出自己的见解，培养研究探索能力。

（二）生活适应问题

生活适应问题在刚进入大学的新生中较为常见。绝大多数学生是远离熟悉的家人、家乡，到异地求学的，其生活环境和生活方式都发生了改变，衣食住行等问题全靠自己安排。然而，有不少大学生在中学阶段没有住过集体宿舍，日常起居由父母安排，习惯了父母的照顾，缺乏必要的生活技能和生活经验，生活自理能力较差，无法适应集体生活。由于饮食方面的差异，作息时间与生活习惯的不同，气候和语言环境的变化，起居条件与家中环境形成巨大的反差，不少新生对大学生活感到不适应，容易情绪低落，出现烦躁、紧张、不安、焦虑等情绪，甚至产生孤独感。

大学新生对于生活环境的不适应，可能会引发一些相对明显的外在行为，如不能合理安排自己的作息，生活不规律，不能合理消费，开支过度，不能科学安排时间，把大量的时间浪费在电子游戏、打牌等休闲娱乐活动上，另外还有想家、失眠、水土不服等情况。

心灵故事

故事一： W，18岁，来到心理咨询室，倾诉心中的苦恼。她刚上大学，远离了父母，远离了昔日的朋友，面对陌生的环境，各方面都不适应。她心里非常迷茫，非常伤感，甚至产生恐惧心理。她十分想家，想念自己以前的高中同学，留恋以前熟悉的生活环境。大学的学习生活开始之后，最初的惊奇与新鲜感逐渐退去，她开始感到孤独、压抑。她每天背着书包在校园中奔波，感觉大学生活是那么的平淡和无聊。另外，打饭要排队，饭菜又难以下咽，衣服要自己洗。为此，她每天给家长打电话诉苦。

故事二： Y，19 岁，大一学生。他来到大学后，发现许多同学非常活跃，很快就交到了许多朋友，而和自己关系好的同学只有两三位。他很害怕和陌生同学交往，一和陌生同学说话心里就紧张，不知道说什么好，经常面红耳赤。寝室住了 6 位同学，大家的作息习惯不一样，晚上有时候很吵闹，有的同学深夜还在大声打电话，导致他入睡难，睡眠质量差，但又不知道怎么和打电话的同学交流。他想改变自己，在大学多交朋友，和宿舍同学处理好关系，可是不知道该怎么做。

（三）人际关系的适应问题

有些学生在交往过程中，如果人际关系处理不当，容易出现回避性人格障碍。其特点是产生自卑心理，行为畏缩，面对挑战采取逃避态度或无力应付，想与人交往，又怕被人拒绝、嫌弃，想得到别人的关心与体贴，又害羞，不敢与人接近。这样的学生不与人交往，并非出于自愿，其内心也是矛盾重重。

消除社交障碍，主要是学会正确评价自己。增加自信，消除自卑和恐惧。对自己的神态举止尤其敏感，生怕在别人面前出丑、失态，反而使自己在人际交往中感到异常紧张。社交障碍是一种恐惧心理的自我加强过程，恶性循环一旦形成，恐惧愈演愈烈，最后将严重影响正常的学习和生活。有这样问题的同学一定要转变观念，大胆地走出去，多参加一些集体活动，多在众人面前展示锻炼自己。

课堂互动

部分入学不久的大学生会产生“回归心理”，留恋过去的中学时代，想念过去的同学、朋友和熟悉的生活环境，觉得当下的大学生活枯燥乏味。你是否有过这样的心理或产生过类似的想法？你是如何应对的？

活动探索

连环自我介绍

活动目的　初步了解身边的同学。

活动准备　将全班同学分成人数相等的小组，每组 5~12 人。

活动过程

（1）小组围圈而坐，每个小组任选一人，用一句话介绍自己。这句话中必须包含三个方面的内容：姓名，来自哪里，自己的性格特点。

（2）当第一个人说完后，第二个人（左边）必须从第一个人开始讲起，第三个人及之后的人也要从第一个人开始讲起。

甲：我是来自 A 省 B 市，性格外向的甲。

乙：我是来自 A 省 B 市，性格外向的甲的左边的，来自 A 省 C 市，性格活泼的乙。

丙：我是来自 A 省 B 市，性格外向的甲的左边的，来自 A 省 C 市，性格活泼的乙的左边的，来自 N 某 D 市，性格内敛的丙。

任务二 学会调适不良的适应心理

知识探索

一、正视自我，尽快适应新生活

（一）转变角色，正确评价自我

来到大学校园后，我们新的人生阶段就开始了。小小的校园俨然是一个小小的社会，也是一个万花筒，有着丰富的内容。与单纯的中学校园相比，大学校园略显喧闹了些。面对生活环境的转变、学习方式和知识结构的变化、理想和现实的落差，很多学生会产生困惑。自己应该如何尽快适应大学的生活和学习呢？

1. 做好上大学的心理准备

大学不是与世无争的世外桃源，而是现实社会的一个缩影。上大学早已不意味着捧起铁饭碗，大学生同样需要不懈的拼搏和奋斗。大学时期是人生的黄金阶段，是生命的转折点。大学就是一个大熔炉，要在这个大熔炉里锻造自己，逐步从幼稚走向成熟，不断探索未来的人生道路。走进大学，曾经单调的生活变得五彩缤纷。但也有人对大学生活不适应，弄得一塌糊涂。

在社会生活中，每个人都扮演着不同的社会角色，不同的角色拥有相应的权利，也承担着相应的社会职责和义务。社会对不同的角色给予的不同希望和要求，也称社会期望。每一种社会角色都应该符合当时的社会对这个角色的期望。大学生从中学到大学，身份变了，位置变了，社会角色变了，社会期望也变了。在大学里，人们越来越多地把能力特长作为衡量一个人是否优秀的重要因素。那些知识面宽、社交能力强或有文体专长的学生通常备受关注。这会使那些只看重学习成绩而缺少能力或特长的学生在心理上产生困惑和迷茫。在这种情况下，千万不要消极否定，不要自认为不行，不要遇到竞争就放弃，不要害怕在公共场合表现自己。正确的做法应该是认识到角色的转变，从客观的角度重新认识自己，正确评价自己。大学生要尽早做好思想准备，主动进行心理调整，少走弯路，减少心理压力，顺利适应大学生活。

2. 转变心理角色

要想学会适应，就需要改变自我。人的社会角色变化了，相应的心理角色也应该跟着转变。大学新生应让自己在心理上实现从中学到大学的转变，经常告诉自己“我是大学生了”会促进这种转变，同时还要学会正确地评价自己。一是要破除优越感，进入大学以后，社会评价标准更新，产生新的一批“优秀者”，要正视自己的相对平庸化现象，以平常心态面对新的生活；二是要破除自卑感，正确对待与同学之间的差距；三是要优化学习动机，树立新的理想和奋斗目标，把大学生活作为人生的起点，这样才能获得经久不衰的学习动力；四是要调节失落心理，面对适应期的失落，采取乐观豁达的态度，进行积极的调试和补偿。假使学习成绩不尽如人意，应注意调整学习动机，改进学习方法。若没有当学生干部，就把时间用来多读书，多参加社会实践活动，从而获得补偿。若有想不通的、不愉快的事，就主动找老师和同学谈谈，可以得到放松和调试。必要的话，可以求助专业的心理辅导老师。

（二）尽快熟悉校园环境，适应大学生活

新生入学的时候，一般都会有家长相送，校园内常常出现人山人海、停车场爆满的场面。更有甚者，入学后家长还要进行陪读。家庭条件好的学生会聘请保姆、租个房子专程陪读。家庭条件差一点的就是家长兼工陪读。进入大学的学生一般都是成年人了，要学会独立。

1. 尽快调整生活方式

对于大部分新生来说，进入大学是真正意义上独立生活的开始。因此，学会自我管理、培养生活自理能力是大学生活的重要一课。

（1）学会日常生活管理。入学开始，大学生的独立生活就开始了，所以要尽快熟悉校园环境和各种生活信息，如教学楼、图书馆、食堂、商店等场所的位置，学校各个校门的位置，宿舍里的各种生活服务设施等，以便在短时间内更顺利、省时地办理各种手续，解决各种问题。另外，新生还要学会按时起床，学会料理床铺、收拾房间，学会洗衣服、晾晒被褥，学会照顾自己。新生在交往过程中，若能和同学多交流，也能在一定程度上促进生活自理能力的提高。独立生活的另一个重要体现是对钱财的管理，要学会有计划地消费，把钱花在刀刃上。对于家庭经济条件较差的同学，要学会勤工俭学，减轻家里的经济负担。

（2）了解学校各项规章制度，明确什么是该做的，什么是不该做的，安排好自己的课余生活。在熟悉新生活、老师和同学的同时，还要迅速熟悉学校的教学及辅助设施，如教学楼、办公楼、食堂、图书馆、实验室、体育馆的开放时间和使用方法等。为了尽快适应新的校园环境，新生应多向高年级的同学和同乡请教，加强与老师、同学的联系，掌握各方面的信息。

2. 转变学习方式

（1）转变学习方式，化被动为主动。大学生要培养学习的独立性，大学里的学习是学生真正自主学习，自己规划未来，以及根据这种规划来选择应该学什么，学到什么程度，并逐渐摸索出自主学习方法。据心理学家测试，一个优秀的学生所获得的知识，约60%依靠教师的讲授和辅导，约40%依靠学生独立获取。因此，大学生要克服学习的依赖性，逐步学会主动学习，自己确定学习目标，制订学习计划，检查学习效果，主动找老师征询意见，请教老师问题，变“要我学”为“我要学”，变被动为主动。大学生应增强学习的目的性，激发成就欲望，要尽快学会如何听课和记笔记，如何准备课堂讨论和考试等。这些对新生尽快适应大学生活尤为重要。

（2）要理解学习不是为了应付升学考试，而是为了提升自身素质能力。进入大学以后，专业设置的不同和个人发展目标的不同，使原来学习名次上的竞争逐渐淡化，逐步形成了大学学习观念上的综合评价体系。在这种体系里竞争是潜在的，是全方位的，是更为激烈的，所以在打牢理论基础知识、拓宽知识面的同时，还要通过实习、实验、参加第二课堂活动、参加社会实践等多种渠道来获取知识，开阔视野，培养动手和创新能力，提高综合素质。同时新生也要注意计划性，每天的学习要有规律，克服随意性。

（3）要培养学习的选择性。每位大学生都要花大力气学好公共课和专业课，既要保证专业知识的精深掌握，也要根据专业需要和个人兴趣选修其他课程。对专业课的学习应目

标明确，主动克服各种学习困难，不断提高学习兴趣。对选修课的学习应注意避免仅仅根据浅层的了解而盲目选修。无论选择什么课程，涉及什么知识，都要精心筛选。如果这也想学，那也想学，结果将顾此失彼。此外，新生还要处理好学习与课外活动、人际交往的关系，尽量少去或者不去网吧，避免上网成瘾，荒废学业，影响身心健康。

3. 提高人际交往能力

相逢是缘，大家都有优点，可以共同分享。大家也各有缺点，应该彼此宽容，取长补短。在交往过程中要遵循以下原则：一是主动原则，要培养良好的交往意识，做到相互了解、相互适应，在渴望别人接受自己的同时，善于接纳他人；二是真诚原则，同学间要相互尊重、理解，相互关心，严于律己，宽以待人，光明磊落，要有合作意识和团队精神，同学间大事讲原则，小事讲风格，不要斤斤计较，要多进行自我反思；三是要坚持与人为善的原则，既要培养竞争意识，又要注意人际关系的和谐，善于理解和宽容他人，掌握交往之道，注意提高个人修养，养成良好的行为习惯，培养全方位的交际能力和处事艺术。

（三）学会自我心理调适，做自己的心理医生

大学新生适应问题是大学生心理调适的重要问题，其适应状态会直接影响个人今后在大学阶段的发展情况。因此，要通过多种渠道，采用多种方法进行适应性心理调适，优化和调节自己的适应状态，以促进自己尽快适应大学的学习和生活。

1. 心理调适的途径

（1）课堂学习。新生通过学习心理健康教育等相关课程，基本可以掌握关于适应期的心理调适方法。

（2）专题讲座学习。在每年新生入学初期，学校心理健康教育机构或学生管理部门都会经常举办以促进新生适应为主题的介绍新生心理适应方法为内容的讲座、论坛等活动，新生有机会学习到基本的心理调节方法。

（3）自学。目前有关大学心理健康的书籍很多，新生可根据自己的需要选择其中的部分内容，通过自学掌握心理调适方法，以促进自我发展。

2. 心理调适的方法

（1）顺其自然法。这种调试方法是指在整个适应过程中，保持一种自然、宁静、平常的心态，主动面对各个阶段出现的得失成败。特别要坦然接受在适应过程中产生的困难和问题，并认识到这些困难和问题是适应过程中的正常现象，不抵制、不反抗、不回避、不压制，尤其要做到情绪不产生变化，形成协调的生活以使个体安排与学校的整体进程保持一致。新生使用顺其自然法，不但有助于避免和减轻在适应过程中产生的焦虑、急躁和抑郁情绪，提高心理承受能力，而且有助于提高生活情趣。

（2）积极暗示法。自我积极暗示法是指在特定的条件下，通过自我激励，对自己的心理活动和行为施加积极影响。例如经常照镜子，反复对自己说“我是一个受欢迎的人”“我具有良好的人际交往能力”“我喜欢与人交往”，并在头脑中把自己想象成一个良好的交际者，直到这种形象在头脑中能够栩栩如生地浮现出来，并根深蒂固。这样坚持下去就会发现自己确实很受欢迎。

（3）再定目标法。新生进校后不久，对大学的美好期望、无限畅想多数会被冷酷的现实

击得粉碎,且感受到上大学后各种目标在实现过程中发生了不同程度的变化,主要表现为目标迷茫化、目标丧失化和目标冲突化。在新环境里,为使新生的学习生活有明确的动力和努力方向,每个新生应结合自身特点重新设定目标。

(4)社会实践法。人的心理是在社会文化交往、社会实践中形成和发展的,因而多参加人际交往、社会实践、校园文化活动和体育运动等,有利于新生锻炼心理素质、增强意志品质、丰富经验、发展才智,从而促进心理的健康发展。无论是为了环境适应性的增强、技能的提高,还是为了目标的实现、情感的满足,新生作为社会一员,都需要主动参加学校组织的各种实践活动,从而在实践活动中体验生活、感悟人生、了解社会、知晓他人、展现自我、赢得认可、体验成功、获得自信。

(5)宣泄情绪法。新生在适应过程中,不可避免地会产生各种不良情绪。为防止长期被不良情绪困扰,大学生应形成张弛有度的生活方式,并及时、适度、合理地宣泄不良情绪,从而获得心理平衡,恢复正常心境。

(6)交流沟通法。适应期间,当新生在学习、生活、人际交往、环境适应等方面产生困惑、苦闷时,应针对不同问题,及时主动地与父母、专业课教师、辅导员或班主任、同专业高年级的学生、其他新生或同乡交流和沟通,向他们倾诉苦恼,寻求心理帮助。与他们共同探讨对策,倾听他们的建议和意见,寻求他们的支持,这不仅有助于新生减少消极情绪,丰富人生经历,而且对顺利适应新生活也具有非常重要的促进作用。如果精神压力过大,各种负面情绪和消极心理在经过自我调适、交流沟通后仍无效时,新生应主动及时地求助高校心理咨询机构专业人员的咨询指导,从而恢复正常心理。目前多数高校都设有心理咨询机构,新生可主动前往寻求帮助。

心理训练

无家可归

活动目的 尽快融入新环境、新集体。

活动时间 15 分钟。

活动过程 首先让学生围成圆圈,手拉手,充分体会大家在一起的感觉,然后老师说“马兰花开,马兰花开。”学生问“开几朵?”老师说“开 N 朵。”(N 小于学生数),学生按这个数字形成一个“家”,拉起手来。圈外的学生就是“无家可归”的人。请没有找到“家”的学生谈谈游离在团体之外的感受。此游戏可用于“建立团队”“人际交往”等主题教育。

活动分享

(1)当你听到口令后,你最希望的是什么?

(2)当你成为无家可归者,你的感受是什么?

(3)当你在团体中,你的感受是什么?

(4)怎样才能让自己成为团体中的一员?

心理赋能

给大学新生的几点忠告

（1）在大学有很多意外用钱的地方，为了你的家人和自己的前途，永远别乱花钱。

（2）很多事情当你在回忆时，会发现其实没什么大不了，所以不管你当时多么愤怒，都告诉自己不必这样。

（3）好好利用在公共场合说话的机会展示或者锻炼自己。

（4）别为自己和他人下定论，你所看到、所听到的可能只是其中的一面。

（5）很多事情别人通知你了，要说谢谢；没有通知你，也不要责怪。

（6）经常给家里打个电话，即使家人说他们不想你。

（7）如果在学校时很少去图书馆，你就等于浪费了一大笔财富。

项目二

健康人生，助人自助

心语心愿

一个人的精神层次越高，心理越健康。心理越是健康的人，越通透豁达，柔和从容。

——尼采

问题本身不是问题，如何应对才是问题。 ——维吉尼亚·萨提亚

学习目标

知识目标：了解健康、心理健康、心理咨询的相关问题。掌握大学生的心理特点和心理健康标准，以及维护心理健康的方式。

素质目标：培养大学生正确的健康观，能够科学理性地看待自己与他人的心理健康问题，有求助意识。积极主动地维护自身心理健康水平，提升心理素养。

心理觉察

H，男，19岁，是某高职院校大学二年级的学生，平时总给人一种积极向上、阳光开朗的感觉。因为他人长得帅，学习成绩好，还是班级干部，家里条件也好，所以是很多同学羡慕的对象。不过最近，他的父母投资失败，欠了好多债，上次回家的时候，H遇到了去家里要债的人。想到父母这么多年来的不容易，他感觉自己很没用，从此开始变得郁郁寡欢，情绪总是很低落，眼睛里也失去了平日的光彩。H在学校上课的时候总是发呆，平时他喜欢运动或者去图书馆，现在也没有兴趣了，感觉干什么都打不起精神，甚至晚上还出现了睡眠障碍。

H的变化被同寝室的同学们看在眼里，大家都想帮助他……

思考：H这是怎么了？作为身边的同学可以怎样帮助他？他自己可以做些什么改变现状呢？

心理自测

大学生心理健康测试

请认真阅读，并根据你实际情况的符合程度，从每个项目后面所附的三个备选答案中选择一个。

1. 平时不知为什么总觉得心慌意乱，坐立不安。

A. 常常是　　B 偶尔是　　C 完全没有

2. 上床后，怎么也睡不着，即使睡着也容易惊醒。

A. 常常是　　B 偶尔是　　C 完全没有

3. 经常做噩梦，惊恐不安，早晨醒来就感到倦怠无力、焦虑烦躁。

A. 常常是　　B 偶尔是　　C 完全没有

4. 经常早醒 1~2 小时，醒后很难再入睡。

A. 常常是　　B 偶尔是　　C 完全没有

5. 学习的压力常使自己感到非常烦躁，讨厌学习。

A. 常常是　　B 偶尔是　　C 完全没有

6. 在课堂上，甚至读书看报时也不能专心致志，往往自己也不清楚在想什么。

A. 常常是　　B 偶尔是　　C 完全没有

7. 遇到不称心的事情便较长时间地沉默寡言。

A. 常常是　　B 偶尔是　　C 完全没有

8. 感到很多事情不称心，无端发火。

A. 常常是　　B 偶尔是　　C 完全没有

9. 哪怕是一件小事情，也总是放不开，整日思索。

A. 常常是　　B 偶尔是　　C 完全没有

10. 感到现实生活中没有什么事情能引起自己的乐趣，郁郁寡欢。

A. 常常是　　B 偶尔是　　C 完全没有

11. 老师讲概念，常常听不懂，有时懂得快，忘得也快。

A. 常常是　　B 偶尔是　　C 完全没有

12. 遇到问题常常举棋不定，迟疑再三。

A. 常常是　　B 偶尔是　　C 完全没有

13. 经常与人争吵发火，过后又后悔不已。

A. 常常是　　B 偶尔是　　C 完全没有

14. 经常追悔自己做过的事，有负疚感。

A. 常常是　　B 偶尔是　　C 完全没有

15. 一遇到考试，即使有准备也紧张焦虑。

A. 常常是　　B 偶尔是　　C 完全没有

16. 一遇到挫折便心灰意冷，丧失信心。

A. 常常是　　B 偶尔是　　C 完全没有

17. 非常害怕失败，行动前总是提心吊胆、畏首畏尾。

A. 常常是　　B 偶尔是　　C 完全没有

18. 感情脆弱，稍不顺心就暗自流泪。

A. 常常是　　B 偶尔是　　C 完全没有

19. 自己瞧不起自己，觉得别人总在嘲笑自己。

A. 常常是　　B 偶尔是　　C 完全没有

20. 喜欢跟比自己年幼或能力不如自己的人一起玩或比赛。

A. 常常是　　B 偶尔是　　C 完全没有

21. 感到没有人理解自己，烦闷时别人很难使自己高兴。

A. 常常是　　B 偶尔是　　C 完全没有

22. 发现别人在窃窃私语，便怀疑是在背后议论自己。

A. 常常是　　B 偶尔是　　C 完全没有

23. 对别人取得的成绩和荣誉常常表示怀疑，甚至嫉妒。

A. 常常是　　B 偶尔是　　C 完全没有

24. 缺乏安全感，总觉得别人要加害自己。

A. 常常是　　B 偶尔是　　C 完全没有

25. 参加春游等集体活动时，总有孤独感。

A. 常常是　　B 偶尔是　　C 完全没有

26. 害怕见陌生人，人多时说话就脸红。

A. 常常是　　B 偶尔是　　C 完全没有

27. 在黑夜行走或独自在家会有恐惧感。

A. 常常是　　B 偶尔是　　C 完全没有

28. 一旦离开父母，心里就不踏实。

A. 常常是　　B 偶尔是　　C 完全没有

29. 经常怀疑自己接触的东西不干净，反复洗手或换衣服，对清洁极端注意。

A. 常常是　　B 偶尔是　　C 完全没有

30. 担心是否锁门和可能着火，反复检查，经常刚躺在床上又起来确认，或刚一出门又返回检查。

A. 常常是　　B 偶尔是　　C 完全没有

31. 站在悬崖边、大厦顶、阳台上，有摇摇晃晃要跳下去的感觉。

A. 常常是　　B 偶尔是　　C 完全没有

32. 对他人的疾病非常敏感，经常打听，生怕自己也身患同病。

A. 常常是　　B 偶尔是　　C 完全没有

33. 对特定的事物、交通工具（电车、公共汽车等）、尖状物及白色墙壁等有恐惧倾向。

A. 常常是　　B 偶尔是　　C 完全没有

34. 经常怀疑自己发育不良。

A. 常常是　　B 偶尔是　　C 完全没有

35. 一旦与异性交往就脸红心慌或想入非非。

A. 常常是　　B 偶尔是　　C 完全没有

36. 对某个异性伙伴的每一个细微行为都很注意。

A. 常常是　　B 偶尔是　　C 完全没有

37. 怀疑自己患了癌症等不治之症，反复看医书或去医院检查。

A. 常常是　　B 偶尔是　　C 完全没有

38. 经常无端头痛，并依赖止痛药。

A. 常常是　　B 偶尔是　　C 完全没有

39. 经常有离家出走或脱离集体的想法。

A. 常常是　　B 偶尔是　　C 完全没有

40. 感到内心痛苦无法解脱，只能自伤或自杀。

A. 常常是　　B 偶尔是　　C 完全没有

评分标准与结果评估

选择 A 得 2 分，选择 B 得 1 分，选择 C 得 0 分。各题分数相加得出总分。

0~8 分：心理非常健康，请你放心。

9~16 分：大致属于健康的范围，但应有所注意，也可以找老师或同学聊聊。

17~30 分：你在心理方面有了一些障碍，应采取适当的方法进行调适，或找心理辅导老师帮助你。

31~40 分：你有可能患了某些心理疾病，应找专业的心理医生进行检查治疗。

41 分以上：有较严重的心理障碍，应及时找专业的心理医生进行治疗。

心理课堂

任务一　健康概述

知识探索

一、健康

（一）什么是健康

健康是人类最为宝贵的财富，也是人类幸福生活的重要指标。古希腊哲学家赫拉克利特（Heraclitus）指出："如果没有健康，智慧就难以表现，文化无从施展，力量不能战斗，财富变成废物，知识也无法应用。"我国著名教育家、思想家陶行知说："我们深信健康是生活的出发点，也就是教育的出发点。"健康关系到人们生活的品质，甚至整个社会的发展，在很多人的心中，健康的重要程度远远超过了人们热衷的诸如金钱、职位、爱情、地位等等。健康如此重要，那究竟什么是健康？

传统观念认为，生理上没有疾病，身体上没有缺陷，身体各系统能够完成正常的代谢，日常行动自如，就可以说一个人是健康的。随着人类历史的不断发展进步，人们对健康的认识也不断深化。健康被认为是个体在身体、精神和社会等方面均处于良好的状态。

1989 年世界卫生组织提出了 21 世纪健康新概念："健康不仅是没有疾病，而且包括躯体健康、心理健康、社会适应良好和道德健康四个方面。"由此可见，当下健康的概念既考虑到人的自然属性，又考虑到人的社会属性，摆脱了以往片面的认识，进而更为完整地看待和评价人的健康状态。

健康是生理健康、心理健康、社会适应和道德健康相互联系、相互依赖的统一。比如，当人在生理上产生疾病时，其心理也必然受到影响，会变得情绪低落、紧张烦躁、容易发怒，从而导致心理不适；同样，长期心情抑郁、焦虑烦躁、心理负担过重的人也容易产生身体不适，甚至患上生理疾病。

（二）健康的标准

1978年世界卫生组织发布了衡量人体是否健康的10项标准。

（1）精力充沛，能从容不迫地应付日常生活和工作压力而不感到过分紧张。

（2）处世乐观，态度积极，乐于承担责任，事无大小，不挑剔。

（3）善于休息，睡眠良好。

（4）应变能力强，能适应外界环境中的各种变化。

（5）能够抵御一般感冒和传染病。

（6）体重适当，身体匀称，站立时头、肩、臂位置协调。

（7）眼睛明亮，反应敏捷，眼睑不发炎。

（8）牙齿清洁，无龋洞，不疼痛，牙龈颜色正常，无出血现象。

（9）头发有光泽，无头屑。

（10）肌肉丰满，皮肤有弹性，走路轻快有力。

二、心理健康

（一）什么是心理健康

1946年，第三届国际心理卫生大会指出："所谓心理健康，是指在身体、智能以及情感上与他人的心理健康不相矛盾的范围内，将个人心境发展成最佳的状态。"本次大会中对心理健康的标志也进行了说明："身体、智力、情绪十分协调；适应环境，在人际交往中能彼此谦让；有幸福感；在工作和职业中能充分发挥自己的能力，过有效率的生活。"

《简明不列颠百科全书》指出："心理健康指个体在本身及环境许可的范围内所达到的最佳功能状态，但不是十全十美的绝对状态。"

2001年，世界卫生组织再次对心理健康进行定义："心理健康是一种健康或幸福状态，在这种状态下，个体可以实现自我、能够应对日常的生活压力、工作富有成效和成果，以及有能力对所在社会做出贡献。"这也是近年来国际心理学界"积极心理学"取向的具体体现，即与以往"消极心理学"相对关注疾病不同，如今一些心理学家开始更倾向于关注人的积极心理品质，重视对人的优势与幸福的研究。

综上，心理健康是一种正常的、幸福的状态。可从广义和狭义两个方面去理解，从广义上讲，心理健康主要指持续高效而满意的心理状态；从狭义上讲，心理健康是指人的基本心理活动的过程内容完整、协调一致，即知、情、意、行和谐统一，能够适应社会的发展，与社会基本保持同步。为了便于理解，我们可以把心理健康理解为，个体在内外环境允许的条件下，所保持的良好发展状态。

扩展阅读

什么是人的心理?

人的心理包括心理过程和个性心理两部分,心理过程由认知过程(知)、情感过程(情)、意志过程(意)三部分组成;个性心理包括个性心理倾向(需要、动机、兴趣、态度、信念、理想、价值观等)和个性心理特征(气质、性格和能力)。

(二)经典的心理健康标准

关于心理健康的标准,不同的心理专家和学者根据自己研究的角度不同,都有自己独到的见解。美国心理学家马斯洛(Maslow)和米特尔曼(Mittelman)在20世纪50年代初提出的判断心理健康的十大标准,被公认为是心理健康的“最经典的标准”。

(1)充分的安全感。

(2)充分了解自己,并对自己的能力做适当的估价。

(3)生活的目标切合实际。

(4)与现实环境保持接触。

(5)能保持人格的完整与和谐。

(6)具有从经验中学习的能力。

(7)能保持良好的人际关系。

(8)适度的情绪表达与控制。

(9)在不违背社会规范的条件下,恰当满足个人的基本需要。

(10)在不违背团体意志的要求下,能有限度地发挥个性。

(三)心理健康状态的划分

通常,心理健康状态有心理正常和心理异常两种情况。心理正常又分为心理健康和心理不健康两种状态。

心理健康表现为大多时候的心理和谐状态,这种状态的人心理健康水平较高,一般不会或者很少出现心理问题,通常能够主动有效地以积极的应对方式调整身心冲突。

心理不健康是指出现一些心理问题的心理正常状态,主要包括一般性心理问题、严重心理问题和神经症性心理问题(可疑神经症)。有心理问题的正常人是心理辅导和心理咨询的对象,神经症性心理问题必要时需要考虑寻求心理治疗。

心理异常主要包括人格障碍、确诊神经症、性心理异常及其他各类精神障碍等。心理异常的人需要进行心理治疗或精神科治疗。

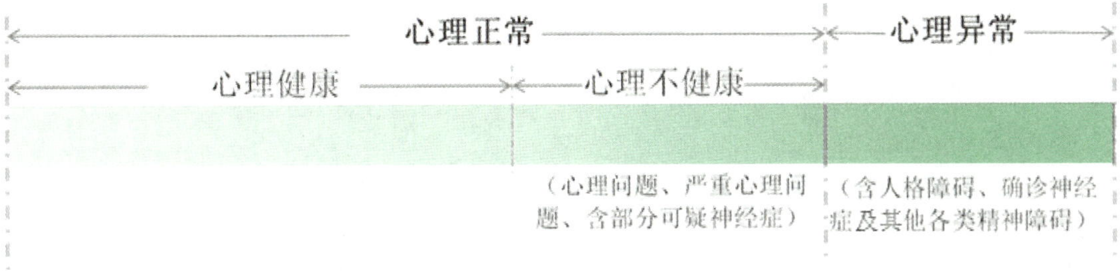

人的心理健康是一个动态的、连续变化的过程。心理健康往往是相对的，健康的人在某种情况下可能会陷入不健康的状态中，比如短期的抑郁、焦虑、失眠等情况。若及时进行有效的调节，则很快就会恢复到健康的状态；若不能有效解决，情况可能继续恶化，变成心理疾病或者精神疾病。

任务二　认识大学生的心理健康

知识探索

一、大学生的心理特点

随着时代的更迭、成长环境的变化，当代大学生自我探索周期普遍拉长，已明显表现出与上一代人的不同。美国知名心理学家阿奈特（Arnett）针对这一现象，通过大量的研究，提出了“成年初显期理论”。该理论认为处于“成年初显期”的大学生往往具有“成年未长大”的状态。虽然在很多方面接近成年，但还是会表现出不稳定和不成熟的特点。

（一）认知水平提升，但容易主观片面

大学生在身体成长和心理机能的发育上日趋完善，加之接触的知识越来越多，认知水平得到了很大的提升。大学生在思考问题时，不再满足于现象的了解，而是更为关注事物的本质规律。但是，大学生的抽象思维发展不平衡，在认识复杂问题时，容易出现主观片面的倾向；由于个人经验、阅历不足，看问题时容易掺杂过多的主观看法，产生偏激、固执的倾向。他们在认知过程中的辩证分析能力还有待于进一步提升。

（二）情绪情感丰富强烈，但波动较大

大学生充满青春活力，富于年轻一代的激情。随着身心的不断成熟，以及相应的社会互动逐渐增多，他们的情绪、情感也日渐发展，变得丰富且强烈。但是，大学生的情绪、情感又容易表现出两面性，当受到外界环境的较强刺激时，很容易出现极端高亢或过分低落的情绪。这种剧烈变化的情绪，往往容易引发消极的后果。

（三）意志力增强，但自我控制不稳定

大学生的意志力增强，在自觉性、果断性、坚韧性等方面都表现出较高的水平。首先体

现在自觉性上,大学生个体行动的目的性、自觉性不断增强。但是,惰性还难免存在,在缺少外部监督后,可能会降低对自我的要求。其次,在果断性上有所增强,但仍会优柔寡断或轻率行事,全局意识不足。最后,在坚韧性上大学生比以往有所提高,能克服一定的困难,但做事仍容易虎头蛇尾。

(四)自我意识迅速发展,自我矛盾凸显

自我意识是人对自身状态及自身与客观世界关系的认识,即自己对自己的认识。大学阶段是自我意识迅速发展的阶段。进入大学以后,随着生活、学习方式的改变和心理意识的发展,大学生的自我意识开始逐步分化,出现了“理想自我”和“现实自我”,“主体自我”和“客体自我”的分化。由于大学生自我评价水平还不成熟,他们对自己的评价往往过高或过低,所以大学生在“理想我和现实我”“主体我和客体我”之间容易表现出明显的矛盾冲突。这种矛盾运动的结果,绝大多数大学生的自我意识水平会向积极方面转换,得到新的提升。当然,少数大学生的自我意识也可能会向消极方面转化,产生停滞或负面影响。

(五)性意识觉醒,但性心理不成熟

大学生的年龄一般在18—23岁,其性生理已发育成熟,性意识开始觉醒,但由于异性交往经验的缺乏,其性心理尚处于不成熟向成熟过渡的阶段。大学生的性知识相对贫乏,性观念、性道德知之甚少,性价值观呈现多元化,性心理矛盾,欠缺正确的婚恋观,在恋爱过程中易引发一系列问题,从而对身心产生消极影响。

扩展阅读

2023年8月23日上午,清华大学正式迎来2023级本科新生入学报到,中国首个单板滑雪冬奥冠军苏翊鸣也来到学校报到。在报到现场,同学们纷纷与苏翊鸣合影。

在2022年的北京冬奥会上,当时刚满18岁的苏翊鸣一鸣惊人,夺得单板滑雪男子坡面障碍技巧银牌以及大跳台金牌,成为中国首个单板滑雪冬奥冠军。今年,他作为国际级运动健将,入选国家体育总局《2023年优秀运动员本科保送推荐名单》,被保送推荐至清华大学。

入学后的苏翊鸣将进入清华大学新雅书院学习。该书院在入学时不分专业,进入书院后首先接受以数理和人文为核心的特色通识教育,一年后学生可依据个人志趣自由选择清华各专业方向接受专业教育。

谈到为何选择新雅书院,苏翊鸣表示,因为不设限,可以在大一时选择自己感兴趣的东西,有更多的选择,同时也需要更多的时间去了解自己,找到更好的方式,让比赛和学业平衡。“这很符合我的性格特征,我喜欢尝试新鲜的事物,触碰未知的领域。”苏翊鸣说。

谈到未来的学习,苏翊鸣表示:“刚刚已经看过了都有哪些课程,有非常多的课是我很感兴趣甚至让我惊讶的,我很想去体验这些课程。过去几年,因为比赛和训练的原因,很多时候我都是在上网课。接下来我也希望有时间在学校浓厚的学习氛围中,和大家一起享受课程和学习。”

苏翊鸣透露,在现场已经认识了许多清华大学滑雪社团的朋友,希望能有更多人去尝试滑雪。“清华滑雪社团的同学可以来找我玩,我可以教大家滑雪,也期待同学们带我体验我没做过、不擅长的事情。”(内容来源:人民网)

二、大学生心理健康的标准

（一）智力正常

智力也叫智能，是人们认识客观事物并运用知识、经验解决实际问题的能力。智力包括很多方面，如观察力、记忆力、想象力、思维能力等。智力正常是人进行一切活动的基础。大学生智力水平相对较高，心理健康的大学生一般求知欲强，具有浓厚的学习兴趣，并且能够克服学习中的困难，获得稳定的学习成绩，并且能够从学习中体验到快乐与满足。

（二）情绪健康

情绪健康的主要表现为情绪稳定和心情愉悦，且情绪反应与现实情境相符合。具有健康情绪水平的人，产生的情绪反应是符合情境刺激的。他们善于自我觉察，大多数时候可以准确地表达出自己的情绪，做到合理调节和宣泄情绪，而且平时能够长时间保持愉悦的心境，乐观向上，对未来满怀期待。

（三）意志健全

意志健全者具有高水平的自觉性、果断性、坚韧性和自制力。意志健全的大学生拥有良好的意志品质，在学习和生活的活动中更加自律，往往做事有目标和规划，在面对困难和挫折时，敢于迎难而上。

（四）人格完整

人格表现为人整体的精神面貌，是个体在社会化进程中形成的独特的心身组织。大学生在性格、气质、能力、需要、动机、价值观等方面平衡发展，才能保持完整、协调、统一的人格。落实在行动中就是要以积极的人生观和理想信念作为内核，言行一致、表里如一。

（五）自我意识明确

恰如其分的自我评价是大学生心理健康的重要因素。大学生在自我观察、自我评价中不断地了解自我，完善自我意识，逐渐客观评价自己、正视自己、接纳自己。

（六）人际关系和谐

良好的人际关系是人获得成功和幸福的前提，大学生人际关系和谐的主要表现是：乐于交往，既有稳定而广泛的人际关系，又有知心朋友；在交往中能够保持独立个性，不卑不亢；用开放的心态看待人际交往，客观评价自己和他人，认识到人无完人，相处时多一些包容；交往动机端正，保持积极的人际交往态度。

（七）环境适应良好

环境适应能力包括正确认识环境及正确处理个人和环境的关系。大学生要能够辩证地看待事物，以全面客观的视角看待现实环境中的积极和消极层面，并且勇敢面对或者接受现实。最值得一提的是，无论面对何种环境，都能够珍惜和热爱生活，积极投入其中，感受生活中的乐趣。

（八）心理行为符合年龄特征

人在生命发展的不同阶段都有与之相对应的心理行为特点。心理健康的人的认知、情感、行为等方面都与他所处的年龄阶段与社会角色相符合。过于幼稚或者过于老成，都不是健康的状态。青春焕发、朝气蓬勃、锐意创新、敢于试错才是大学生该有的样子。

三、大学生心理健康的维护

（一）主动学习心理健康知识

学好心理健康知识能让大学生逐步实现“助人自助”，通过主动学习、积累心理健康的知识，提升自身的心理健康水平来维护心理健康或者帮助别人。

首先，上好心理健康教育课。在大学校园中，学习心理健康知识最便捷的渠道就是心理健康教育课。通过课堂学习，可以系统地了解一些基础的心理学理论和心理健康常识，帮助大学生树立正确的健康观，了解心理问题产生的原因，学会一些心理调节的方法，解决一定的心理问题。另外，很重要的一点，通过学习大学生还能够清楚地了解自我意识的发展，客观地评价自己，用平和的心态面对理想自我与现实自我的冲突，最终实现自我接纳。

其次，对心理健康知识有着强烈热情的同学，还可以阅读心理学书籍、科普读物，收听和收看相应的广播和视频节目，访问有专业认证的心理网站，听取线上或线下心理学专家的主题心理健康专题讲座，这些都是很好的学习途径。

（二）培养健康的生活方式

健康状态是身心健康的和谐统一。现代研究表明人的身体健康和心理健康是相互影响和促进的。大学生在维护心理健康的过程中，也要关注自己的身体健康。

健康的生活方式对发展和谐的身心健康是必不可少的。健康的四大基石包括合理膳食、适量运动、戒烟戒酒、心理平衡。大学生在日常生活中要养成良好的生活习惯，比如早睡早起，规律作息，不熬夜，保证睡眠质量；合理膳食，不暴饮暴食，保持营养均衡；适度适量进行运动，根据自己的身体状况选择合适的运动项目；远离烟酒，吸烟有害健康众所周知，过量饮酒与多种疾病相关；最后，还要时常保持积极阳光的心态。

（三）积极参与实践

大学生的成长往往就在每一步的历程中，敢于实践、勇于尝试、才有可能快速提升自己。能够积极参与实践，也是大学生心理成熟的一种表现。比如，日常生活学习中，能够主动寻求与人交往，结交志同道合的朋友，关心、帮助他人，体验合作与竞争的乐趣，从而发展自身良好的心理品质；还有，积极参与校园内外的社会实践活动，像文化艺术节、志愿服务、心理健康活动月、知识竞赛、专业技能比拼等。大学生通过参与活动，可以开阔视野，感受多元的行为方式，不断发掘自身优势和不足，更好地认识自我、发展自我，不断提高自己的心理健康水平和综合素质。

（四）主动寻求帮助

心理求助是强者的行为。当大学生遇到影响自身学习和生活或者感觉很痛苦自觉无力应对的心理行为问题时，要主动寻求帮助。我们一般可以选择两种方式：

1. 社会支持

心理学上的“社会支持系统”，即个人在自己的社会关系网络中所能获得的、来自他人的物质和精神上的帮助和支援。

大学生遇到心理问题，在无奈、无助的状态下，可以启动自身“社会支持系统”资源，主动寻求学校、家庭和社会的支持，争取老师、朋友、同学、家人甚至社会服务机构等的帮助。你把内心的困惑说给你相信的那个人，或者拨打求助热线。当通过求助得到了支持和帮助，大学生才有可能更快地看到希望、走出阴霾。生活中，你还可以选择和身边的心理委员聊聊，相同的年龄、生活环境，也更容易沟通。

2. 心理咨询

大学生寻求心理帮助，一般可以去学校的心理咨询中心进行心理咨询。为了使心理咨询顺利进行，可以提前了解心理咨询服务的原则、特点等相关注意事项；了解并选择适合自己的咨询员，提前做好预约。此外对于自己想咨询的问题也要有个基本的准备，不必过于紧张，心理咨询的氛围通常都是安全舒适的。

扩展阅读

带你了解“525”

每年的5月25日是全国大、中学生心理健康节。其发展大致有两段历程：2000年，由北京师范大学心理系团总支、学生会倡议，随后十多所高校响应，并经有关部门批准，确定5月25日为“北京大学生心理健康日”。“525”是“我爱我”的谐音，对此，发起人的解释是爱自己才能更好地爱他人。2004年团中央学校部、全国学联共同决定将5月25日定为全国大、中学生心理健康节。

把这样一个意义重大的日子定在5月25日，是用心挑选的。首先，5月4日是五四青年节，长久以来，5月本身就被人们赋予了和年轻人一样的活力和激情。作为新一代的年轻人，首选的活动时间当然是5月。其次，鉴于大、中学生缺乏对心理健康知识的了解，由此导致缺乏对自己心理问题的认识，所以“心理健康日”活动就是要提倡大、中学生爱自己，珍爱自己的生命，把握自己的机会，为自己创造更好的成才之路，并由珍爱自己发展到关爱他人、关爱社会。

任务三　了解心理咨询

知识探索

一、心理咨询的含义

心理咨询是咨询师运用心理学的理论和技术，帮助来访者解决心理问题，增进心理健康，发挥自身潜能，以有效适应社会生活环境的过程。

二、心理咨询的特点

一般而言，心理咨询的特点包含心理性、职业性、限制性、保密性、成长性和自愿性等。

（一）心理性

心理咨询解决的是来访者心理或精神方面存在的问题，而不是帮助个体处理生活中的具体问题。例如，一位生活孤单的大学生，希望咨询师帮他找一位有共同爱好的朋友，或介绍他参加某社团组织；一位考试焦虑的大学生，希望咨询师替他和学校交涉缓考的问题，等等。显而易见，这些问题都不属于心理咨询的工作范围。

（二）职业性

心理咨询是一种从心理上为来访者提供帮助的职业化行为，而不是一般的帮助活动。在日常生活中，人们也可以互相帮助，如通过谈心交流来缓解别人的紧张、伤感，但这不是心理咨询。心理咨询有特定的目标和任务，有专门的理论与方法，重在帮助来访者分析内心的矛盾冲突，探讨影响其情绪和行为的原因，协助他们进行自我改变，而不是人与人之间一般的社会交往。

（三）限制性

心理咨询强调良好的人际关系。咨询师对来访者的理解和帮助是真诚的，态度是诚恳的，接受是无条件的。因此，在咨询过程中，人际关系的深度要远远超过一般的人际关系。在这种良好的人际关系中，来访者可以向咨询师袒露自己的隐私、痛苦和软弱；咨询师则帮助对方重新认识和接纳自己。因此，这种良好人际关系的氛围是有治疗功能的，也是非常独特的。但是，咨询师和来访者的良好人际关系，通常只能限定在咨询时空内，一般会随着咨询活动的结束而结束，不能将这种关系延伸到咨询活动以外。

（四）保密性

心理咨询中良好的人际关系是在特定时空内建立起来的具有隐蔽性和保密性的特殊关系。来访者不希望将咨询内容和咨询关系公开化；咨询师也有责任为来访者保守秘密（危及生命安全的除外）。这是咨询师必须遵守的原则。

（五）成长性

咨询是学习和人格成长的过程。通过心理咨询，来访者从不能自强自立到能够自强自立，从不能正确对待自己和他人到学会正确对待自己和他人，从不善交往或具有交往焦虑的困扰到学会怎样与他人和谐相处，减少了内心的矛盾和冲突，最终在生活的各个领域发挥个人的潜能。这些都是在心理咨询过程中实现的学习和人格方面的成长。

（六）自愿性

咨询是来访者的自愿行为。一般来说，只有当来访者感到心理不适，产生主动寻求咨询的愿望时，咨询才更有效果。

三、心理咨询的功能

心理咨询能够为大学生提供全新的人生经验和体验，可以展示全新的思维、情感和行为方式。对于那些进行发展性咨询的大学生来说，咨询所提供的全新环境可以帮助他们认识自己与社会，处理好各种关系，以便更好地发挥他们的潜能，实现自我价值。那些进行障碍性咨询的大学生可以在心理咨询师的帮助下，逐渐改变与外界格格不入的思维、情感和反应方式，并学会与外界相适应的方法，提高学习效率，改善生活品质。具体来说，心理咨询具有以下几个方面的功能。

（一）建立良好的人际关系

咨询师与来访者之间建立起一种不同寻常的新型人际关系。在与咨询师的咨询中，来访者可以直抒胸臆而不必顾虑破坏性的后果。在咨询中，来访者可能做出过激的或冷淡的情绪反应，但咨询师要用积极的态度去回应，促进来访者做出新的建设性的积极反应，并成功地运用于其他人际交往中。

（二）纠正错误观念

来访者确信他们清楚自己需要什么和在乎什么，但实际上并非如此，他们是以种种不良观念来进行自我欺骗的。心理咨询促使他们对自己的错误观念进行认真思考，代之以良好的观念。

（三）深化对自我的认知

心理咨询可以帮助来访者认识到，大部分心理困扰是源于自己尚未解决的内部冲突，而不是源于外界，外部环境不过是一个舞台，内心冲突就在这个舞台上全面展开。心理咨询师引导来访者进行自我探索，当人们真正认识自己时，他们也就认识了自己的需求、价值观、态度、动机、长处和短处，而一旦认识了自己，就可以随时根据自己的情况规划自己的人生。

（四）学会面对现实

来访者一般都喜欢逃避现实，往往会花很多时间回味过去，计划未来，话题总离不开昨天和明天，但总回避今天。来访者总想按照自己的愿望摆脱现实，不仅通过躲避现实来减少自己的焦虑，还经常想方设法求得周围人的支持以利于他们逃避现实。咨询师应促使其认识到这一点，并引导其面对现实。

（五）增加心理弹性

大多数前来寻求心理咨询的人至少在一个相当重要的方面缺乏心理弹性。咨询师要协助他们给自己的心理以更大自由的机会，接受矛盾和不完美。咨询师只有协助来访者采取合理而有效的行动，才能减少其内心烦恼。

扩展阅读

心理咨询与心理治疗

生活中，很多人往往会将心理咨询等同于心理治疗。二者虽然具有一定的关联，但还是有很大的区别的。

1. 心理咨询与心理治疗的相同点

两者都是在理解、尊重的基础上帮助来访者解决其心理及相关行为问题。

2. 心理咨询与心理治疗的不同点

（1）心理咨询是平等的咨询关系，以帮助来访者独立思考和决策为首要目标；心理治疗则是医患关系，以治愈患者的心理障碍或病态行为为首要目标。

（2）心理咨询强调咨询师对来访者的尊重和理解；心理治疗强调患者对心理医生的顺从和配合。

（3）心理咨询的对象主要是正常人，帮助其学习新技能，解决发展性问题；心理治疗涉及帮助来访者消除症状，改变其病态行为和重建人格。

（4）心理咨询主要是协助解决，即在协商和帮助过程中解决问题；心理治疗则强调矫治及带有强制性的矫正。

心理训练

21天“三件好事”练习

找出并写下当天发生的三件好事（也可以更多），以及它们发生的原因。这三件好事不一定是惊天动地的大事，完全可以是日常生活的小事（比如“今天我在数学课上感觉很充实”），也可以是很重要的（比如“我感觉阳光很温暖”）。在每件好事的下面，还要写清楚“它为什么会发生”。比如，如果你在数学课上感觉很充实，你就可以说“因为我很专注”，或“因为我很喜欢数学老师的风格”。如果你写了“阳光很温暖”，你可以把原因写成“因为今天我收到了朋友的关心”，或“因为今天我在用心感受”。

请同学们按照以上的说明，行动起来吧，坚持练习21天，你会发现不一样的自己！下面我们就来写下今天的三件好事吧。

第一件好事________________，因为__________________________。
第二件好事________________，因为__________________________。
第三件好事________________，因为__________________________。

心理赋能

当我内心足够强大

维吉尼亚·萨提亚

当我内心足够强大，
你指责我，
我感受到你的受伤；
你讨好我，
我看到你需要认可；
你超理智，
我体会你的脆弱和害怕；
你打岔，
我懂得你如此渴望被看到。

当我内心足够强大，
我不再防卫，
所有力量，
在我们之间自由流动。
委屈、沮丧、内疚、悲伤、愤怒、痛苦，
当它们自由流淌。
我在悲伤里感到温暖，
在愤怒里发现力量，
在痛苦里看到希望。

当我内心足够强大，
我不再攻击，
我知道，
当我不再伤害自己，
便没有人可以伤害我。
我放下武器，
敞开心，
当我的心，柔软起来，
便在爱和慈悲里，

与你明亮而温暖地相遇。
原来，让内心强大，
我只需要，
看到自己，
接纳我还不能做的，
欣赏我已经做到的。
并且相信，
走过这个历程，
终究可以活出自己，
绽放自己。

项目三

心灵之窗，自我开启

心语心愿

所谓青春，就是心里的年轻。——松下幸之助

人生最重要的技能是自我认知。——弗洛姆

人生最重要的目标是认识自己。——德谟克利特

学习目标

知识目标：引导学生了解当代大学生普遍存在的心理问题，并引导其分析原因，找到解决不良情绪的对策。

能力目标：能够通过 SCL-90 评估出自己的心理健康水平，并通过学习对自己的心理状态进行适当调整。

素质目标：引领学生对自己的心理和情绪进行更加完整的认识，学会科学调控自己生活和学习的状态，正确认识自己，打开心灵之窗。

心理觉察

20 个我是谁

活动目的 认识并接纳独特的自我，认识并接纳独特的他人。

活动时间 约 20 分钟。

活动准备 每人一张白纸、一支笔。

活动过程

(1)领导者先找出一个成员做示范，连续提问，让他不断地回答“我是谁”，当他说出一些众所周知的特征(如“我是男人”)时，领导者告诉大家，这种回答不反映个人特征，应尽量选择一些能反映个人风格的语句(如“我是一个爱学习的人”“我是一个做事很认真的人”等)。

(2)领导者让成员边思考边回答“我是谁”这个问题，至少写出 20 个有特色的句子。时间限制在 10 分钟以内。

(3)请成员在小组(5~6 人)内交流。任何人都抱着理解他人的心情，去认识团体内一个个独特的人。最后领导者请每个小组代表发言，交流练习时的感受。

心理自测

90项症状自评量表(SCL-90)

以下表格中列出了一些人可能会有的问题,请仔细地阅读每一条,然后根据最近一星期以内下述情况影响你的实际感觉,在五个答案里选择一个最适合你的答案,现在开始吧!

(1.没有 2.很轻 3.中等 4.偏重 5.严重)

项目	程度				
1.头痛	1	2	3	4	5
2.神经过敏,心中不踏实	1	2	3	4	5
3.头脑中有不必要的想法或字句盘旋	1	2	3	4	5
4.头昏或昏倒	1	2	3	4	5
5.对异性的兴趣减退	1	2	3	4	5
6.对旁人求全责备	1	2	3	4	5
7.感到别人能控制你的思想	1	2	3	4	5
8.责怪别人制造麻烦	1	2	3	4	5
9.忘性大	1	2	3	4	5
10.担心自己的衣饰整齐及仪态的端正	1	2	3	4	5
11.容易烦恼和激动	1	2	3	4	5
12.胸痛	1	2	3	4	5
13.害怕空旷的场所或街道	1	2	3	4	5
14.感到自己的精力下降,活动减慢	1	2	3	4	5
15.想结束自己的生命	1	2	3	4	5
16.听到旁人听不到的声音	1	2	3	4	5
17.发抖	1	2	3	4	5
18.感到大多数人都不可信任	1	2	3	4	5
19.胃口不好	1	2	3	4	5
20.容易哭泣	1	2	3	4	5
21.同异性相处时感到害羞不自在	1	2	3	4	5
22.感到受骗,中了圈套或有人想抓你	1	2	3	4	5
23.无缘无故地突然感到害怕	1	2	3	4	5
24.自己不能控制地大发脾气	1	2	3	4	5
25.怕单独出门	1	2	3	4	5
26.经常责怪自己	1	2	3	4	5
27.腰痛	1	2	3	4	5
28.感到难以完成任务	1	2	3	4	5

续表

项目	程度				
29. 感到孤独	1	2	3	4	5
30. 感到苦闷	1	2	3	4	5
31. 过分担忧	1	2	3	4	5
32. 感到害怕	1	2	3	4	5
33. 感情容易受到伤害	1	2	3	4	5
34. 对事物不感兴趣	1	2	3	4	5
35. 旁人能知道你的私下想法	1	2	3	4	5
36. 感到别人不理解你、不同情你	1	2	3	4	5
37. 感到人们对你不友好，不喜欢你	1	2	3	4	5
38. 做事必须做得很慢以保证做得正确	1	2	3	4	5
39. 心跳得很厉害	1	2	3	4	5
40. 恶心或胃部不舒服	1	2	3	4	5
41. 感到比不上他人	1	2	3	4	5
42. 肌肉酸痛	1	2	3	4	5
43. 感到有人在监视你、谈论你	1	2	3	4	5
44. 难以入睡	1	2	3	4	5
45. 做事必须反复检查	1	2	3	4	5
46. 难以做出决定	1	2	3	4	5
47. 怕乘电车、公共汽车、地铁或火车	1	2	3	4	5
48. 呼吸有困难	1	2	3	4	5
49. 一阵阵发冷或发热	1	2	3	4	5
50. 因为感到害怕而避开某些东西、场合或活动	1	2	3	4	5
51. 脑子变空了	1	2	3	4	5
52. 身体发麻或刺痛	1	2	3	4	5
53. 喉咙有梗塞感	1	2	3	4	5
54. 感到对前途没有希望	1	2	3	4	5
55. 不能集中注意力	1	2	3	4	5
56. 感到身体的某一部分软弱无力	1	2	3	4	5
57. 感到紧张或容易紧张	1	2	3	4	5
58. 感到手或脚发沉	1	2	3	4	5
59. 想到有关死亡的事	1	2	3	4	5
60. 吃得太多	1	2	3	4	5
61. 当别人看着你或谈论你时，你感到不自在	1	2	3	4	5
62. 有一些不属于你自己的想法	1	2	3	4	5
63. 有想打人或伤害他人的冲动	1	2	3	4	5

续表

项目	程度				
64. 醒得太早	1	2	3	4	5
65. 必须反复洗手、点数目或触摸某些东西	1	2	3	4	5
66. 睡得不稳不深	1	2	3	4	5
67. 有想摔坏或破坏东西的冲动	1	2	3	4	5
68. 有一些别人没有的想法或念头	1	2	3	4	5
69. 感到对别人神经过敏	1	2	3	4	5
70. 在商店或电影院等人多的地方感到不自在	1	2	3	4	5
71. 感到任何事情都很难做	1	2	3	4	5
72. 一阵阵恐惧或惊恐	1	2	3	4	5
73. 感到在公共场合吃东西很不舒服	1	2	3	4	5
74. 经常与人争论	1	2	3	4	5
75. 单独一人时神经很紧张	1	2	3	4	5
76. 别人对你的成绩没有作出恰当的评价	1	2	3	4	5
77. 即使和别人在一起也感到孤单	1	2	3	4	5
78. 感到坐立不安、心神不宁	1	2	3	4	5
79. 感到自己没有什么价值	1	2	3	4	5
80. 感到熟悉的东西变得陌生或不像是真的	1	2	3	4	5
81. 大叫或摔东西	1	2	3	4	5
82. 害怕会在公共场合昏倒	1	2	3	4	5
83. 感到别人想占你的便宜	1	2	3	4	5
84. 为一些有关“性”的想法而很苦恼	1	2	3	4	5
85. 认为应该因为自己的过错而受到惩罚	1	2	3	4	5
86. 感到要赶快把事情做完	1	2	3	4	5
87. 感到自己的身体有严重问题	1	2	3	4	5
88. 从未感到和其他人很亲近	1	2	3	4	5
89. 感到自己有罪	1	2	3	4	5
90. 感到自己的脑子有毛病	1	2	3	4	5

SCL-90 是世界上最著名的心理健康测试量表之一。该量表包括 90 个条目，共 9 个分量表，即躯体化、强迫症状、人际关系敏感、抑郁、焦虑、敌对、恐怖、偏执和精神病性。

（1）躯体化：包括 1、4、12、27、40、42、48、49、52、53、56、58，共 12 项，主要反映主观的身体不适感。

（2）强迫症状：包括 3、9、10、28、38、45、46、51、55、65，共 10 项，反映强迫症状。

（3）人际关系敏感：包括 6、21、34、36、37、41、61、69、73，共 9 项，主要指某些个人不自在感和自卑感，尤其是在与其他人相比较时更突出。

（4）抑郁：包括 5、14、15、20、22、26、29、30、31、32、54、71、79，共 13 项，反映与抑郁症状群相联系的广泛的概念。

（5）焦虑：包括 2、17、23、33、39、57、72、78、80、86，共 10 项，指在明显与焦虑症状群相联系的精神症状及体验。

（6）敌对：包括 11、24、63、67、74、81，共 6 项，主要从思维、情感及行为三方面来反映病人的敌对表现。

（7）恐怖：包括 1、3、25、47、50、70、75、82，共 7 项，它与传统的恐怖状态或广场恐怖所反映的内容基本一致。

（8）偏执：包括 8、18、43、68、76、83，共 6 项，主要是指猜疑和关系妄想等。

（9）精神病性：包括 7、16、35、62、77、84、85、87、88、90，共 10 项，其中幻听、思维播散、被洞悉感等反映精神分裂样症状项目。

（10）其他：包括 19、44、59、60、64、66、89，共 7 项，主要反映睡眠及饮食情况等。

计分标准

SCL-90 的统计指标如下：

（1）总分：90 个项目单项分相加之和能反映其病情严重程度。

（2）总均分：总分/90 表示从总体情况看，该受检者的自我感觉位于 1~5 级的哪一个分值程度上。

（3）阳性项目数：单项分为 2~5 的项目数表示受检者在多少项目上呈“有病状”。

（4）阴性项目数：单项分为 1 的项目数，表示受检者“无症状”的项目有多少。

请同学参照每个因子的题项，计算总分及因子分：

躯体化____

强迫症状____

人际关系敏感____

抑郁____

焦虑____

敌对____

恐怖____

偏执____

精神病性____

其他____

总分：____

结果评估

按全国常模结果，总分超过 160 分，或阳性项目数超过 43 项，或任一因子分超过 2 分，需考虑筛选阳性，需进一步检查。

每一个因子反映出个体某方面的症状情况，通过因子分可了解症状分布特点。当个体在某一因子的得分大于等于 2 时，即超出正常均分，则个体在该方面就很有可能有心理健康方面的问题。

1. 躯体化

主要反映身体不适感，包括循环、消化、呼吸和其他系统的不适，以及头痛、背痛、肌肉酸痛和焦虑等躯体不适表现。

该分量表的得分在 0~48 分。得分在 24 分以上，表明个体在身体上有较明显的不适感，并常伴有头痛、肌肉酸痛等症状。得分在 12 分以下，躯体症状表现不明显。总的来说，得分越高，躯体的不适感越强；得分越低，症状体验越不明显。

2. 强迫症状

主要是指那些明知没有必要，但又无法摆脱的无意义的思想、冲动和行为，还有一些比较一般的认知障碍的行为征象也在这一因子中反映。

该分量表的得分在 0~40 分。得分在 20 分以上，强迫症状较明显。得分在 10 分以下，强迫症状不明显。总的来说，得分越高，表明个体越无法摆脱一些无意义的行为、思想和冲动，并可能表现出一些认知障碍的行为征兆。得分越低，表明个体在此种症状上表现越不明显，没有出现强迫行为。

3. 人际关系敏感

主要是指某些人际的不自在与自卑感，特别是与其他人相比较时更加突出。在人际交往中的自卑感、心神不安、明显的不自在，以及人际交流中的不良自我暗示、消极的期待等是这方面症状的典型原因。

该分量表的得分在 0~36 分。得分在 18 分以上，表明个体人际关系较为敏感，人际交往中自卑感较强，并伴有行为症状（如坐立不安、退缩等）。得分在 9 分以下，表明个体在人际关系上较为正常。总的来说，得分越高，个体在人际交往中表现出的问题就越多，自卑、自我中心越突出，并且表现出消极的期待。得分越低，个体在人际关系上越能应付自如，人际交流自信、胸有成竹，并抱有积极的期待。

4. 抑郁

苦闷的情感与心境为代表性症状，以生活兴趣的减退，动力缺乏，活力丧失为特征，表现出失望、悲观以及与抑郁相关的认知和躯体方面的感受，还包括有关死亡的细想和自杀观念。该分量表的得分在 0~52 分。得分在 26 分以上，表明个体的抑郁程度较强，对生活缺乏足够的兴趣，缺乏运动活力，极端情况下，可能会有想死亡的思想和自杀的观念。得分在 13 分以下，表明个体的抑郁程度较弱，生活态度乐观积极，充满活力，心境愉快。总的来说，得分越高，抑郁程度越明显；得分越低，抑郁程度越不明显。

5. 焦虑

一般指那些烦躁，坐立不安，神经过敏，紧张以及由此产生的躯体征象，如震颤等。

该分量表的得分在 0~40 分。得分在 20 分以上，表明个体较易焦虑，易表现出烦躁、不安静和神经过敏，极端时可能导致惊恐发作。得分在 10 分以下，表明个体不易焦虑，易表现出安定的状态。总的来说，得分越高，焦虑表现越明显；得分越低，越不会导致焦虑。

6. 敌对

主要从三方面来反映敌对的表现：思想、感情及行为。其表现包括厌烦的感觉，摔物，争论，直到不可控制的脾气暴发等方面。

该分量表的得分在0~24分。得分在12分以上，表明个体易表现出敌对的思想、情感和行为。得分在6分以下，表明个体易表现出友好的思想、情感和行为。总的来说，得分越高，个体越容易敌对，好争论，脾气难以控制；得分越低，个体的脾气越温和，待人友好，不喜欢争论、无破坏行为。

7. 恐怖

恐惧的对象包括空旷场地、人群、公共场所、交通工具或出门旅行。此外，还有社交恐怖。

该分量表的得分在0~28分。得分在14分以上，表明个体恐怖症状较为明显，常表现出社交、广场和人群恐惧。得分在7分以下，表明个体的恐怖症状不明显。总的来说，得分越高，个体越容易对一些场所和物体发生恐惧，并伴有明显的躯体症状；得分越低，个体越不易产生恐怖心理，越能正常地交往和活动。

8. 偏执

主要是指投射性思维，敌对，猜疑，妄想，被动体验和夸大等。

该分量表的得分在0~24分。得分在12分以上，表明个体的偏执症状明显，较易猜疑和敌对。得分在6分以下，表明个体的偏执症状不明显。总的来说，得分越高，个体越易偏执，表现出投射性的思维和妄想；得分越低，个体思维越不易走极端。

9. 精神病性

反映各式各样的急性症状和行为，即限定不严的精神病性过程的症状表现。

该分量表的得分在0~40分。得分在20分以上，表明个体的精神病性症状较为明显。得分在10分以下，表明个体的精神病性症状不明显。总的来说，得分越高，越多地表现出精神病性症状和行为；得分越低，就越少表现出这些症状和行为。

心理课堂

任务一　了解大学生常见心理问题

知识探索

大学生处于青年发育后期向成年初期过渡的阶段，心理发展尚未完全成熟。社会和家庭对大学生未来发展抱有很高期望，再加上大学生本身是受教育程度较高的群体，有着比一般群体更高的理想和追求，所以也面临着比一般群体更高的心理压力，导致其更容易产生各种心理问题。

一、焦虑情绪

焦虑情绪是一种与当前情景不相称的痛苦的情绪体验，它常常不存在具体的客观对象。个体常因为不可预料和无法控制的事物而产生这种负面情绪。焦虑是人的一种本能情绪，有好处也有坏处。好处是它会促进我们进步，当我们感到焦虑时，就会采取某种行为直到我们不再焦虑。比如当我们在学习上遇到问题，可能会产生焦虑的情绪，这种焦虑的情绪会促使我们去解决这个问题。但如果焦虑过度就会带来消极后果，严重影响我们的正常生活和学习。我们日常生活中产生的焦虑情绪，被称为生理性焦虑，而当焦虑严重程度过高或持续时间过长时，就变成了病理性焦虑，此时就需要寻求医院或专业机构的诊断与帮助。

心灵故事

陷入焦虑的李华

李华从小学习成绩优异，尤其喜爱数学，高考时数学成绩是班级第一。高考报志愿时准备报考数学专业，但因数学专业要求分数较高，只能被调剂到物理专业。他本打算入学后努力学习、多参加活动，把握大一的转专业机会，转到数学专业，但加入学生会后，由于事务繁重，并且原学生会干部承诺只要他积极表现，以后会重点提拔他，于是他逐渐把重心转到了学生会工作中，准备将来竞选学生会主席。他勤勤恳恳工作了两年半，但在前不久的选举中，只得到了一个副部长的职位。他感到非常不甘心，专业也没转成，投入了巨大心血的学生会工作也没有取得应有的回报。现在他对什么事都失去了信心，对于学习和生活都提不起兴趣，觉得自己很失败、一无是处，非常焦虑、痛苦。他怕自己一直是这个状态会影响到之后的考研。

思考：

(1)造成李华出现这种心理困扰的原因是什么？

(2)怎样帮助李华走出困境？

二、抑郁情绪

抑郁情绪是指低落、悲伤和绝望等负面情绪。相较于焦虑情绪，抑郁情绪的程度会更深一些。

三、强迫情绪

强迫情绪的具体表现主要是强迫性恐惧，对于自己的情绪会有失去控制的恐惧，例如害怕自己做出违法、不道德的行为，害怕自己说错话、伤害别人等。此外还有强迫观念，强迫观念是强迫症的核心症状，例如反复思考毫无意义的事情，或者是有意义但是很容易解决的事情，强迫自己怀疑担心一些小事情，例如门有没有锁上等。有时这些思想在进入自己意识领域之后，明知道这是不现实与多余的，却会过度关注，且不断暗示自己要摆脱，但这样反而会使得这些思想紧紧缠绕自己，自己却无能为力，这就会引起自我的强烈痛苦体验。

心灵故事

做事“严谨”的王同学

王同学，女，在进入大学后，逐渐出现反复怀疑寝室的门、电脑没有关好的情况，就从教室回到寝室检查，到寝室后又怀疑教室有遗落的物品，反复来回检查，检查两三遍才能放心的现象。她在学习时反复地核对输入到电脑上的数据是不是正确；扔垃圾时就反复思考这是不是垃圾；扔了之后又反复想里面会不会有重要的东西，然后反复检查垃圾桶。

思考：

(1)造成王同学出现这种心理困扰的原因是什么？

(2)怎样帮助王同学走出困境？

四、失眠问题

失眠是以人睡眠维持困难所导致的睡眠质量或者数量达不到自己的正常生理需求而影响日常社会功能的一种主观体验，是最常见的睡眠障碍性疾患。调查结果表明，在随机抽取的5所高校的大学生中，28%的学生患轻度失眠，26.14%的学生患中度失眠，26.43%的学生患有重度失眠，由此可见失眠问题也是大学生常见的心理问题之一。失眠的负面影响有很多，例如会造成注意力不集中、记忆力减退、判断力和日常工作能力下降等问题，更严重者会并发焦虑、强迫、抑郁等症状。短期的失眠并不会对生活产生较大影响，但长期的失眠问题一定要重视起来。

五、妄想

妄想是一种个人独有的、经过解释不能纠正的以及偏离正常观念的病态思维，即错误的想法、胡乱的思考。在现实生活和心理上的意思是一种不理性、与现实不符且不可能实现但坚信的错误信念。它经常不被人所接受，也会使得妄想的个体精神紧张。常见的妄想类型有被害妄想，即一直怀疑别人要做对自己不利的事情，疑神疑鬼。这不仅会影响个体的正常生活和精神状态，也会使个体在人际交往中受到伤害。

六、幻觉

幻觉是指没有相应的客观刺激时所出现的知觉体验。首先，幻觉是一种感受，但由于缺乏相应的现实刺激，所以客观检验结果证明这种感受是虚幻的，但就自身体验而言，却并不感到虚幻。其次，虽然幻觉源于主观体验，没有客观现实根源，但个体坚信其感受来自客观现实。常见的体验有幻听、幻视等。

任务二　大学生常见心理问题产生的原因

知识探索

一、引起焦虑情绪的原因

在学校里，同学们往往会有较为一致的焦虑来源。首先是学习方面，考试、作业等都会让人产生焦虑，例如考试没考好，那么对未来的担忧就直接引起了焦虑。再者是生活方面，当遇到生活上某些问题难以解决时，有些同学就将其作为自己“一事无成、什么都干不好”

的标志，并陷入焦虑之中。此外还有人际关系带来的焦虑，自己的观念有时与同学们不同，也会带来较多压力，让自己感到困扰。

二、引起抑郁情绪的原因

与焦虑情绪不同，抑郁情绪可能由多方面因素引起，例如疾病、遗传、生理、心理社会因素和药物因素等，单个或多个因素组合导致抑郁发生。

常见情况有以下两种。

(1)焦虑无法调节之后伴生抑郁。焦虑程度过深引发个体的抑郁情绪，程度更深者会患上焦虑症和抑郁症。

(2)原生家庭带来抑郁。早期负性的教养方式会引起个体的负性认知，因为父母的忽视、冷暴力等产生的负性童年体验使得个体在遭遇应激性事件时陷入自我否定。这样的孩子自我价值感极低，容易自卑，出现抑郁症状的概率极高。此外，各种躯体疾病与精神疾病都会导致个体产生不同程度的抑郁情绪。

三、引起强迫情绪的原因

强迫情绪的发生机制也较为复杂，常由多种因素引起，如：人格特征因素、家庭因素、社会心理因素、神经递质改变因素等。其中先天原因人格特征因素与后天原因家庭与社会心理因素共同作用于个体会导致个体陷入焦虑，最后演变为强迫情绪，更有甚者形成强迫症。

四、引起失眠的原因

常见的引起失眠的原因有以下几种。

(1)环境原因。不熟悉的睡眠环境以及睡眠环境的突变会造成短暂的失眠。

(2)个体因素。日常生活中不规律的作息与不良的生活习惯都会导致失眠。例如睡前喝一些刺激神经兴奋的饮品会让自己难以入睡。

(3)躯体原因。当个体身体上存在不适时，这种不适很容易导致失眠。

(4)心理因素。这是较多的一种影响原因，在情绪不稳定时，极喜和极悲的情况都会引起短暂的失眠。而如果个体长期处于一种负面情绪中，如焦虑、害怕，那么这种情绪会不分昼夜地影响人的正常生活。大学生失眠的常见心理原因有：难以适应远离家庭的生活、难以平衡新的人际关系和社交活动、难以适应专业课程、对考试和学业的担忧、对金钱问题的担忧、对今后规划(继续学习、找工作等)的担忧等。

五、引起妄想的原因

引起妄想的具体原因尚未有明确答案，但常见的影响因素有以下几种。

(1)遗传因素。

(2)生物化学因素。大脑不同区域异常可能会导致个体产生妄想等症状。

(3)环境和心理问题。当环境中出现应激事件、生活压力过大等情况，都会使个体产生妄想的情况。

六、引起幻觉的原因

幻觉的产生有很多原因，包括中枢神经病变、情绪影响、暗示、弱视和重听、感觉剥夺等。幻觉可能会出现在高烧、癫痫等疾病的状态下，也可能会出现在一些异常心理的状态下。在异常心理状态下，人们可能会放弃基于客观的、真实的观念，而以自我的心理状态为反应的对象，把它们当成外部刺激的特征。有些专家认为，在一定条件下，大脑可能会根据过去的经验、人格因素等重新构建现实与环境的意义，从而导致幻觉的产生。

任务三　大学生常见心理问题的应对方式

知识探索

一、焦虑情绪的缓解办法

首先要知道，焦虑是正常的，就像开心、悲伤一样，对我们而言都是一种常见的情绪，没有必要过度担忧。再者，当焦虑来临时，还可以积极主动寻求办法来缓解。

（1）转移注意力。我们将自己对某件事或某个情景的注意力分散开，关注一些轻松的小事情。例如当我们对于学业很焦虑时，不妨拿出一点时间来放松，看点自己感兴趣的东西，缓和自己的情绪。

（2）直面焦虑来源。我们往往因为一些"看上去很困难的事情"而焦虑，总想着逃避这个问题，但是逃避过后我们还是要面对这个焦虑源。所以建议大家主动去面对，例如考试对于我太难了，我害怕我的分数很低，在这种情况下，只要我们主动去学习，就会降低我们的焦虑水平。每当我们多学习一点，自己就可能会获得更高的分数，一点一点累积，分数就会提上去了。如果只焦虑而不去面对问题，那么焦虑就会一直伴随。

（3）寻求专业人员的帮助。如果靠自己已经无法缓解焦虑，我们可以向学校的心理健康中心求助，会有专业的咨询师帮助大家。

二、抑郁情绪的缓解办法

针对程度比较轻的抑郁，建议如下。

（1）寻找适合自己给释放压力的方法。例如运动、绘画、写日记、散步出游等，很多简单而休闲的活动可以帮助人把紧张的心情放松下来。当我们找到最适合自己或者最有效的方法后，积极行动，可以一定程度上缓解抑郁。

（2）寻求专业人员的帮助。当我们感觉到自己状态不佳时，要积极寻求心理健康中心的帮助，让专业的咨询师介入。如果出现严重影响自己学习生活的情况，建议大家及时就医。

三、强迫情绪的缓解办法

强迫情绪已经属于焦虑障碍的一种，是以强迫思维和强迫行为为主要临床表现的神经精神疾病。如果出现强迫情绪，我们不要因此紧张，因为偶尔惦记一些小事是无关紧要的。给大学生如下几点建议。

(1)了解自己，接纳自己的不完美，并且放弃对事情的耿耿于怀。即使有件事情没有考虑完备，但没有产生很糟糕的结果，或者就算产生了很糟糕的结果，也已经是过去式了，我们无法挽救，那么我们可以承认自己的不完美，在下一次活动中进行完善。

(2)给自己制订一些小的计划。每天做出一些小的尝试，并鼓励自己，如果做到了，就不吝啬地夸奖自己。

(3)注意作息的规律性。长时间的空闲纵容了无关想法的诞生，要制订适合自己的计划并去执行，这样可以帮助我们更好地生活，也减少了无关思维的时间。但如果因为自己常常囿于这种思维，严重影响到自己的正常生活和学习，建议大家主动就医。

四、失眠的解决方法

如果学生出现失眠症状，建议首先找到引起自己失眠的原因。如果是短暂失眠，则不要惊慌，不必过度害怕。如果是长期失眠，就要分辨是躯体原因还是心理因素导致的。如果是躯体原因，建议大家尽快就医；如果是心理因素，建议大家认真思考自己最近的状态，找出可能引起自己思虑或情绪变化的事情，有针对性地去解决，或者寻求父母、朋友、老师、咨询师的帮助。通过他们一起确定失眠原因，从而进一步找到解决失眠问题的方法。

五、妄想的解决方法

如果学生认为自己最近的精神状态可能出了问题，例如多疑、精神紧张、认为自己发生变化或者自我安全受到威胁，建议先不用过于紧张，因为具有妄想的症状表现不等于患有妄想症。我们先回忆一下最近是否发生了什么事情，导致自己紧张。如果没有原因，建议主动寻求心理咨询师的帮助，让咨询师帮助自己判断目前的状态。如果程度较轻，可以通过心理咨询、团体心理辅导等方式缓解；如果咨询师建议我们就医，我们应及时告知监护人或老师，并去医院的心理科由医生帮助我们进行诊断，并严格遵循医生的医嘱。

六、幻觉的解决方法

如果学生认为自己最近时常听到别人听不到的声音，或者看到他人看不到的画面等，建议回顾一下自己最近的状态，是不是过于疲劳或紧张。如果是发生的一些事情引起的话，先不用过于在意。如果认为这种情况引起了自己的极度恐慌，并使得生活和学习都受到很严重的影响，建议大家主动寻求心理咨询师的帮助，并在咨询师的建议下尝试解决或者直接就医。

综合以上不良体验，大家可以发现导致这些不良体验的因素并不是单一的，而是综合的。结合当代社会大背景，高压力与强竞争很可能会导致同学们出现一些压力过载的问题。这种情况下，大家先不要过度担心，要主动了解自己目前的状况，并积极寻求帮助，相信自己一定可以尽快恢复正常的生活与学习。盲目的惊恐与害怕只会让症状越来越明显，同时也建议大家多看一些心理健康方面的书籍，尝试着改变自己的思维，并且多学习调节情绪、释放压力的方法，让自己能以一个最佳的状态去面对生活和学习中的挑战！

心理训练

放飞纸飞机

活动目的　帮助学生正确认识自己的困扰，在师生互动中释放不良情绪

活动时间　约 20 分钟。

活动准备　每人一张白纸、一支笔。

活动过程

（1）每人发一张白纸，在白纸上写下最近遇到的困难或者引起自己不良情绪的事件，不需要署名。

（2）写完后将白纸折成纸飞机轻轻放飞。

（3）学生在地上拾起他人的纸飞机，阅读别人的烦恼。

（4）请同学分享纸飞机上的内容，其他同学帮忙出谋划策，解决问题。

（5）最后，请同学谈谈此次活动后，对自己的烦心事有没有其他新的看法，别人的建议对自己有没有帮助。

注意事项

（1）放飞纸飞机时，要让飞机离开自己的座位，并避免纸飞机刮伤同学。

（2）活动结束后，打扫教室卫生。

心理赋能

（1）学会接受自己的不完美是自我认知的重要一步，只有接受自己的不足，才能更好地面对挫折和失败，从中吸取教训，不断提高自己的能力和素质。

（2）学会倾听自己的内心声音是实现自我认知的关键，要用心倾听自己的直觉和感受，从中发现自己的潜力和价值，并实现自我成长和价值。

（3）自我认知是一个不断探索和学习的过程，需要用开放的心态去接受自己的不足和错误，并从中吸取教训，不断提高自己的能力和素质。

项目四

发现自我，完善自我

心语心愿

在世界上你唯一能够确定可以改善的就是自己。 ——奥尔德斯·赫胥黎

人贵有自知之明。 ——中国古语

聪明的人只要能认识自己，便什么也不会失去。 ——尼采

学习目标

知识目标：引导学生了解自我意识的含义、结构，掌握自我意识发展的特点和完善自我意识的途径。了解大学生自我意识发展的特点，以及大学生自我发展中常见的偏差，对自我意识状况进行自我评估。

素质目标：掌握自我意识完善的策略与方法，认识和接纳自己，促进自我成长。

心理觉察

自然界中的伟大竞技

认识自己并不难，每一种生物都有认识自己的本能。

猎豹是陆地上奔跑速度最快的动物。它通常会偷偷接近猎物 10~30 米的距离内，然后进行猎捕。猎豹猎捕时的奔跑速度最高可达到 110 km/h，且奔跑中仅一脚交替着地。但猎豹由于自身的生理构造，奔跑 3 分钟就必须减速，否则会因身体过热而死亡。

当猎豹遇到鹿群时，它会飞快地奔向鹿群，鹿群本能地快速分散。猎豹会选中一只鹿为目标进行冲刺，而那只被追逐的鹿也以惊人的速度狂奔。然而，鹿并不是跑直线，而是不断地改变奔跑的方向，迫使猎豹因其体力急速消耗而减慢速度。奔跑一段时间后猎豹便没有体力再跑了，这时鹿有足够的机会逃脱。

可见，在野生动物世界里，动物能认识自己，也能认识敌人。

就像我们每个人都有所长，也都有所短。既然人生下来就各有不同，个体就要以不同的方式充分利用自己的长处。个体也只有充分地认识自己，才能更好地发展自己。

心理自测

自我和谐量表（SCCS）

下表列出了一些人可能会有的问题，请仔细地阅读每一条，然后根据你的实际感觉与情况，在符合自己情况的项目标记栏中打“√”。

序号	项　　目	完全不符合——完全符合				
1	我周围的人往往觉得我对自己的看法有些矛盾	1	2	3	4	5
2	有时我会对自己在某方面的表现不满意	1	2	3	4	5
3	每当遇到困难，我总是首先分析造成困难的原因	1	2	3	4	5
4	我很难恰当地表达我对别人的情感	1	2	3	4	5
5	我对很多事情都有自己的观点，但我并不要求别人也与我一样	1	2	3	4	5
6	一旦形成对事物的看法，我就不会再改变	1	2	3	4	5
7	我经常对自己的行为不满意	1	2	3	4	5
8	尽管有时得做一些不愿意的事，但我基本上是按自己意愿办事的	1	2	3	4	5
9	好是好，不好是不好，没有什么可含糊的	1	2	3	4	5
10	如果我在某件事上不顺利，我往往会怀疑自己的能力	1	2	3	4	5
11	我至少有几个知心朋友	1	2	3	4	5
12	我觉得我所做的很多事情都是不该做的	1	2	3	4	5
13	不论别人怎么说，我的观点决不改变	1	2	3	4	5
14	别人常常会误解我对他们的好意	1	2	3	4	5
15	很多情况下我不得不对自己的能力表示怀疑	1	2	3	4	5
16	我朋友中有些是与我截然不同的人，这并不影响我们的关系	1	2	3	4	5
17	与朋友交往过多容易暴露自己的隐私	1	2	3	4	5
18	我很了解自己对周围人的情感	1	2	3	4	5
19	我觉得自己目前的处境与我的要求相距太远	1	2	3	4	5
20	我很少去想自己所做的事是否应该	1	2	3	4	5
21	我所遇到的很多问题都无法自己解决	1	2	3	4	5
22	我很清楚自己是什么样的人	1	2	3	4	5
23	我能自如地表达我所要表达的意思	1	2	3	4	5
24	如果有足够的证据，我也可以改变自己的观点	1	2	3	4	5
25	我很少考虑自己是一个什么样的人	1	2	3	4	5
26	把心里话告诉别人不仅得不到帮助，还可能招惹麻烦	1	2	3	4	5
27	在遇到问题时，我总觉得别人都离我很远	1	2	3	4	5
28	我觉得很难发挥出自己应有的水平	1	2	3	4	5
29	我很担心自己的所作所为会引起别人的误解	1	2	3	4	5

续表

序号	项　　目	完全不符合——完全符合				
30	如果我发现自己某些方面表现不佳，总希望尽快弥补	1	2	3	4	5
31	每个人都在忙自己的事，很难与他们沟通	1	2	3	4	5
32	我认为能力再强的人也可能遇上难题	1	2	3	4	5
33	我经常感到自己是孤独无援的	1	2	3	4	5
34	一旦遇到麻烦，无论怎样做都无济于事	1	2	3	4	5
35	我总能清楚地了解自己的感受	1	2	3	4	5

计分标准与结果评估

各分量表的得分为其所包含的项目分直接相加所得。三个分量表包含的项目及题号如下表所示。

分量表	包含题目	大学生常模	自测分数
自我与经验的不和谐	1、4、7、10、12、14、15、17、19、21、23、27、28、29、31、33 共 16 项	46.13 ± 10.01	
自我的灵活性	2、3、5、8、11、16、18、22、24、30、32、35 共 12 项	45.44 ± 7.44	
自我的刻板性	6、9、13、20、25、26、34 共 7 项	18.12 ± 5.09	

“自我与经验的不和谐”反映的是自我与经验之间的关系，包含对能力和情感的自我评价、自我一致性、无助感等，它所产生的症状更多地反映了对经验的不合理期望。

“自我的灵活性”与敌对、与恐怖的相关显著，可以预示自我概念的刻板和僵化。

“自我的刻板性”不仅同质性信度较低，而且与偏执有显著相关，使用仍然在探索中。

此外还可以计算总分，方法是将“自我的灵活性”反向计分，再与其他两个分量表得分相加。得分越高，自我和谐程度越高，对于大学生，低于 74 分为低分组，75~102 分为中间组，103 分以上为高分组。

心理课堂

任务一　认识自我

知识探索

当你向一位陌生的朋友描述你自己时，你最先想到的特征是什么呢？是你的性别？是你的社会角色，如学生、职员、画家；是性格特征，如外向、内向；还是自己的爱好、优缺点等？

或者，在不同的年龄阶段你对自己会有不同的描述，小时候你会说“我是一个乖孩子”，中学的时候你会说“我敏感而忧郁，但是作文写得很好”，大学的时候你会说“我很开朗，变得外向多了，喜欢和不同的人打交道”。

或者，你可能更倾向于用概括性的语言对自己做一个总体评价，比如：“我是一个追求优雅和成功的女性”“我没有什么优点，但是我平凡而又快乐”，或者“我是一个自信、活泼、开朗，充满理想主义战斗激情的男孩”等。

其实当我们用这些特征来描述自己的时候，我们是在进行自我认识和自我定义。从我们两三岁自我意识开始萌发以来，我们就在不停地认识自己，并且在自我定义的过程中塑造着自己。良好客观的自我意识让我们正确地认识自己，促进自己的成长发展。而歪曲主观的自我意识让我们在错误的道路上跌跌撞撞，甚至在成长中给自己制造很多阻碍。

一、什么是自我意识

自我意识又称自我观念或自我观，是人对自己身心状态及对自己与客观世界的关系的意识，用来回答“我是谁”这样的终极问题。

自我意识包括三个层次：对自己及其状态的认识；对自己肢体活动状态的认识；对自己思维、情感、意志等心理活动的认识。

美国心理学家威廉·詹姆斯于1890年把自我划分为主体“我”（I）与客体“我”（me）。主体“我”是对自己活动的观察者，而客体“我”则是这个观察过程中被观察的对象。人们对自己的认知过程实际上就是主体“我”对客体“我”的反映过程。平时我们所说的“我认为”就是主体“我”，而“我很高”“我擅长”“我不喜欢”“我是学生”……这些“我”都是客体“我”。

看看下面这两个故事，你有什么样的感悟？

心灵故事

故事一：一个年老的富翁送他的儿子去闯天下。青年来到热带雨林中找到一种树木，这种树木高十余米，在一大片雨林中只有一两株，青年觉得这种树木的木质不错而且稀有，就准备砍去贩卖。这种树木被砍下之后，外层腐烂，留下呈黑色的部分，会散发出浓郁的香气，放在水中也不像其他树木那样浮在水面上，而是沉到水底。青年把这种带有香气的树木运到市场出售，可是没有人买他的树，倒是旁边卖木炭的小贩生意很火。日子一天天过去，青年的树木仍无人问津。他想，大概是我的树木真的不及他人的炭，于是他把香树烧成炭挑到市场上，结果一会儿就卖光了。青年很得意地回家告诉了老父亲，老父亲听了，忍不住落下了泪来。原来，青年烧成木炭的香木，正是世上最珍贵的树木——沉香。只要一小块，价值就超过一车木炭。

青年真正认识到这种树木的价值了吗？为什么他会把自己的树木烧成炭去卖？

故事二：小刘就读的学校是一所名牌大学。择业时，小刘自我感觉良好，期望值很高，偏执地追求名企，非名企不进。他甚至认为自己到某个单位求职是给单位“赏脸”，所以面试时总是夸夸其谈，常常挑剔攀比，提出过分的要求。这无疑给招聘单位留下了浮躁、不踏实的印象，最终没有一个单位愿意要他。

择业失败后，小刘不从主观上寻找原因，认为自己都是对的，全是招聘单位的错，并抱有“此处不留爷，自有留爷处”的想法。看到别人签约成功时，他又总是牢骚满腹，怨天尤人，认为社会不公平，十分不满和丧气。

从上面两个故事我们可以看出，有的人会低估自己的价值，而有的人会高估自己的价值，而你，对自己有正确的认识吗？人的自我意识是一成不变的吗？现实中的自己、理想中的自己和他人眼中的自己有着或多或少的区别。这又是怎么回事呢？

著名的乔哈里资讯窗为我们解释了这个问题。

针对自我意识，心理学家提出了“乔哈里资讯窗”理论，“窗”指人的自我意识，包括四个部分：“开放我”“盲目我”“隐藏我”和“未知我”（见图 4-1）。

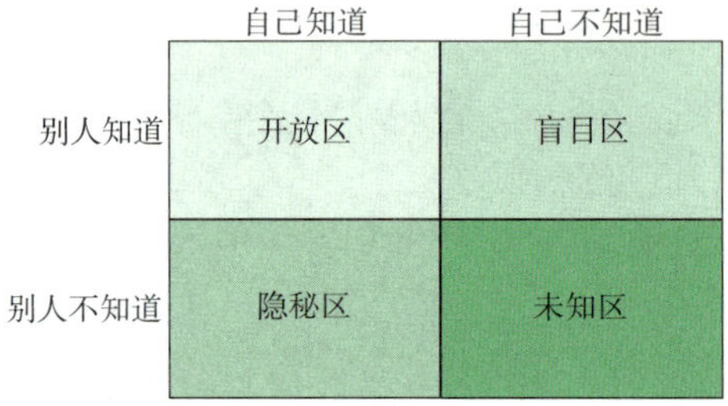

图 4-1　乔哈里资讯窗

1）“开放我”

“开放我”也称“公开我”，属于公开活动的领域。这是自己知道且别人也知道的部分，如性别、外貌、身高、职业、工作生活所在地、能力、特长、成就等。“开放我”是自我最基本的信息，也是了解自我、评价自我的基本依据。

2）“盲目我”

“盲目我”属于个体自我认识的盲点。这是自己不知道而别人却知道的部分，即“当局者迷，旁观者清”“不识庐山真面目，只缘身在此山中”。如一个人的无意识的习惯性动作、无意识的表情和语言等，自己觉察不到，但别人能观察到。

3）“隐藏我”

“隐藏我”是秘密的我，属于逃避或隐藏领域。这是自己知道而别人不知道的部分，与“盲目我”正好相反。“隐藏我”就是我们常说的隐私、秘密，不愿意或不能让别人知道的事实或心理。比如，我暗恋一个人，但因为有所顾虑，所以并没有公开，只有自己知道。

4）“未知我”

“未知我”也称为“潜在我”，属于未知区。这是自己和别人都不知道的部分，需要一些契机才会被激发出来。“未知我”通常是指一些潜在能力或特性，也包含弗洛伊德提出的潜意识层面，仿佛隐藏在海面下的冰山，力量巨大却又容易被忽视。个体只有对“未知我”进行探索和开发，才能更全面而深入地认识自我、发展自我，从而超越自我。

每个人的自我意识都由这四个部分构成，但所占比例会有所差异。并且，随着人的成长与生活阅历的增加，这四个部分也会不断地发生变化，人的行为也会随之改变。在认识自我的过程中，个体需要注重对“盲目我”的觉察和认识，对“未知我”的探索，让自己在生活中更容易扬长避短，更好地发挥自己的潜能。

二、自我意识的内容与结构

从自我意识介绍活动中，我们可以看出自我意识是一个具有多维度、多层次、有组织的复杂的心理系统。自我意识可以从不同的角度进行分析，通常从内容层面分为“生理自我、社会自我、心理自我”，从结构层面分为“自我认识、自我体验、自我控制”（见表4-1），从个体自我观念层面分为“现实自我、投射自我、理想自我”。

表4-1 自我意识的内容与结构

	自我认识	自我体验	自我控制
生理自我	对自己身高、体重、容貌、身材、性别等的认识	英俊、漂亮、有吸引力、迷人、自我悦纳等	追求物质利益的获得、身体外表的改善、生存欲望的满足
心理自我	对自己智力、情绪、兴趣、爱好、性格、气质等的认识	有能力、聪明、优雅、敏感、迟钝、感情丰富等	注重心智健康发展，追求信仰，注意行为符合社会规范
社会自我	对自己在所在群体中的地位、名望和受欣赏的程度的认识	自尊、自信、自爱、自豪、自卑、自恋、自怜等	追求社会名誉地位，积极参与竞争活动，努力获得他人好感

（一）生理自我、心理自我和社会自我

按自我意识的活动内容来看，自我意识可分为生理自我、心理自我与社会自我。

1. 生理自我

生理自我是自我意识最原始的形态，能够使个体把客观事物与自己区分开来，是个体对自己的身体的意识，包括个体对自己的性别、身材、外貌、体形等的认识，以及对生理病痛、温饱饥饿等的感受和体验。例如，“我是一个身材瘦小的女生”。

2. 心理自我

心理自我是指个体对自己的心理活动、个性特征、心理品质的认识，是个体对自己心理属性的意识，包括对自己的需要、动机、兴趣、爱好、人生观、价值观、情绪、性格、气质、能力等的认识、体验和评价。例如，“我是一个内心坚强的人”。

3. 社会自我

社会自我是对自己社会属性的认识，即个体对自己在社会关系、人际关系中角色的认识，包括个体对自己在客观环境及各种社会关系中的角色、地位、权利、义务、责任等的认识。例如，“天下兴亡，匹夫有责”“先天下之忧而忧，后天下之乐而乐”。这些都是社会自我的良好体现。

（二）自我认知、自我体验和自我控制

自我意识的结构从知、情、意三方面分析，是由自我认知、自我体验和自我控制三个子系统构成的。

1. 自我认知

自我认知是主观自我对客观自我的认识与评价，包括自我感觉、自我观察、自我分析、自我评价，以及在此基础上形成的自我观念，主要涉及“我是谁”“我是一个什么样的人”“我

为什么会成为这样一个人”等问题。其中,自我观念和自我评价是核心部分,集中反映了个体自我认知乃至自我意识的发展水平,也是自我体验和自我控制的前提。

2. 自我体验

自我体验是自我意识在情感方面的体现,是个体在自我认识的基础上所产生的一种内在体验,如自尊、自爱、自信、自卑、自负等,主要涉及“我是否相信自己”“我是否尊重自己?”等问题。自我认知决定自我体验,同时自我体验又会强化自我认知并影响自我控制。

3. 自我控制

自我控制,是自我意识在意志方面的体现,通常表现在个体在自我评价的指导和自我体验的推动下,对自己思想、心理、行为的调控,包括自我检查、自我监督、自我调节和自我塑造等方面,因而又可称自我调节。自我控制是自我意识结构中的最高阶段,主要涉及“我应该做什么”“我怎样实现理想的人生”“如何有效调节自己的情绪和行为?”等问题。比如在心情郁闷时,会通过户外运动放松身心,排解不良情绪,让自己变得积极乐观。

自我控制也会对自我认知和自我体验产生调节作用,比如当一个人能积极地调控自己,朝着自己理想的目标努力和前进时,他会产生积极的情绪体验,同时也会产生“我真的好棒”“我是有毅力的”等积极的自我认知。

大学生健全自我意识的标准是要有正确的自我认知、良好的自我体验和有效的自我控制。

(三)现实自我、投射自我和理想自我

从个体的自我观念来看,自我意识又可分为现实自我、投射自我和理想自我。

1. 现实自我

现实自我是个体从自己的角度和标准出发,对自己实际状况(包括自己的生理特点、人格特点、行为特点等)的认识。

2. 投射自我

投射自我又称镜中自我,是个体认为的自己在他人心目中的形象以及他人对自己形象的看法。如果现实自我与投射自我大体上一致,那么个体就会有良好的自我认同感;反之,个体很可能会出现自我认同混乱,进而导致人格障碍。

3. 理想自我

理想自我是个体想要实现的比较完善的一种自我境界或形象。理想自我对个体的认识、情绪和行为有很大的影响。如果理想自我与现实自我的差距过大,以至于根本无法达到,那么个体就会产生挫败感,并逐渐累积成自卑感。假设你目前是一个师范学校的大学生,你认为自己有很强的人际沟通能力和语言表达能力,这是你的现实自我;你认为你的朋友很欣赏你的随和、大方、活泼,是你的投射自我;而你希望能成为一名优秀中学教师,则是你的理想自我。现实自我与投射自我、现实自我与理想自我的和谐一致是心理健康的基本保证,这三者存在矛盾冲突就会引起自我意识的矛盾和偏差。

任务二　大学生自我意识发展的特点与偏差

大学生处于从青春期到成年期过渡的特殊时期，他们的人生画卷正在展开，对未来蕴藏着各种可能性进行探索是该阶段最显著的特征。由于大学生的未来有很多不确定性，“认识自己”这样的论题就显得更加迫切、更加重要。和以往任何一个时代相比，当代大学生面临着更为纷繁的变化和更多的不确定性，他们自我意识的发展呈现出一些新的发展特点，但同时也会出现一些偏差，这就要求我们必须对大学生自我意识发展的特点和偏差有一个清晰的认识。

一、大学生自我意识发展的特点

大学阶段是自我意识迅速发展并趋向成熟的时期，随着生活环境、学习状况、人际关系和管理制度的变化，自我认识、自我体验和自我控制得以不断发展。大学生自我意识发展也相应地表现出一些新的特征，具体来说，表现为以下几个方面。

（一）自我认识的主动性增强，但自觉性有待提高

在激烈的就业竞争中，大学生从一入学就面对学习和就业的压力。在我们面前摆着很多深刻的问题：将来做个什么样的人，能够从事什么样的工作，喜欢什么样的工作等。大学生开始更加主动地去认识自己，自我意识更为明晰。大学生普遍存在不能客观认识自己的能力的情况，不能客观分析自己的优缺点，从而造成妄自菲薄或妄自尊大。

（二）自我认识的途径增多

就读大学后，大学学习、生活环境为大学生提供了一个新天地。博览群书、广交朋友、参加学生活动和社会实践等不同途径为大学生提供了新的认识自我的方法。

（三）自我评价的兴趣增加，能力增强

进入大学后，与同学、朋友的交往使得大学生的社会比较增多，大学生更多地将自己的能力、相貌、学习、娱乐等与别人作比较，也尝试通过老师、同学对自己的评价来认识自己，有可能存在自我评价过高或过低的情况。

（四）自我体验丰富、深刻

随着大学生对自我认识的发展、自我评价的增多，对社会的规范、价值标准的进一步认识会导致更加丰富、深刻的内心情绪体验，也就是主观的为“我”对客观的“我”所持有的一种态度，比如自信、自卑、自尊、自豪、内疚、羞耻和挫败感等。

大学生自我体验的丰富、深刻，还表现为对外部世界和自己内心世界的某些方面非常敏感，涉及“我”及与“我”相关的事物等，都容易迅速引起情绪上的反应。

（五）自我控制能力提高

自我控制是自我意识的意志成分，处于大学阶段的年轻人，离开了中学时督促他们的家长和老师，对自己的行为、活动和态度的调控愿望更强烈，自我控制能力有所提高，自我控制的社会性不断增强。他们有一定的自我设计、自我规划的愿望，能够更好地进行自我检查和自我监督，自觉地调节行为。大学时期正值风华正茂，成就动机强烈，不会自甘平庸，希望能为社会、国家贡献自己的力量，做出一番有所作为的事业，以实现个人价值，但是一部分大学生的自我设计也会出现与社会要求相矛盾的时候，也可能存在一些双标倾向，比如一部分大学生希望社会公平、正义、平等，但在涉及自身利益的时候却又表现得自私、利己等。

同时，随着年龄的不断增长、知识的积累和社会阅历的增加，他们的自我控制的社会性也在不断增强，大学生会更多地用国家需求、社会责任感、未来成就目标以及生活的价值定向等社会标准来指引自我，那些来自外部的直接诱因的作用则相对弱化了。当代大学生的追求，不再局限于找一份能吃饱穿暖的工作，还心系诗与远方，越来越多的大学生根据社会发展标准和国家需求，制定自己的人生目标，希望自己成为一个适应时代发展潮流，将自身社会价值最大化，并为实现中华民族伟大复兴而奋斗终身的人。

二、大学生自我意识发展的矛盾

迈入大学殿堂，我们的身心更为成熟，自我意识的发展也进入了新的阶段，但是新的矛盾和冲突又产生了。

（一）理想我与现实我的矛盾

每个青年心中都有无数光彩耀眼的梦想，特别是随着经济的发展，很多学生心中涌动着强烈的成功梦想，为自己设定了一个美好的“理想我”，对自己的大学生活进行了理想化设定。但是当现实大学与理想大学、现实社会与理想社会、现实自我与理想自我形成巨大的反差时，一部分学生会找不到自己生活的正确方向，将一些可克服的障碍或干扰误认为是无法逾越的鸿沟，对挫折缺乏较强的心理承受能力。现实生活中，“理想我”与“现实我”总是存在一定差距的，合理的差距能够使人不断进步、奋发有为。但是，如果差距过大，则有可能引起各种各样的心理不适与心理问题，甚至自暴自弃。

（二）我观“我”与他观“我”的矛盾

适当的自我评价能让我们体验到自己存在的价值，而对自己的能力、性格、优缺点的客观评价能让我们正确地认识自我。人对于自己的优点很敏感，而对于自己的缺点却容易忽视，不知道自己的专长是什么，真正的本领是什么，缺少的东西是什么。作为大学生，我们在认识和评价自己时难免会有较为主观的时候，或高估、或低抑、或偏颇，与他人对我们的评价形成对立。当然，他人的评价并非正确的，因为他人也可能会有主观的时候，正如因凹凸不平的镜子会歪曲人的形象一样。

（三）思我与行我的矛盾

每个年轻人都可能存在这样一种矛盾的心态，心里想的是一回事，但是做的是另一回事，心里喜欢的是一回事，能付诸现实的是另外一回事。例如，小李刚上大学的时候壮志满怀，希望自己好好学习，但是配上电脑之后晚上常常打游戏到深夜，早上又起不来床。小李一边责怪自己荒废时间，应该认真学习，一边又控制不了自己对游戏的沉迷。而小刘呢，想在在校期间培养自己开朗的性格，多参加社会实践，却因为内向不善言谈而屡屡被兼职招聘拒绝。小刘一边想要改善自己内向的性格，一边却因为挫折更惧展现自己。这种思与行的矛盾在学生身上有较多表现，其原因是意志力不够、缺乏对自己的控制，或是内心缺乏动机，或是找不到行为的方法，或是受到环境制约等。

（四）强烈的自我改变意愿与意志品质滞后的矛盾

当我们看到理想我与现实我的矛盾后，在挫折情景或他人成功的时刻，我们会产生强烈的自我改变的愿望。但在意志品质发展还不够成熟的情况下，我们的自觉性、果断性、自制性和坚韧性都还有所欠缺，自制和自控能力与改变的意愿形成较大的冲突。

三、常见的大学生自我意识发展偏差

1. 过于追求完美

追求完美是促使人不断进步的积极心态，但过于追求完美则是一种自我意识偏差。具体表现为：抛开自己的真实状态，期望自己完美无缺，无法忍受自己的不完美，总是对自己不满意，不愿接纳自己的平凡或缺点，导致对自己的认识和适应更加困难；对某件事情表现出异乎寻常的执着，容不得一点瑕疵，总是强迫自己反复做同一件事情，甚至因为这件事情影响自己的正常生活。有些大学生不仅对自己要求严苛，还要求别人像自己一样追求完美，给自己和他人都带来沉重压力，久而久之易引起负面情绪，影响身心健康。

心灵故事

被“减”掉的健康

小美，女，18 岁，身高 1.65 米，体重 118 斤。她认为自己的身材胖得难看，开学伊始她就向舍友宣布了其减肥计划。“从今天起，我要过午不食，发誓一定要瘦到 85 斤！”自此，她每天基本不吃主食，以少量水果和蔬菜为主，饿了就猛灌水，晚上只吃青瓜、西红柿。小美很有毅力，减肥成效非常明显，体重降到了 95 斤。但这时她脸色苍白，浑身乏力，精神萎靡，但她还是觉得腿太粗，身材不苗条。于是，小美又实施了更为疯狂的减肥计划：4 种减肥药一起吃；听说喝黑咖啡能减肥，每天喝 4 大杯黑咖啡；严格限制热量摄入，有一段时间只吃水煮青菜，午饭米粒数着吃……一年后，小美急剧消瘦，手臂上长起了绿豆大的斑点，蔓延到腿上、脸上。而且，她还因长期节食引发了低血糖性脑病等多种疾病。

案例分析：小美在认知上过度追求体重的下降，导致出现了身体和心理上的异常。我们要明确减肥应建立在健康的基础之上，要学会科学合理地对个人身材和体态进行调整。同时我们要学会放弃错误的执念，学会爱自己，欣赏自己，接纳自己的优点与缺点，将宝贵的时间投入更多有价值、有意义的事情中去。

2. 过度自卑

自卑是个体由于生理或心理上的缺陷或其他原因所产生的对自己的情绪体验，主要表现为对自己的评价过低，轻视个人能力或人格特质，害怕得不到他人的尊重。大学期间竞争激烈，难以保证每一次自己都是胜利者，或多或少会有失败的体验。如若沉浸在失误和缺点中，遇到挑战性的场合就容易逃避、退缩，一颗过强的自尊心掩盖的往往是极度的自卑。过度自卑的人往往只看到了自己的缺点和软肋，不喜欢自己，也担心别人不喜欢自己，特别在意别人对自己的评价和相处体验，小心翼翼地维持与他人的人际关系；经常拿自己的缺点与他人的长处相比，不能冷静分析自己的失败，总是将失败归因于自己的无能；否定自己，不能容忍自己的不完美，感觉自己低人一等，对那些稍做努力就能完成的任务也轻易放弃。

心灵故事

“丑小鸭”的苦恼

肖某，男，大学一年级学生。他前来咨询时对咨询老师说：“老师，你没发现我长得很丑吗？你看我的两只眼睛不一样大，是先天的弱视；我的嘴唇也比较厚……总之，很丑！上中学的时候，我一直是好学生，成绩总是班里的第一名。但是我的内心感到很孤独、很悲苦。因为在升入高三后，我喜欢上了同班的一名女同学，也许这就是情窦初开吧！虽然心里很甜蜜，但我知道那个女生和同班另一名男生很要好，她从来没注意过我。理智告诉我，尽管我的学习成绩是班上最出色的，但以我的长相是不可能把她吸引过来的。我当时彻底失望了……现在，我又碰到同样的问题了。同班一位女生很爱和我说话，还约我和她一起上自习。可是，我很自卑，和她说话的时候从来不敢看她，总是低着头。每次都是她先和我说话、先来找我，我从来没去找过她。”

案例分析：肖某因为觉得自己长得丑，内心感到孤独和自卑，在异性同学面前表现出强烈的自卑感。随着自我意识的增强，大学生对自身形象会特别在意，往往会由于对自己的外貌不满意而自卑。在本案例中，肖某觉得自己长得丑，对自己有消极的自我暗示，由此引发强烈的自卑感。建议他正确看待自己的外貌，运用积极的自我暗示做出正确的行为归因。

3. 自我中心和从众心理

大学生强烈关注自我，往往从自我的角度、以自己的标准去认识、评价和行动，容易出现自我中心倾向。当这种倾向与某些不健康的思想意识、心理特征结合时，会表现出过分的、扭曲的自我中心。以自我为中心的人不易赢得他人的好感和信任，人际关系大多不和谐，难以得到他人的帮助，易遭遇挫折。与自我中心倾向相反的是从众心理。一般来说，从众心理人皆有之，但过强的从众心理实际上是依赖反应，使人丧失个性、独立性，不利于人格的成熟。

任务三　大学生自我意识完善的训练策略

知识探索

健全的自我意识是个体心理健康发展、走向成功的必备要素。大学生自我意识处于不断探索和发展的阶段，这一时期自我发展表现出独特性和矛盾性，大学生要寻求自我意识的整合和统一，具体表现为自我认识、自我体验和自我控制的和谐统一。古人云："人贵有自知之明。"自我认识和自我探索的过程并不是一件轻而易举的事情，也并非所有人都能把自我意识和谐地统一起来，需要对大学生进行正面积极的引导，悉心体察他们的内心世界，并有针对性地进行自我意识教育和训练。大学生自我意识的训练策略包括以下四个方面。

一、正确认识自我

《老子》有云："知人者智，自知者明。"全面、客观、正确地认识自我是大学生自我意识完善的基础，既知道自己的优势，也知道自己的劣势，形成对自己客观、合理的认识。大学生认识自我的训练策略主要有以下四种。

1. 通过自我反省认识自我

自我反省是指对自己的价值观念、情绪体验、言行举止等进行思考和评价，包括对因外部变化而引起的内部不平衡状态的估计，对不适应现象的归因分析，对已有经验的搜索与比较等。曾子曰："吾日三省吾身。"自我反省是正确认识自我的重要途径。比如，"我是个性格随和的人吗?""我对自己满意吗?"如果个体不进行反省，难以知悉自己言行处事是否合理，也不清楚自己哪些地方需要改进。大学生要学会与自己的内心对话，自己不仅仅是观察的主体，也是自我观察的对象；要学会辩证、客观地看待自己，不能以偏概全。

拓展阅读

"伤痕"实验

美国某大学研究人员曾进行了一项有趣的"伤痕"实验，他们招募 10 名被试者，宣称实验目的是观察人们对身体有缺陷的陌生人做何反应，尤其是对面部有伤痕的人。每位被试者都被安排在没有镜子的小房间中，由专业化妆师在其左脸做出一道血肉模糊、触目惊心的伤疤，然后用随身携带的小镜子使每位被试者看到自己脸上的伤疤。随后，化妆师表示还需要在伤痕表面再涂一层粉末，以让疤痕更逼真、更持久。而实际上，化妆师已经用湿棉纱偷偷把刚才做好的伤疤抹掉了。

对此毫不知情的被试者，被分别带到了各大医院的候诊室，他们的任务就是观察陌生人对其面部疤痕的反应。实验结束后他们表达了相同的感受，即人们对他们比以往更粗鲁无理、不友好，而且总是盯着他们的脸看。但实际上，他们的脸上与平时并无差别，之所以会有那样的感受，原因在于错误的自我认知影响了他们的判断。

2. 通过社会比较认识自我

通过与他人比较是个体获得自我认识的重要信息来源，有助于个体认识自己的能力和水平，更准确地给自己定位。但在与他人比较的过程中，应该注意确立合适的参照体系，需要把握以下三点：其一，比较的对象要有所选择，选择与自身实际情况类似的人，从他们身上获取的经验和教训更具有参考价值；其二，比较的内容要有可操作性，比如，比较某科学业成绩、社团活动表现等，而不要比较自身无法改变的客观事实，诸如家庭条件、身高外貌等，否则只会造成自我意识偏差，走向自负或自卑的道路；其三，比较的方式要合理，切勿以自己之长比他人之短，也不要以自己之短比他人之长。

3. 通过他人反馈认识自我

他人是反映自我的“镜子”，通过他人的反馈来认识自我是正确认识自我的重要途径。个体自我意识的形成，往往是以别人对自己的态度和评价为参照点。俗话说“要想认识自己，最好问问别人”，他人评价是个体认识自己的一面镜子，有助于个体发现和缩小自己的盲区，形成对自己客观、完整、清晰的认识。库利（Charles Horton Cooley）提出的“镜中我”理论认为，个体在社会交往过程中，会察觉到别人对自己言行的反应，把别人当作镜子来进行自我感知。他人评价这面镜子，不是简单地指某人的某一次评价，而是指与自己关系密切或影响深远的他人概括或提炼出的一些稳定性评价，为自我评价提供基础。

4. 通过实践经验认识自我

大学生通过参与各种社会实践活动，比如社团活动、志愿服务、岗位实习等，根据实践过程中的表现来获得有关自己兴趣、能力、意志力等方面的认识。例如，根据自己在实践中克服困难的程度来认识和评价意志力；根据自己在实践中所投入的时间、精力来认识和评价自己的能力水平。如若活动过程顺利展开，结果收效良好，有助于增强自信心，体验价值感，从而提高自我评价，形成整合的自我体系。所以，大学生要努力把握学校提供的机会，尽量去尝试、去实践，完善正确认识自我的途径。

二、积极悦纳自我

悦纳自我是指理智地看待自己的优点和不足，坦然平静地接纳真实的自我，并在此基础上产生愉悦、满足、积极和乐观的情绪体验。接纳自己就意味着按照自己的本来面目认可、肯定自己，是无条件地接受自己的一切优势和缺点，而不是对自己的缺点自责、自我逃避，或以假象自欺欺人。悦纳自我是自我意识完善的关键和核心，有助于个体更全面地认识自己，拥有更加积极的自我体验，更好地指导自我控制，向着自己期望的方向努力前行。大学生要真正做到悦纳自我，可以采用以下四种策略。

1. 学会说三句话

第一句：“太好了”。（凡事考虑积极的一面，受挫折时迎难而上。）

第二句：“我能行。”（树立自信，做到自尊、自强，激发自身潜能。）

第三句：“我来帮你吧！”（学会生存，学会关心他人。）

2. 接纳自己的优缺点

常言道：“金无足赤，人无完人。”既然人人都有缺点或短处，就不能企图否认、掩饰或回避它们。对于通过后天努力可以改善的缺点，个体在接纳自己的基础上要有所行动，发挥个人的人生价值；对于通过个人努力无法改变的缺点，可以采用代替或补偿法，用自己的优点来弥补。

3. 建立良好的自我感觉

正确审视自己缺点和不足时，还要学会创造机会培养自信心，建立和巩固良好的自我感觉，悦纳自己。例如，及时了解自己取得的进步和成绩，肯定自己的能力；记录别人对自己做出的积极评价，增强自信心；回忆过往的经历，找出自己各方面表现出色的地方，肯定自身具备的素质。

4. 允许自己犯错

智者千虑，必有一失。而对于大多数的普通人，犯错也是个体不断成长和进步的途径，不可因一时的过错全盘否定自己，始终要对自己保持信心。同时，一方面，要及时挽回自己犯错所造成的损失，做到扬长避短；另一方面，要认真思考导致自己出错的原因，从中吸取教训，避免重蹈覆辙。如果问题在于自身的能力、努力程度，就要再接再厉，投入时间、精力，有针对性地采取措施提高个人素养；如果问题在于任务难度、运气，则需调整心态。

活动探索

发现独特的我

活动目的　通过自我欣赏和聆听他人的自我欣赏，发现自己与他人的优点，学习接纳自己和欣赏自己，肯定自己是个独特的人。

活动过程

步骤一：每位学生根据自己的实际情况完成以下句子。

(1)我最欣赏自己的外表是________________________。

(2)我最欣赏自己的性格是________________________。

(3)我最欣赏自己对学习的态度是___________________。

(4)我最欣赏自己做事的态度是_____________________。

(5)我最欣赏自己的一次成功是_____________________。

(6)我最欣赏自己对朋友的态度是___________________。

(7)我最欣赏自己对家人的态度是___________________。

步骤二：3人一组，每人在小组中分享自己所写的内容和原因。如果学生之间相互熟悉，还可以让其他同学补充。

三、有效控制自我

有效的自我控制是个体主动调节和控制自己认知、情绪和行为，得以实现改变的心理过程，是个体自我意识完善的根本途径。有效控制自我，确立适当的抱负水平，通过自己的努力，可以促进个体自我认知和自我意识的完善。

1. 设置合理目标

提高控制自我的能力，首先需要学会根据自己的实际情况，设置合理的目标和任务。所谓合理的目标，是指经过个人努力可以实现的目标。例如，如果自身身体免疫力低，可以通过调整饮食习惯和生活作息，加强体育锻炼等方式来提高身体素质；如果感觉自己某一方面知识比较匮乏，需要扩大自己的知识面，可以查阅相关的书籍、杂志等，多向师长、前辈请教以拓展自己的知识面。因此，设置合理的调控目标能提升自我效能感，不能完成的目标只会加重挫败感。

2. 制订日常计划

设置合理的目标之后，可以根据自己的实际情况，有目的地制订自己的学习和生活计划。为了高效实现既定的目标，执行计划时应该按照先后次序对各项任务进行时间分配。一般情况下，可以按照事情的重要性和紧迫性的高低来制订相应的计划。通常情况下，事情的重要性和紧迫性可以分为四类（见图 4-2）。

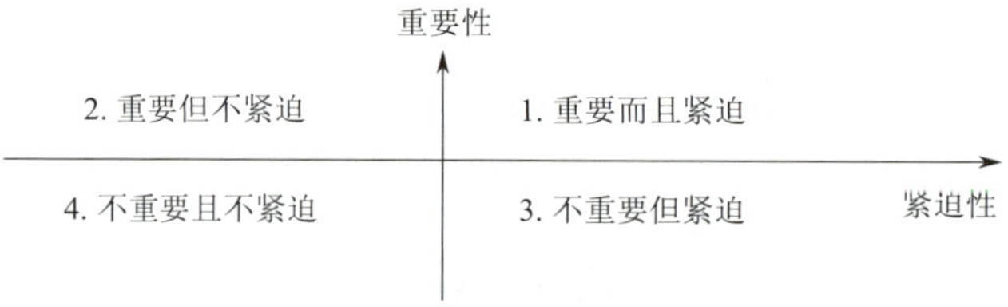

图 4-2 重要性--紧迫性模型

生活中，个体常常把紧迫的事情放在第一位，而忽略了重要但不紧迫的事情。从图 4-2 中可以看出，科学而合理的时间管理方式可以帮助我们分清事情的轻重缓急。生活中的成功者总是将最多的时间花在做重要但不紧迫的事情上，然而一般人总是做不重要但紧迫的事情，所以首先要学会甄别事情的重要性和迫切性。大学生就要学会先做 1，后做 2，尽快或集中做 3，少做或不做 4，这样才能提高工作和学习的效率，更好地实现目标。

3. 培养自我控制能力

“胸怀万丈，躺在床上”形象地体现了部分大学生的生活状态，究其原因还是自我控制能力不足。在确立好目标之后，就需要培养自我控制能力，朝着既定目标前行。如果不能坚决抵制外在诱惑，努力排除干扰，容易出现“想得多、做得少”的局面，最终沦为“思想上的巨人，行动上的矮子”。因此，大学生需要通过意志来调节自己的行为，采取一定的策略培养自控能力。

1）体育运动

心理学家梅甘·奥腾和生物学家肯恩·程的研究发现，坚持锻炼能提高心率变异度的基准线，改变自控力的生理基础，大脑内能产生更多的细胞灰质和白质，使得大脑运行更敏捷，影响自控力的前额皮质更活跃。因此，大学生可以通过体育运动培养自己的自控能力。

2）冥想

冥想是一种简单且易于操作的改变意识的形式，通俗而言，就是大脑里什么都不要想。冥想不仅可以通过获得深度的宁静来增强自我意识，而且研究发现，长期冥想有助于缓解焦虑、紧张情绪，增强内心控制感，还可以达到抑制冲动、提升注意力与减缓压力的效果。

活动探索

超觉静坐

步骤一：选择一个安静、灯光柔和的房间，盘腿坐着，闭上眼睛。

步骤二：尝试放松全身肌肉，慢慢从脚开始，由下而上，一直到头部。

步骤三：心无所思，用鼻子呼吸，慢慢感受空气在自己的鼻腔内流动。每次呼气时，默数“一”。持续 20 分钟即可结束（切勿用闹钟定时，用心感受），睁眼看时间，然后再次闭眼休息一分钟，结束。

四、不断超越自我

不断塑造自我、实现超越自我是自我意识完善的终极目标。积极的生活态度、坚定的人生目标和远大的理想抱负是实现超越自我的前提。超越自我就是要将昨天的成就当成今天的起点，用今日之我战胜昨日之我，使明日之我比今日之我更进步。同时，超越自我也是从个体“小我”不断走向社会“大我”的过程。除了注重个人能力发挥和理想实现以外，大学生更需要积极投身于社会实践，为社会服务，将个人理想与社会责任结合起来，在为他人和社会服务中实现自我价值。

实事在线

榜样故事 | “扶贫之花”黄文秀

自我的发展和完善对于个人有重要的意义，对于社会和国家也有非常重要的意义。大学生要熟悉和了解社会、认识社会发展的需要，从国家发展的角度来重新认识自己，为理想的自我确立适当的社会坐标。

黄文秀，曾任广西百色市委宣传部理论科副科长、乐业县新化镇百坭村党组织第一书记。她在脱贫攻坚第一线倾情投入、奉献自我，一日在返回驻村途中突遇暴雨洪流，不幸遇难，年仅 30 岁。她用美好青春诠释了共产党人的初心使命，谱写了新时代的青春之歌。

一、坚持“回来”的人

2016 年，黄文秀从北京师范大学硕士毕业后考取了选调生，回到家乡——广西百色，投身基层扶贫事业。“她本有很多选择，”昔日导师郝海燕说，“以她的能力，留京或出国都没有问题。”但是她志不在此。出生于广西农村的黄文秀，求学过程中，依靠党和国家的扶贫资助才得以完成学业。学成回报这片土地，帮助更多像自己一样的困难群众，是她的心愿。她曾对自己的老师说：“我是从贫困大山里走出来的孩子，得到过党和政府的资助和培养，希望将来能为祖国和家乡贡献自己的一份力量。”在一次次的选择中，黄文秀始终遵从自己的内心、自己的初心，回归家乡、建设家乡。她想要当那个“走出去”并“回来”的人。

二、扶贫路上的“女战士”

2018 年 3 月，黄文秀主动来到百色最偏远的乐业县新化镇百坭村担任第一书记。在她到任之初，百坭村交通不便、产业不强、脱贫任务重，472户2067人中，还有103户473人未脱贫，贫困发生率为22.88%。

初来乍到，乡亲们对这位年轻的"女娃娃"并不信任，都说她是来村里"镀金"的。为了取得乡亲们的信任，黄文秀直接住到村里，翻山越岭、进村入户访贫问苦，手绘"民情地图"，学说方言，帮着大伙儿扫院子、干农活。渐渐地，大家从心底里接受了她，专心跟她搞发展。

不到一年的时间，百坭村103户贫困户顺利脱贫88户，贫困发生率降至2.71%，村集体经济项目收入翻倍。黄文秀还协调完成了1.5公里的道路硬化，新建蓄水池4座，完成两个屯47盏路灯的亮化工作。

这位扶贫路上的"女战士"曾在自己的驻村日记中写道："扶贫之路就像一条长征路，无论多么艰难，都会坚定不移走下去。"

三、"干干净净的公仆"

很多人都不知道，在一线扶贫的黄文秀，双亲体弱多病，曾是建档立卡贫困户。近年来，在党的政策扶持下，黄文秀家种植22亩油茶和4亩茶叶，2016年实现脱贫，家里也已经获得县城的易地搬迁房，走出大山。黄文秀一家深受党的恩惠，在她选择回到家乡工作时，父亲对她说："你入了党，就要为党工作，回到家乡做一个干干净净的人民公仆。"她没有辜负父亲的期望。

年轻的黄文秀，用扶贫工作的成效诠释了自己的赤子之心，她的青春像鲜艳的花朵，永远绽放在百色革命老区。

心理训练

进入大学的"我"

自我意识是我们在与他人交往过程中，根据他人对自己的评价和看法而形成的。进入大学后，你可能对自己有了新的认识，有了不同的看法，也相应地会有不同的体验，也会有一些事情给你的自我意识带来挑战。

你进入大学后是否有以下感受？

①学习不再名列前茅。

②外貌不够有型。

③身边都是"牛人"。

④没有异性喜欢。

⑤组织协调能力不足。

⑥没有特长。

⑦没有朋友。

⑧经济拮据。

⑨对未来感到茫然。

⑩见识不广泛。

（1）你觉得以上哪几项是符合自己的？

____

（2）你如何看待这几项？这几项是真实存在的，还是你自己感知到的？找同学交流一下该如何看待这些变化。

____

（3）请结合自己的实际情况，回忆进入大学后，自我意识还曾受到哪些挑战？请列举3项。

____

（4）结合自己的看法和感受，你觉得可以采取哪些方法进行应对？

____

心理赋能

诗歌
《做最好的自己》

道格拉斯·马洛奇

如果你不能成为山顶上的高松，
那就当棵山谷里的小树吧，
但要当棵溪边最好的小树。
如果你不能成为一棵大树，
那就当丛小灌木；
如果你不能成为一丛小灌木，
那就当一片小草地。
如果你不能是一只香獐，
那就当尾小鲈鱼，
但要当湖里最活泼的小鲈鱼。
我们不能全是船长，
必须有人也是水手。
这里有许多事让我们去做，
有大事，有小事，
但最重要的是我们身旁的事。
如果你不能成为大道，
那就当一条小路；
如果你不能成为太阳，
那就当一颗星星。

项目五

自我发展，健全人格

心语心愿

健全的人格总是比较容易接近难以相处的人。——海塞

学习目标

知识目标：引导学生了解人格的相关知识，如人格的形成、人格的特征及什么是气质与性格。

素质目标：能够识别高职学生常见的人格障碍、人格问题，知道如何培养健全的人格。

心理觉察

你的人格健康吗？

（1）当你站立时，为了舒服，你总是爱把胳膊放在椅背上吗？

（2）你有咬手指或手指甲的习惯吗？

（3）当你与人交谈或倾听别人谈话时敲打桌面吗？

（4）当你站立时，你喜欢双臂抱肩吗？

（5）你总是不停地用手指击打东西吗？

（6）当你谈话时：①你抑扬顿挫，眉飞色舞，手舞足蹈；②你感到有些紧张；③你把手轻轻地放在衣兜里。

（7）聚会时，不论想不想吸烟，你总爱点上一支吗？

（8）参加宴会时，你总是把眼睛盯在一盘或附近几样菜上吗？

（9）看到别人把大拇指藏在手心、拳头紧握时，你害怕吗？

计分标准与结果评估

第6题回答①得2分，回答②得1分，回答③得0分。其余8题，回答“是”得1分，“不是”得0分。

0~3分：人格健康。不论在什么情况下，你都能沉着、坚定、稳重。你的举止表现说明你是一个沉着老练、遇事不慌、自信自强、分寸得当、自制力强的人。这种自我控制能力是健康人格的重要特点。

4~7分：人格健康状况欠佳。表面上看，你很平静，但常常失去平衡。高兴时，你信口开河，夸夸其谈；不高兴时，你冷眼相看，袖手旁观，情绪变化大。

对你来说，至关重要的是学会自我控制，从而达到人格结构的稳定与健全。

8~10分：人格健康问题严重。你很不沉着，如果不学会自我控制、坚定信心，你在哪里

都无法安定，总感到不舒服，也许你自己还不以为然，可在别人看来却很刺眼。关键问题是达到内心的平衡、和谐和安定，同时注意与周围的环境相适应。

心理课堂

任务一　人格的相关概念

知识探索

一、人格的含义

什么是人格？人格是在社会生活当中的总体心理倾向，是人从事社会生活的社会心理模式。不同的学科对人格有不同的定义。伦理学上的人格指的是品格，比如，这个人偷鸡摸狗，拈花惹草，人格太次；人格特别高尚的，舍生忘死，见义勇为。法律上的人格指的是权利、资格。本任务要讲的是心理学上的人格。

人格一词来源于拉丁语 persona，意指古希腊罗马时代戏剧演员在舞台上扮演角色所戴的假面具，它代表剧中人的身份，表现剧中人物的某种典型心理。我们接触最多、印象最深的面具恐怕要数京剧脸谱了，演员们用不同的颜料在脸上勾画出各种形象，来表示各种不同人格的人物。红脸表示忠勇义烈，如关羽；黑脸表示刚烈、正直、勇猛甚至鲁莽，如包拯、张飞、李逵等；黄脸或绿脸表示粗犷暴躁；白脸表示阴险奸诈。在这里，面具已是某些人格的代名词。心理学沿用其含义，引申为人格。它包含两重含义：一是指一个人在人生舞台上所表现出来的种种言行，是个人遵从社会习俗的要求而做出的；二是指一个人由于某种原因不愿展现的、内隐的人格成分，是人格的内在特征，但这仅仅是人格概念的一种形象理解。

不同的心理学家从不同角度对人格下了定义。一般认为，人格是指个体在先天遗传和后天环境的交互作用下，逐步形成相对稳定、独特的心理倾向、心理特征和行为方式的整合。

二、人格的形成

为了便于确立人在社会生活中的权利、义务，规范行为，人为地划定一个人格定型的年龄——18 周岁。年满 18 周岁的人，人格应当成熟。人格一旦定型就很难改变，这就是常说的，江山易改，本性难移。

人格的形成是一个漫长的过程，在此期间，影响人格形成的因素主要有以下几点。

（一）遗传因素

遗传基因对人格的发展具有重要的影响。首先，人格受遗传的影响约占 30%~50%。例如，某些人可能具有更高的智力、创造力或表现出更多的外向、内向性格倾向。其次，神经系统的特性、高级神经活动的类型、内分泌系统分泌激素的水平等不同，也会使人们个性的形成和发展显示出不同的特点。此外，人的体态和容貌也是影响个性形成和发展的生物因素，所以人格的遗传因素是一个重要的基础因素。

（二）教育因素

教育因素包括家庭教育、学校教育和社会教育。

家庭教育是最基础的，孩子的第一任老师是父母。父母的一言一行无时无刻不在影响着子女人格的形成。每一个孩子的人格特质都打着家庭的烙印。

学校教育在人格形成与发展中具有重要作用。学校不仅是传授文化科学知识的场所，而且是开发智力、进行政治和思想品德教育的地方，是促使学生形成和发展人格特征的最重要的部门。学校的自然与人文环境、生源、教师队伍的构成、教学方法、学风等直接影响学生的人格形成。社会环境、社会现象、社会问题、社会价值观对人格的形成有塑形作用。社会教育主要指学校以外的社会文化教育机构对青少年及成年人的教育，主要任务是使受教育者进一步确立符合社会要求的思想品质和世界观；普及科学文化知识，增加和更新人们头脑中储存的知识和信息，引导人们从事健康的文体活动，使受教育者成为合格的公民。社会教育的内容很多，如传统教育、理想教育、道德教育、文化技术教育等。

（三）自然环境因素

生态环境、气候条件、空间拥挤程度等这些物理因素都会影响到人格的形成与发展。比如，气温会提高某些人格特征的出现频率，热天会使人烦躁不安等。但自然环境对人格不起决定性的作用。在不同物理环境中，人可以表现出不同的行为特点。

（四）疾病、创伤

疾病指的是生理的。一个人本来挺开朗的，得了一场大病，人格改变了，现在变得抑郁了。创伤，比如说有的人颅脑受了损伤，本来有些吝啬的，结果变得大方了。

（五）生活事件

生活事件指的是个体在生活中所经历的事件和经历，如童年时期的经历、重大生活事件等，都会对个体的人格产生影响。例如创伤经历可能导致个体产生焦虑、抑郁等心理问题，从而影响人格发展。

三、人格的特征

（一）人格的社会性

人格在其形成和发展的过程中，不仅受到生物因素的制约，更多的是受到社会因素的制约，也就是说，由一个自然人变成一个社会人。这个社会化的过程也就是人格形成的过程。离开人类的社会生活，正常的人格就无法形成和发展。

扩展阅读

1920年在印度加尔各答东北方的一个名叫米德纳波尔的小城里，人们常见到一种“神秘的生物”出没于附近的森林。往往是一到晚上，就有两个用四肢走路的“像人的怪物”尾随在三只大狼后面。后来人们打死了大狼，在狼窝里终于发现了这两个“怪物”，原来是两个裸体的小女孩。其中大的七八岁，小的约两岁。这两个小女孩被送到米德纳波尔孤儿院去抚养，孤儿院还给她们取了名字，大的叫卡玛拉，小的叫阿玛拉。到了第二年阿玛拉死了，而卡玛拉一直活到1929年。这就是曾经轰动一时的“狼孩”事件。

“狼孩”刚被发现时用四肢行走，慢走时膝盖和手着地，快跑时则手掌、脚掌同时着地。她们总是喜欢单独活动，白天躲藏起来，夜间潜行；怕火和光，也怕水，不让人们帮她们洗澡；不吃素食而要吃肉，吃东西时不用手拿，而是放在地上用牙齿撕开吃。每天午夜到凌晨3点钟，她们像狼一样引颈长嚎。她们没有感情，只知道饥时觅食，饱则休息，很长时间内不主动对别人产生兴趣。不过她们很快学会了向人要食物和水，如同家犬一样。当阿玛拉死的时候，人们看到卡玛拉两眼各流出一滴泪。

据研究，七八岁的卡玛拉刚被发现时，只懂得一般6个月婴儿所懂的事，人们花了很多精力都不能使她适应人类的生活方式。两年后她才会直立，又过了几年她才艰难地学会独立行走，但快跑时还得四肢并用。直到死亡她也未能真正学会人类语言：4年中卡玛拉只学会6个词，能听懂几句简单的话，7年她才学会45个词，能勉强地说几句话。在最后的3年中，卡玛拉终于学会了在晚上睡觉，她也开始害怕黑暗了。很不幸，就在她开始朝着人的生活习性迈进时，她去世了。估计卡玛拉死时16岁左右，但她的智力只相当于三四岁的孩子。可见，离开社会环境和与他人的相互作用、相互影响，人便不能成其为人了。所以说，人格是社会化的产物。

（二）人格的整体性

人格是人的整个精神面貌的表现，每个人的人格世界都不是由各种特征简单地堆积和组合起来的，而是一个排列有序的系统结构。无论是看得见的人格，还是看不见的人格，都会有规则地结合成一个有机整体，具有内在的一致性，受自我意识的调控，即一个人的所思所想、所作所为是一致的。人格的统一是心理健康的表现。人格内在统一性的丧失，是人们内心痛苦彷徨和罹患心理疾病的根源。

（三）人格的独特性

人格的独特性是指个体的人格是由某些和别人共同或相似的特征以及完全不同的特征组成的。个体的人格是在遗传、环境、教育等先天和后天因素交互作用下形成的。人们常说“人心不同，各如其面”，人的心理差异就像人的面孔一样千差万别。每个人都有独一无二的个性，千千万万这样的个体组成了丰富多彩的人类世界。

（四）人格的稳定性

人格的稳定性是指个体的人格特征具有跨时间的持续性和跨情境的一致性，个体经过母亲的孕育，经历出生、婴儿期、童年期、少年期、青年期、成人期、老年期的发展，逐渐形成相对稳定的人格。它使个体在不同生活情景中都表现出大体一致的心理品质，这就是人格的稳定性。正所谓“江山易改，本性难移”。一个人的某种人格特质一旦稳定下来，要改变是较为困难的事。当然，这种稳定性也不是绝对的，而是相对的，随着个人所处的环境的变化或个人的主观努力，人格也是可以改变的。

四、人格与气质、性格

人格包括个人的人格心理特征和人格倾向性两个相互联系的方面。

人格心理特征包括需要、动机、兴趣、价值观、思想等，主要是在后天社会化过程中形成的，集中了人性独特的一面。人格倾向性是指个体在人际互动中表现出来的稳定个性特征。可见，人格是由不同成分构成的一个结构系统，不同成分从不同侧面反映个体的差异。气质与性格是人格的两个重要方面。

（一）气质

1. 气质的定义

从心理学来讲，气质是指一个人与生俱来的、人的心理活动典型而稳定的动力特征，是高级神经活动类型在后天行为或活动中的表现，是一个人心理活动发生的速度、强度、稳定性、灵活性和指向性等动力方面特点的综合。

2. 气质类型

根据气质在人身上的表现所划分的类型叫作气质类型。有关气质类型的理论有很多，如体液说、阴阳五行说、血型说、体型说、激素说、高级神经活动学说等。在这些学说中，大多数是片面的，缺乏科学的根据。这里仅就最具有影响力的两种学说加以介绍。

1）体液说

公元前 5 世纪，被人称为西方医学鼻祖的希波克拉底在古希腊时代就提出了四种体液学说。他认为，人体内有四种液体，它们分别是黏液、黄胆汁、黑胆汁和血液。黏液生于脑，黄胆汁生于肝，黑胆汁生于胃，血液生于心脏，这四种液体“形成了人的气质”。之后，罗马医生盖伦对气质进行了分类，并认为每种气质类型的特点的表现是由于四种液体中的某种液体在体内占优势所决定的。黏液优势者为黏液质，黑胆汁优势者为抑郁质，黄胆汁优势者为胆汁质，血液优势者为多血质。以今天的观点来看，依据体液的情况划分人的气质类型实在缺乏足够的科学根据。尽管如此，那时命名的气质类型的名称却一直沿用至今，所不同的只是对气质类型形成的原因做出了不同的解释。

2）高级神经活动学说

20 世纪初，巴甫洛夫创立了高级神经活动学说。他认为，高级神经活动类型是气质的生理基础，神经系统的活动是由兴奋和抑制两个过程组成的，在这两个过程中，不同的人会在强度、平衡性和灵活性上表现出不同的特点，这三方面特点的不同组合就构成不同的高级神经活动类型。

（1）强、不平衡型。这种类型兴奋过程强于抑制过程，是一种易兴奋、奔放不羁的类型，也称之为“不可遏止型”。

（2）强、平衡、灵活型。这种类型反应灵敏、好动活泼，能较快地适应变化的外界环境，也称之为“活泼型”。

（3）弱、平衡、不灵活型。这种类型较容易形成条件反射，但不容易改造，是一种坚毅而行动迟缓的类型，也称之为“安静型”。

（4）弱型。这种类型兴奋和抑制过程都很弱，表现得胆小怕事，在开始艰难的工作任务前，正常的高级神经活动易受破坏而产生神经症，也称之为“抑郁型”。

巴甫洛夫认为，上述四种类型是动物与人共有的，因此称为一般类型。高级神经活动类型与气质类型的对应关系见表 5-1。

表 5-1　高级神经活动类型与气质类型的对应关系

高级神经活动类型	气质类型	典型代表人物
强型、不平衡型（不可遏止型）	胆汁质	张飞、李逵
强型、平衡、灵活型（活泼型）	多血质	王熙凤
弱型、平衡、不灵活型（安静型）	黏液质	唐僧、沙僧
弱型（抑郁型）	抑郁质	林黛玉

3. 气质类型的典型特征

气质调查表

（陈会昌，1985 年）

下面 60 道题可以帮助你大致确定自己的气质类型，请认真阅读下列各题，你认为非常符合自己情况的记 2 分；比较符合的记 1 分；不确定的记 0 分；比较不符合的记-1 分；完全不符合的记-2 分。

1. 做事力求稳妥，不做无把握的事。
2. 遇到可气的事就怒不可遏，想把心里话全说出来才痛快。
3. 宁肯一个人干事，不愿与很多人在一起。
4. 到一个新环境很快就能适应。
5. 厌恶那些强烈的刺激，如尖叫、噪声、危险的镜头等。
6. 和人争吵时，总是先发制人，喜欢挑衅。
7. 喜欢安静的环境。
8. 善于和人交往。
9. 羡慕那种能克制自己感情的人。
10. 生活有规律，很少违反作息习惯。
11. 在多数情况下情绪是乐观的。
12. 碰到陌生人觉得很拘束。
13. 遇到令人气愤的事，能很好地自我克制。
14. 做事总是有旺盛的精力。

15. 遇到困难时常常举棋不定，优柔寡断。
16. 在人群中从不觉得过分拘束。
17. 情绪高昂时，觉得干什么都有趣；情绪低落时，又觉得干什么都没有意思。
18. 当注意力集中于一件事物时，别的事物很难让自己分心。
19. 理解问题总比别人快。
20. 碰到危险情境常有一种极度恐惧感。
21. 对学习、工作、事业怀有很高的热情。
22. 能够长时间做枯燥、单调的工作。
23. 符合兴趣的事情，干起来劲头十足，否则就不想干。
24. 一点小事就能引起情绪波动。
25. 讨厌做那种需要镇静、耐心、细致的工作。
26. 与人交往不卑不亢。
27. 喜欢参加热闹的活动。
28. 爱看感情细腻、描写人物内心活动的文学作品。
29. 工作学习时间长了，常感到厌倦。
30. 不喜欢长时间谈论一个问题，愿意实际动手干。
31. 宁愿侃侃而谈，不愿窃窃私语。
32. 别人说我总是闷闷不乐。
33. 理解问题常比别人慢些。
34. 疲倦时只要短暂的休息就能精神抖擞，重新投入工作。
35. 心里有话宁愿自己想，不愿说出来。
36. 认准一个目标就希望尽快实现，不达目的，誓不罢休。
37. 与别人同样的一段时间学习、工作以后，自己常比别人更疲倦。
38. 做事有些莽撞，常常不考虑后果。
39. 老师讲授新知识时，总希望他讲慢些，多重复几遍。
40. 能够很快地忘记那些不愉快的事情。
41. 做作业或完成一种工作总比别人花的时间多。
42. 喜欢运动量大的体育运动，或参加各种文娱活动。
43. 不能很快地把注意力从一件事转移到另一件事上去。
44. 接受一个任务后，希望把它迅速完成。
45. 认为墨守成规比冒风险强些。
46. 能够同时注意几件事物。
47. 当我烦闷的时候，别人很难使我高兴起来。
48. 爱看情节起伏跌宕、激动人心的小说。
49. 对工作抱有认真严谨、始终一贯的态度。
50. 和周围人的关系总是相处不好。
51. 喜欢复习学习过的知识，重视做已经掌握的工作。
52. 希望做变化大、花样多的工作。

53. 小时候会背的诗，似乎比别人记得清楚。
54. 别人说我“语出伤人”，可我并不觉得这样。
55. 在体育活动中，常因反应慢而落后。
56. 反应敏捷，头脑机智。
57. 喜欢有条理而不太麻烦的工作。
58. 兴奋的事常使我失眠。
59. 老师讲新概念，常常听不懂，但是弄懂以后就很难忘记。
60. 假如工作枯燥无味，马上就会情绪低落。

确定气质类型的方法如下：

将每题得分填入下表相应“得分”栏内，计算每种气质类型的总分数。

（1）如果某一种气质类型的得分明显高于其他三种（高出 4 分以上），则可认定为该类气质。此外，如果该类气质得分超过 20 分，则为典型；如果该类气质得分为 10~20 分，则为一般型。

（2）如果两种气质类型的得分相近，其差异低于 3 分，而且又明显高于其他两种（均高出 4 分以上），则可认定为这两种气质的混合型。

（3）如果三种气质类型的得分均高于第四种，而且接近，则可定为三种气质的混合型。气质类型可能有 13 种：

①胆汁；②多血；③黏液；④抑郁；⑤胆汁—多血；⑥多血—黏液；⑦黏液—抑郁；⑧胆汁—抑郁；⑨胆汁—多血—黏液；⑩多血—黏液—抑郁；⑪胆汁—多血—抑郁；⑫胆汁—黏液—抑郁；⑬胆汁—多血—黏液—抑郁。

胆汁质	题号	2、6、9、14、17、21、27、31、36、38、42、48、50、54、58
	得分	
多血质	题号	4、8、11、16、19、23、25、29、34、40、44、46、52、56、60
	得分	
黏液质	题号	1、7、10、13、18、22、26、30、33、39、43、45、49、55、57
	得分	
抑郁质	题号	3、5、12、15、20、24、28、32、35、37、41、47、51、53、59
	得分	

（1）多血质

善交际、健谈、开朗、少忧虑、善领导；热衷于感兴趣的事业，热情、有能力、适应性强，但注意力易转移，情绪易变；富于幻想，敏感、活泼好动。巴甫洛夫把多血质类型的代表，称为热忱和具有显著活动效率的活动家。

（2）胆汁质

主动、乐观、冲动、易变、易兴奋、好斗；性情直率，精力旺盛，待人热情，容易激动。他们能以很大的热情投入工作，并克服困难，但缺乏耐心。当困难较大时，他们会意志消沉、心灰意冷。

（3）黏液质

被动、谨慎、善于思维、安宁、温和、克制、可靠、镇定；做事踏实认真，有耐久力，不喜欢作空泛的清谈，交际适度，不卑不亢，但反应缓慢，思维、言语、动作迟缓，可塑性差，不够灵活。他们很适宜从事有条理和持久的工作。巴甫洛夫称之为安详的、始终平稳的、坚定和顽强的实际劳动者。

（4）抑郁质

文静、严肃、冷静、保守、不善交际、易波动、富于想象；怯懦、多愁善感，办事犹豫不决、优柔寡断；反应缓慢，但细心、谨慎、感受力强。他们在生活中遇到波折易产生沉重的感情，善于觉察别人行动中的细微变化，情感细腻，富有自我体验。

（二）性格

1. 性格的含义

我国心理学界一般把性格定义为：一个人对现实稳定的态度以及与这种态度相应的、习惯化的行为方式中表现出来的人格特征。

2. 性格类型

性格分类的方法有很多，而且可以从不同的角度来反映一个人性格的某一侧面。一般的划分方法有以下几种。

（1）按照理智、意志、情绪在性格中何者占优势，划分为理智型和情绪型。

（2）按照个性心理倾向，划分为外向型和内向型。

（3）按照个体独立程度，划分为独立型和顺从型。

（4）按照人的行为方式，划分为 A 型性格、B 型性格和 C 型性格。

3. 性格类型的心理特征

1）理智型、情绪型

理智型性格是指人的性格中理智特征特别鲜明，以理智支配和控制自己的行动，使自己的行为具有明显的理智导向，自制力强，处事冷静，但容易畏首畏尾，缺少应有的冲劲。如果理智型的人产生不健康的意识时，就可能表现为虚伪、自私、见风使舵、冷漠等。

情绪型性格的人通常用情绪来评估一切，举止言行易受情绪左右。这种人待人热情，做事大胆，情绪反应敏感，但情绪容易起伏，不能三思而后行，注意力不够稳定，兴趣易转移。

2）外向型、内向型

外向型的人心理活动倾向于外部，活泼开朗，活动能力强，善交际，感情易外露，关心外部事物，为人处事不拘小节，独立性强，能适应环境，但易轻信他人，自制力和坚持性不足，有时表现出粗心、不谨慎、情感动荡多变等。

内向型的人心理活动倾向于内部，处事谨慎，深思熟虑，感情较含蓄，自制力较强，善于忍耐、克制，富有想象力，情绪体验深刻，但不擅社交，应变能力较差，反应缓慢，优柔寡断，显得有些沉郁、孤僻、拘谨、胆怯等。

3）独立型、顺从型

独立型的人意志较坚强,不仅善于独立地发现问题、解决问题,而且敢于坚持自己正确的意见,不易受外来事物的干扰,自主自立、自强不息。但是独立性过强的人喜欢把自己的思想和意志强加于人,固执己见、独来独往、不易合群。

顺从型的人服从性好,易受环境的干扰,易与人合作,随和、谦恭,但独立性差,依赖性强,易受暗示,在紧急情况下易惊慌失措。

4)A 型性格、B 型性格、C 型性格

A 型性格指外向、主动、紧张、快节奏的性格,主要特征表现为个性强、抱负过高、固执、急躁、好冲动、行为匆忙、好胜心强、时间观念强等。

B 型性格指情绪较稳定,社会适应性强,为人处事比较温和,生活有节奏,干事讲究方式,主要特征表现为想得开、放得下,与他人关系协调,能正视现实,不气馁、不妄求,包袱较少等。

C 型性格指情绪受压抑的忧郁性格,主要特征表现为害怕竞争,逆来顺受,有气往肚子里咽,爱生闷气等。

一般来说,典型性格类型的人并不多见,多数人处于两种类型之间,或偏向某一类型。事实上,任何人都有某些好的性格特征,也有某些不好的性格特征,所以每个人都应以积极的态度对待自己的性格,以自己的性格进行优化、改造。

五、高职学生人格发展的特点

高职学生作为社会中的特殊群体,是社会未来的栋梁,其人格的健康发展不仅是他们自己的需求,也是社会和时代的需求,而大学时代是塑造他们人格的黄金时期。

(一)生活适应期

第一阶段从新生开学开始,会持续一到两个学期。经过紧张的高中生活和激烈的高考竞争,每个大一新生都怀着满腔的喜悦和期待跨进高等学府,但由于生活环境的改变,大多数新生都会对大学学习、生活产生诸多不适应,并由此引发一系列心理和人格方面的问题。

(二)学习焦虑期

第二阶段主要发生在大学二年级。经过了大一两个学期的磨合,大二学生已经基本适应了大学生活,但迎面而来的是学习任务的增加。

(三)恋爱困惑期

随着年龄的增长,学生逐步渴望与异性深入交往,建立比较稳固的恋爱关系,因此情感的发展往往是大学生关注的焦点,而在这之中他们的人格又会产生新的变化。

(四)择业彷徨期

对于即将毕业的大学生而言,虽然学业、恋爱、个人发展等问题依然不同程度地存在着,但就业问题对其影响最大。面临择业求职的巨大压力,大学生人格在这一阶段又产生了新的特征。

任务二 高职学生常见的人格障碍及人格问题

知识探索

一、常见的人格障碍

（一）人格障碍的定义

人格障碍是指人格特征明显偏离正常，形成了一贯的反映个人生活风格和人际关系的异常行为模式。具有人格障碍的人与周围环境之间是不协调的，他们经常与周围的人，甚至是自己的亲人发生冲突，以致无法适应正常的社会生活。

人格障碍的原因目前还不完全清楚，但患有人格障碍的人基本上有一些共同的特征：①心理紊乱不定，人际关系困难；②把自己遇到的一切困难都归咎于命运和别人的错误，把一切不利于自己的外界条件都认为是不应该的，对自己的缺点毫无察觉；③以自我为中心，认为自己对别人没有责任可言，对自己的不道德行为没有罪恶感，对伤害别人的行为不后悔，对自己的一切行为都执意地偏袒和维护；④在任何环境中都表现出猜疑、仇视和偏颇的看法，难以改变他们的观念；⑤缺乏自知，当他们的行为伤害别人时，他们自己却泰然自若，毫无感觉；⑥意识清醒，无智力障碍，但很少有求助他人的行为。

（二）人格障碍的类型

根据中国精神障碍分类与诊断标准，典型的人格障碍包括以下类型。

1. 偏执型人格障碍

偏执型人格障碍主要表现为对他人的不信任和猜疑。这类人的特点是持续地、无端地怀疑别人，过分警觉、心胸狭窄，好嫉妒，对觉察到的轻蔑或威胁往往以愤怒甚至暴力对抗。他们情绪冷淡而紧张，公开蔑视他人的弱点，僵硬地坚持按自己的方法办事。对于一些棘手的问题他们常怀疑为别人有意陷害，部分人对此不知所措或听天由命，但大多数人表现出好斗和较强的攻击性。他们在家不能和家人和睦相处，在外不能与朋友、同事正常交往。

心灵故事

林某某，男，大二学生，22岁。自命清高，冷漠、孤僻、多疑，不苟言笑，不善交际，执着刻板，与人关系很差。他常说："你们都是错的，你们都讨厌我！"

一开始，他本身不愿意求助心理医生，也拒绝承认自己心理方面存在问题，之后在同学和老师的耐心说服下才来心理咨询中心求助。他自认为成绩很好，别人嫉妒自己，经常为一些小事顶撞辅导员，对班集体活动有逆反心理，经常感觉到辅导员的想法是错的，却被辅导员说自己错，觉得不服气就顶撞。他对任何人，包括辅导员和同学，甚至自己的父母，都抱着怀疑态度，常常对别人存有戒心，总是猜疑别人对自己不怀好意，看不惯就顶撞、发脾气。班上有两位同学获得奖学金，他多次阻挠、举报，认为不公。

2. 分裂型人格障碍

分裂型人格障碍是一种观念、外貌和行为奇特，情感冷漠，人际关系有明显缺陷的人格障碍。这类人的特点是性格明显内向，与家庭和社会疏远，既不想与人交往，也体验不到与人相处的乐趣，对表扬和批评无动于衷，并且经常局限于梦幻。他们大多数选择孤独的工作，喜欢上夜班，很难直接表示愤怒，在面对紧张和遇到灾难时，又表现得超然、满不在乎。

3. 反社会型人格障碍

反社会型人格障碍是指破坏社会准则以及无视他人的权利、需要和感受的人格障碍。他们通常有不稳定的社会和职业经历，而且常常滥用酒精和其他药物。这类人通常在 15 岁以前就有违法行为或冲动。这类人的特点是情绪不稳定，常为一时冲动性动机所支配；撒谎、偷盗、打架、破坏公共财物，经常旷工、旷课；易激惹，冷酷、忘恩负义，甚至对自己的亲人也不例外；虐待动物或弱小同伴，危害别人时无内疚感，视伤害、虐待行为为理所当然，屡受惩罚也不能吸取教训，缺乏羞耻心和罪责感；不履行和承担自己的责任和义务，无法遵守社会规范。有这种人格障碍的人，对家庭、学校、社会以及周围青少年的学习和生活都有不同程度的危害。

4. 戏剧型人格障碍（癔症型人格）

戏剧型人格障碍又被称为表演型人格障碍，指过分戏剧化的自我表现以及寻求别人注意的模式。这类人的特点是过分感情化，自吹自擂，装腔作势，以自我为中心，人际关系中常常只注重自己的感受；总觉得自己有很多知心朋友，事实却并非如此；爱虚荣，希望有兴奋性的事情发生；当自己不属于受注意的焦点时，会产生不愉快；在人际关系受挫或应激情况下易产生自伤或自杀行为，一般程度较轻；很容易接受周围环境或他人的影响。国外报道戏剧型人格障碍在成年人群体中的患病率为 2.2%，而且女性患者是男性患者的两倍。

5. 爆发型人格障碍

爆发型人格障碍又被称为冲动型人格障碍。这类人的特点是情绪不稳定，常因较小的精神刺激而突发强烈的愤怒情绪和冲动行为，而且自己完全不能克制。例如患者有时自我伤害的冲动非常直接而明显，不但威胁说要自杀，而且为了证明这是真话，会通过抓破手腕或者其他方式伤害自己。他们平时情绪也易冲动，喜怒无常，容易产生人际关系的紧张或不稳定，时常导致情感危机。

6. 自恋型人格障碍

自恋型的人格障碍指自我夸大、需要他人赞扬以及缺乏共情的模式。这类人的特点是常幻想自己了不起，有才学、美貌；不能接受别人的建议和批评；很难理解别人的苦处和难处。

心灵故事

王某，男，研究生一年级。王某从小学到大学，一直都很顺利。本科毕业后，他又考上了研究生，还期望自己将来拿到博士学位。前不久，王某写了篇论文，自认为那是篇很有价值的论文，将在学术界引起极大的轰动，并会产生深远的影响。

但导师和教授们却对该篇论文很不以为然，他认为这些老教授们是在故步自封，妒贤嫉能，怕他的文章出来后，他们自己脸上无光。他表示自己会尽力而为，用行动证明自己能超越他们。据同学反映，那篇被他吹成惊世之作的论文，后来勉强完成了，但他的导师和其他几位教授都认为那是一篇平庸之作，既无新的见解，论述也不够全面。

周围的同学们认为，王某极无涵养，总是有一种高高在上的优越感与人相处，经常以教训人的语气说话，令人难以接受，而且稍有不如他人的地方，便会妒性大发，或把他人贬得一文不值。

据其女友反映，在她之前，王某曾结交过几位女孩，但不知什么缘故，谈的时间都不长，一个个都离他而去了。他们认识的时间也不长，刚开始他似乎对女友很迷恋，但不到两个月时间，便逐渐冷淡女友。

由此可知，王某的人格特质表现出自夸自负，过分地以自我为中心；常常幻想自己了不起、有才学；期待别人的欣赏，总希望别人对待自己，不能接受别人的建议和批评；以极端的眼光看人，很难理解别人的苦处和难处。

7. 回避型人格障碍（退缩型人格）

回避型人格障碍表现为缺乏自信，怀疑自身价值，敏感。这类人的特点是对社交感觉不适，害怕负面的评价以及害羞、胆小；心理自卑，行为退缩；面对挑战采取逃避的态度或不能应付，想与人交往，又怕被人拒绝、嫌弃；想得到别人的关心与体贴，又害羞不敢亲近；避开或不接触重大的社交或职业活动，在社交场合因为害怕说话、行为不当或无法回答别人的问题而保持沉默；除了至亲之外，没有好友或知心人；在日常生活中安分守己，只愿意按部就班地学习、工作和生活，总觉得自己的精力不足；在丰富的情感世界中，他们很难同别人进行深入的感情交流。

8. 依赖型人格障碍

依赖型人格障碍的症状是极端缺乏自信，自我评价也很低。其主要的表现形式是顺从和依赖的行为模式。这种人的特点如果没有别人的劝告和支持，基本不敢做出任何决定；缺乏判断能力，即使坚信别人是错误的，仍同意对方的意见或建议，为博取他人好感而愿意做让自己不愉快或降低自己身份的事情；经常恐惧自己会被抛弃，一旦某种关系破裂，他们自己也就崩溃了。患有这类人格障碍的大学生常伴有抑郁。

9. 强迫型人格障碍

强迫型人格障碍表现为，在生活中过于认真，自制和自我约束的程度很强，过分地注意自己的行为是否正确、举止是否适当，思维方式不够灵活，缺乏随机应变的能力，常常顾虑小事而忽略大事，以致妨碍别人的自由；人际关系中斤斤计较，缺乏包容；对物品吝惜，即使是破旧或无价值的东西，也不愿意丢弃；对涉及伦理、道德或价值观的事，表现得过于诚实，一丝不苟而毫无弹性。这类人在某些职业中被看成是值得信赖的人。

人格一旦形成，改起来就相当困难了，因为他要认识到自己的人格有缺陷、有问题，这一步绝大多数人都做不到，所以首先要认识到自己的人格特征，要具备人格自知力，再加上适当的心理辅导和必要的行为约束，这样才能够得到一定的效果。人格矫治是一种专业性很强的治疗方法，你如果发现周围有人格缺陷或变态的人，应尽量劝说他到专业的精神卫生机构去矫治。

二、常见的十大人格问题

人格问题是介于健康人格和病态人格（人格障碍）之间的一种人格状态，表现为人格发展的不良倾向。

（一）自卑

自卑心理来源于心理上的一种消极暗示，是人的自怨自艾、悲观失望的情感体验。克服自卑应该培养多方面的兴趣与爱好，多参加集体活动，多加强体育锻炼，多看小品、相声等给人带来笑声的节目，培养乐观的性格。

（二）猜疑

猜疑主要表现在人际交往中容易神经过敏，遇事疑神疑鬼。有些大学生在人际交往中往往具有双重性，一方面渴望得到他人的理解和信任，另一方面又经常不理解、不信任他人。

（三）羞怯

羞怯在大学生中并不少见，如不敢在公众场合发表意见，害怕与陌生人打交道，路上见到异性同学会手足无措，见到老师会难为情，说话总是感到紧张等。

（四）急躁

急躁是常见的不良的人格品质，表现为遇到不称心的事情马上激动不安；做事缺乏准备，盲目行动，急于达到目的；缺乏耐心、细心、恒心。

（五）偏执

偏执是人们常常说的“小心眼”，主要表现为心胸狭隘、耿耿于怀、挑剔、嫉妒。偏执是一种有百害而无一利的人格特征。偏执不是与生俱来的，而是后天产生的。

（六）退缩

退缩是指在困难面前表现出怯懦与畏难的心理，选择逃避与后退。退缩主要表现为在困难面前缺乏勇气和信心、不表明自己的态度、不敢承担责任、不敢冒险、不敢与不良行为做斗争、回避困难、逃避责任等，这样的人常常抱怨自身的不幸，却宁愿忍受痛苦而不主动追求。

（七）懒散

懒散是指一种慵懒、闲散、拖拉、松垮的生存状态。

（八）虚荣

虚荣是指过分看重荣誉、他人的赞美，自以为是。虚荣心往往与自尊心、自卑感紧紧相连。

（九）抑郁

抑郁是一种常见的情绪困扰，是一种感到无力应付外界压力而产生的消极情绪，常伴有厌恶、痛苦、羞愧、自卑等情绪体验。

（十）以自我为中心

以自我为中心是指考虑问题、处理事情都以自己为中心，将自我作为思考问题的出发点与归宿，目中无人，自私自利，遇到冲突时认为对的是自己，而错的是他人。

活动探索

我像什么动物

活动目的

（1）进一步认识和了解自己的个性，增加对周围同学的了解，更好地与他人相处。

（2）使同学们发现自己的性格和某些行为与某种动物在一定程度上很相似。

（3）使同学们更加自觉地提高自身的修养，改变不良习性。

活动人数 全班同学。

活动时间 约20分钟。

活动场地 教室。

活动道具 写有动物名字的各种动物画像，不少于15种动物；多媒体设备或幻灯设备。每人一张小纸片，印上：我的个性和行为像________（动物），因为____________。

活动过程

（1）老师用多媒体展示各种动物画像；或将动物画像做成图片，贴在黑板上；或将动物画像做成幻灯片展示（注意：选出的动物要具有代表性）。

（2）大家讨论、描述不同的动物的性格，尤其是准确描述当他们遇到危险时的反应。比如：乌龟遇到危险时，头会缩到壳里；老虎很凶残，具有攻击性；刺猬浑身长满刺，很难惹的样子，其实很温顺；大象平时较温顺，遇到危险时也会攻击。

（3）老师将讨论的结果逐一写在相应动物画像的下面（注意：老师要事先备课，对动物性格的描述要准确，且高度概括，否则该游戏失去意义）。

（4）老师说："动物有自己独特的性格，我们每个人也都有自己独特的性格。有些时候，你会惊奇地发现，你的性格跟某种动物在某种程度上是十分相似的。现在，请大家静下心来，认真想一想，你平时的性格表现，以及遇到困难、危险、烦恼时的行为反应，与哪种动物最相像，并将它写下来。"

（5）给每位同学发一张小纸片，按照小纸片上的要求，仔细填写。（多媒体演示，给学生作参照：我的个性和行为像猴子。原因：我调皮、好动、坐不住，喜欢捣乱和干扰别人，容易违反纪律，但我讨人喜欢。）

（6）让同学自愿发言，陈述所选择的动物性格，并说出理由（由于该环节涉及学生的自尊、隐私，可以留在课后讨论中进行）。

感受分享

(1)谈一谈:哪种动物的性格比较好?

(2)对一对:你所选的动物是什么?你的性格特点是什么?你对自己的性格如何评价?

(3)想一想:当不同的动物性格的人碰到一起的时候,应该如何相处?

活动讲评

(1)每个人都有自己的性格与行为特点,与动物性格一样,人的性格没有优劣之分,只有使人喜欢、容易接纳和使人讨厌、难以接受之分。因此,大家要不断地自觉提高自己的修养,养成良好的个性和保持良好的行为习惯。

(2)每个人都有自己特定的性格,从而决定其行为方式。不同的性格和行为方式的人碰到一起,不可避免地会发生冲突;当冲突出现的时候,正视问题、互相尊重才是解决问题的最好方法。

(3)我们是受过教育的人,在日常的人际交往、沟通和合作过程中,要了解、理解别人的个性特点,要学会克制自己、相互谅解、彼此尊重,要学会合作,学会与不同性格的人友好相处。

任务三　健全人格的培养

知识探索

一、何谓健康人格

健康人格的标准可分为理想标准和相对标准。健康人格的理想标准就是人格的生理、心理、社会、道德和审美各要素完美地统一、平衡、协调,人的才能得以充分发挥。马克思设计的健康人格的理想标准是"全面发展的人",这一模式给我们的启示是,人格的建立与完善要符合时代的要求,即不同时代、不同社会条件下有相应的健康人格标准。"有理想、有道德、有文化、有纪律"就是社会主义初级阶段健全人格标准的一种概括。人只有在自己所处的特定的历史条件下不断进取、不懈努力,才能使自己的人格健康水平不断提高。

二、健康人格的基本特征

健康的人格特征是一个有机统一、稳定的整体,也就是个人的所想、所谈、所做是协调一致的。

(一)和谐的人际关系

人际关系是人们在社会实践中形成的人与人之间的相互作用的关系,是社会关系的直接表现,最能体现一个人的人格健康的程度。人格健康的人乐于与他人交往,在与他人的交往中传递信息,不断调整自己的行为,更新观念和态度。可以说,人际关系即人格健康水平的反映，同时也影响和制约健康人格的形成与发展。

（二）正确的自我认识

自我意识是个体对自己和自己与他人、与周围世界关系的认识。具有健康人格的人对自己有恰如其分的评价，正确看待自我、认识自我；不自高自大，也不妄自菲薄；从实际出发，确立自我价值，认识和理解个人与社会的统一，能有效地调节自己的行为与环境保持平衡，明白个人只有在集体和社会的大熔炉中，才能真正地实现自我。

（三）良好的情绪调控能力

情绪标志着人格成熟的程度。一个人如果不善于控制情绪，则意味着他不能有效地发动、支配或抑制自己的激情，对未来的成长有害无益。因为积极的情绪体验能使人振奋精神，增强人的信心，提高人的活动效率；消极的情绪体验会降低人的活动效率，长期积累甚至使人得病，所以当消极情绪出现时，人们要寻找到合适的宣泄途径排解。凡事从长远考虑，不要为眼前的一时一事而放弃未来。

（四）乐观向上的生活态度

积极的生活态度是人类在社会实践中获得的本质力量的表现。乐观的人常常能看到生活的光明面，对前途充满信心，即使在生活中遇到挫折、障碍和干扰，也能科学辩证地认识，不畏艰险、勇于拼搏，从逆境中奋起，重新确定目标，更加努力。

三、高职学生健康人格的塑造

大学生健康人格的塑造过程也是大学生不断社会化的过程。因此，大学生人格的塑造必须遵循大学生个体身心健康发展的规律，适应社会的需要。

（一）塑造健全人格的意义

（1）人格素质是大学生综合素质的重要组成部分。大学生健康人格的塑造关系到大学生的健康成长和成才，可以说人格是成才之路的基石。

（2）健全人格是人生成功的第一要素。现代社会中的较量有三个层次，最低层次的较量是技巧的较量，其次是智慧的较量，最高层次的较量是人格的较量。古今中外所有人生成功者无一例外地拥有优秀的人格。

（3）健全人格是幸福生活的保证。生活质量研究表明，人类的健康和幸福越来越多地取决于人格的健康状况。人格的健康状况注定了一个人的人生道路是坎坷还是平顺。

（4）健全人格是实现现代化的决定因素。美国社会学家英格尔斯指出，一个国家，只有当其人民是现代化，人民从心理和行为转变为现代人的人格，这个国家才可真正称之为现代化。

（二）塑造健全人格的途径

1. 认识自我，优化人格整合，真正实现自我

人格整合的基本含义是：随着个体心理的成熟，人格的各个方面逐渐由最初的相互不相关，发展到和谐一致状态的过程。生活中的许多事例也告诉我们，人格系统中存在着一种基本的动机，它是个体的一个中心能源。为了有效地进行人格塑造，我们必须充分了解自己人格结构中的优势和不足，明确人格优化的塑造目标、内容、途径、方法。在现实生活和各项活动中，我们应努力培养诸如自信、勇敢、勤奋、坚毅、正直等良好的人格品质，克服如自卑、胆怯、抑郁、冷漠、懒惰、任性、自我中心、急躁等不良的人格品质，进而增强自尊心，达到人格的优化。

2. 努力学习，树立自信心，全面提高文化素质

人的知识越多，人本身也就越趋完善。荣格说："文化的最后成果是人格。"学习科学文化知识，增长智慧的过程也是塑造和优化人格的过程。事实上，有不少人格发展缺陷源于无知，如无知容易使人自卑、粗鲁，而丰富的知识则使人自信、坚强、理智等。正如培根所说："读史使人明智，读诗使人灵秀，数学使人周密，科学使人深刻，伦理学使人庄重，逻辑修辞学使人善辩，有凡所学，皆成人格。"当代大学生不能只局限于自己的专业学习，应做到科学与人文并重，加强人文修养，用丰富的知识充实自己。

3. 从小事做起，养成良好的行为习惯，在实践活动中塑造人格品质

实践是人格形成和发展的必由之路。无论是知识的获取、能力的形成，还是意志的磨炼都离不开实践。一个人的一言一行往往是其人格的外化。反过来一个人日常言行的沉淀成为习惯就是人格。诸如一个人的坚韧、真诚、乐观、细致等人格特征都是长期实践锻炼的结果。大学生应积极参加各种有益身心健康的实践活动。优化良好人格要从眼前的小事做起，无数良好的小事可"积沙成塔"，养成良好的行为习惯，最终构建优良的人格大厦。正如荀子所说："不积跬步，无以至千里；不积小流，无以成江海。"

4. 融入集体，培养友谊，发展良好的人际关系

人格的发展、塑造的过程是个体实现社会化的过程，是个体与他人、集体、社会相互作用的过程。人格在集体中形成，又在集体中展现。集体是人格塑造的土壤，是锤炼人格品质的熔炉。通过与集体交往，自己的某些人格品质或受到赞扬、鼓励，或受到压制、排斥，从而有助于做出有针对性的调整，以更好地适应集体，形成良性互动，有助于人格的优化与完善。正如马克思所说，只有在集体中，个人才能获取全面发展其才能的手段。

5. 锻炼身体，增强体魄，提升自制力

人格发展的过程是生理因素、心理因素与社会因素协同作用、相互促进的过程。健康的体质是人格健全发展的物质基础。一个人体弱多病很容易形成某些不健康的人格品质，如拖拉、悲观、怯懦、孤独无助等。提升自制力，锻炼身体，保持健康的体魄和良好的心境，是塑造健全人格的基础。

人格塑造过程中应把握辩证法，掌握好度，防止"过犹不及"。具体来说，大学生应该自信而不自负，自谦而不自卑，勇敢而不鲁莽，果断而不冒失，稳重而不犹豫，谨慎而不怯懦，豪放而不粗俗，好强而不逞强，活泼而不轻浮，机敏而不多疑，忠厚而不愚昧，老练而不世故等。

人人都想追求健全人格。健全人格的培养和塑造既是大学生成长发展的要求,也是时代的呼唤。只要我们坚持不懈地努力,就可以使我们的人格更加健康、完善。

心理训练

人格的塑造在于日常积累。下面是一个积极人格训练表,每天对照检查一下自己,做得到的打"√",没做到的打"×",并写出改进方法。坚持一段时间,看看自己发生了哪些变化。

积极人格	星期一	星期二	星期三	星期四	星期五	星期六	星期日	改进措施
勤奋								
进取								
积极								
认真								
好学								
坚持								
及时								
诚信								
负责								
宽容								
热忱								
谦虚								
适度								
整洁								

"大五"人格问卷(25题版)

姓名:　　　　性别:　　　　年龄:　　　　　　年级:

请根据自己的实际情况选择与自己相符合的人格描述,在相应的数字上画"√",假使态度中等,就将"√"打在中点。

序号	人格	程度					人格
1	迫切的	5	4	3	2	1	冷静的
2	群居的	5	4	3	2	1	独处的
3	爱幻想的	5	4	3	2	1	现实的
4	礼貌的	5	4	3	2	1	粗鲁的
5	整洁的	5	4	3	2	1	混乱的

续表

序号	人格	程度					人格
6	谨慎的	5	4	3	2	1	自信的
7	乐观的	5	4	3	2	1	悲观的
8	理论的	5	4	3	2	1	实践的
9	大方的	5	4	3	2	1	自私的
10	果断的	5	4	3	2	1	开放的
11	泄气的	5	4	3	2	1	乐观的
12	外显的	5	4	3	2	1	内隐的
13	跟从想象的	5	4	3	2	1	服从权威的
14	热情的	5	4	3	2	1	冷漠的
15	自制的	5	4	3	2	1	易受干扰的
16	易难堪的	5	4	3	2	1	老练的
17	开朗的	5	4	3	2	1	冷淡的
18	追求新奇的	5	4	3	2	1	追求常规的
19	合作的	5	4	3	2	1	独立的
20	喜欢秩序的	5	4	3	2	1	适应喧闹的
21	易分心的	5	4	3	2	1	镇静的
22	保守的	5	4	3	2	1	有思想的
23	适于模棱两可的	5	4	3	2	1	适于轮廓清楚的
24	信任的	5	4	3	2	1	怀疑的
25	守时的	5	4	3	2	1	拖延的

记分指导

（1）找出每组（用线分隔的）第一排题目你所选择的数字，并求和（第 1 排+第 6 排+第 11 排+第 16 排+第 21 排=　　）。这是你的“适应性”原始分。圈出转换表中“适应性”一列对应于原始分的标准分。

（2）找出每组（用线分隔的）第二排题目你所选择的数字，并求和（第 2 排+第 7 排+第 12 排+第 17 排+第 22 排=　　）。这是你的“社交性”原始分。圈出转换表中“社交性”一列对应于原始分的标准分。

（3）找出每组（用线分隔的）第三排题目你所选择的数字，并求和（第 3 排+第 8 排+第 13 排+第 18 排+第 23 排=　　）。这是你的“开放性”原始分。圈出转换表中“开放性”一列对应于原始分的标准分。

（4）找出每组（用线分隔的）第四排题目你所选择的数字，并求和（第 4 排+第 9 排+第 14 排+第 19 排+第 24 排=　　）。这是你的“利他性”原始分。圈出转换表中“利他性”一列对应于原始分的标准分。

（5）找出每组（用线分隔的）第五排题目你所选择的数字，并求和（第 5 排+第 10 排+

第 15 排+第 20 排+第 25 排=　　)。这是你的“道德感”原始分。圈出转换表中“道德感”一列对应原始分的标准分。

（6）找出与原始分对应的标准分,将它们的和填入表格底部相应的列中。

（7）将你的标准分对照“大五位置解释表”,得出结论。

“大五”人格因素得分转换表

标准分	适应性	社交性	开放性	利他性	道德感	标准分
80	25					80
79	24		25			79
78	23					78
77	22					77
76			24			76
75						75
74						74
73	21		23			73
72		25				72
71				25		71
70	20	24	22			70
69					25	69
68				24		68
67		23	21		24	67
66	19					66
65		22		23	23	65
64			20			64
63					22	63
62	18	21	19	22		62
61					21	61
60		20				60
59	17		18	21	20	59
58						58
57		19				57
56			17			56
55	16		18	21	20	55
54			16	19		54
53						53
52		17			18	52
51	15					51

续表

标准分	适应性	社交性	开放性	利他性	道德感	标准分
50		16	15	18	17	50
49						49
48	14	15			16	48
47			14	17		47
46		14			15	46
45			13			45
44	13			16	14	44
43		13				43
42			12			42
41				15	13	41
40	12	12	11			40
39						39
38				14	12	38
37		11	10			37
36	11					36
35		10		13	11	35
34			9			34
33	10	9			10	33
32				12		32
31			8			31
30		8			9	30
29	9			11		29
28		7	7		8	28
27				10		27
26		6			7	26
25	8		6			25
24				9	6	24
23						23
22			5			22
21	7					21
20		5		8		20
标准分	适应性	社交性	开放性	利他性	道德感	标准分

大五位置解释表

<table>
<tr><td rowspan="2">强适应性
安全的、镇静的、理性的、
感觉迟钝的、无负罪感的</td><td>有活力的</td><td>敏感的</td><td>易反应的</td><td rowspan="2">弱适应性
兴奋的、忧虑的、警觉的、
高度紧张的</td></tr>
<tr><td colspan="3">35 45 55 65</td></tr>
<tr><td rowspan="2">低社交性的
独立的、保守的、难打交道的、
阅读艰难的</td><td>内向</td><td>中向</td><td>外向</td><td rowspan="2">高社交性的
确信的、热情的、乐观的、健谈的</td></tr>
<tr><td colspan="3">35 45 55 65</td></tr>
<tr><td rowspan="2">低开放性的
保守的、实践的、有效率的、
专业的、有知识深度的</td><td>保守</td><td>温和</td><td>开拓</td><td rowspan="2">高开放性的
兴趣广泛的、好奇的、自由的、
追求新奇的</td></tr>
<tr><td colspan="3">35 45 55 65</td></tr>
<tr><td rowspan="2">低利他性的
怀疑的、攻击的、坚韧的、
自私自利的</td><td>挑战的</td><td>调停的</td><td>容纳的</td><td rowspan="2">高利他性的
信任的、谦虚的、合作的、坦白的、
不喜冲突的</td></tr>
<tr><td colspan="3">35 45 55 65</td></tr>
<tr><td rowspan="2">低道德感的
自发的、无组织的</td><td>灵活的</td><td>平衡的</td><td>专注的</td><td rowspan="2">高道德感的
依附的、有组织的、有原则的、
经验的、谨慎的、固执的</td></tr>
<tr><td colspan="3">35 45 55 65</td></tr>
</table>

注:以上有关“大五”人格因素的测评是以教学为目的的。

(资料来源:D. 赫尔雷格尔、J.W. 斯洛克姆、R.W. 伍德曼著,组织行为学(第九版),华东师范大学出版社,2000年版,第92—96页。)

“大五”在职业领域的应用

(仅用于参考,不用于评判)

“大五人格”模型主要包括五种人格因素,即外倾性、随和性、责任心、情绪的稳定性和经验的开放性。“大五人格”的五种类型并不是孤立存在的,而是交叉相互影响的,每个个体都具备这五种特质,只不过侧重点不一样。在招聘面试中,准确地把握应聘者的人格特质是实现人职匹配和人的价值观与企业文化匹配的重要手段。深入地了解“大五人格”模型,能快速高效地帮助面试者对应聘者进行快速准确的定位,实现招聘工作的效率和质量。

外倾性主要是指个体愿意与外界接触、打交道的程度。外倾性的个体善于社交,能够主动地与别人建立交往关系,喜欢群居生活。与之相反的是内倾性的个体,其不善于社交,大部分的时间更愿意独自相处,不喜欢群居生活。在招聘面试中应根据岗位的性质,岗位所要求的人格特质进行筛选,比如营销岗位就偏向于选择外倾性的个体,保密岗就倾向于选择内倾性的个体。

随和性主要是指个体服从别人的倾向性。高随和性的人团队意识强、信赖他人、善于合作、亲和力强。低随和性的人团队意识比较差、对他人往往产生怀疑、不容易与别人交往。随和性程度低的个体不适合做服务性的岗位,相对来说更适合做些谈判性质的工作。在面试过程中,面试者应该对随和性程度低的应聘者做出准确的判断,确定其是否能胜任相应的工作。

责任心是指个体对工作或所承担的任务是不是负责的、有条不紊的、值得信赖的、持之以恒的。责任心是员工做好一项工作的最基本的素质,在每个工作岗位上都需要有责任心的员工。员工没有责任心,工作质量就没有保障,工作的时间节点也没有控制,不仅自己的工作做不好,还会影响身边的人的工作态度。在面试过程中,面试者可通过应聘者过去的经历或责任心测评体系来判断应聘者的责任心程度。

情绪的稳定性主要是指个体承受压力的程度。积极的情绪稳定性的个体是平和的、自信的和安全的;消极的情绪稳定性的个体是紧张的、焦虑的、失望的和缺乏安全感的。管理者或服务工作者一定要具有积极的情绪稳定性,因为这些人经常面临着外在和内在的压力,对外代表着单位的形象,应良好地控制自己的情绪,即使面对对方无理的表现,也应该控制住局面,将大事化小、小事化了,这是管理者基本的管理素质,也是服务工作者最基本的服务态度。

经验的开放性是指个体对新奇事物的接受程度和热衷程度。开放性高的个体富有创造性、开拓性,具有超乎寻常人的思维模式;开放性低的人往往更愿意接触基础的事物或熟悉的人。高科技研发岗位更倾向于选择开放性高的人,因为他们富有创造性,能根据市场的需求和技术的要求开发出新的产品和技术。

"大五人格"的灵活运用能够大大地提高面试者的面试效率,也能更加深入地了解应聘者的人格特质,做到人职匹配和员工价值观与企业文化的匹配,对整个招聘系统具有深远的影响。

心理赋能

残缺的牡丹

曾经有一位著名的画家擅长画牡丹。一次,有人买了他的一幅牡丹画作。这个人的朋友说这幅画中牡丹花缺了一部分,而牡丹代表富贵,缺了一部分是"富贵不全",不吉利。这位画家听了此事后告诉买主,牡丹代表富贵,缺了一边,就是"富贵无边"。

同样一幅画,看问题的角度不同,好坏两重天。这个故事告诉我们,看问题的角度非常重要。有人说人生是痛苦的,有人说人生是快乐的,关键是你怎么看。悲观的人心情一直灰暗,乐观的人心情永远明媚。用欣喜的眼睛看世界,风和日丽;用悲凉的眼睛看世界,愁云惨雾。同样一块石头,有人把它视为绊脚石,羁绊迈向成功的步履;有人把它当作垫脚石,垫起人生新的高度。

快乐是一种角度,从这边看是痛苦,换一边看未尝不是幸福。学会换个角度看问题,你就会活得更加潇洒,更加快乐!

项目六

学会学习，激发潜能

心语心愿

吾生也有涯，而知也无涯。 ——庄子

未来的文盲不再是不识字的人，而是没有学会学习的人。 ——阿尔文·托夫勒

学习目标

知识目标：引导学生了解大学生学习心理的特点、要求和常见的心理问题。掌握科学的学习方法和策略，提高学习效率和能力。

素质目标：掌握常见心理问题的自我调适手段。

心理觉察

文文是大学一年级的新生，一进大学她自信满满，早早就计划考研，不到两个月就感到自己在学习上出了问题。她每天都给自己制订出一整套学习计划，可结果总是完不成，有时候想去学习，由于没有了老师的监督和家长的嘱咐，而且总有杂七杂八的事情让她分心，所以学习效果并不好。比如，她正要去学习，同寝室的王红过生日，大家要一起去聚餐。她本来不太情愿做这件事，因为这样会打乱她今天制订的计划，可是转念一想，毕竟大家要相处几年，不能让同学们扫兴。算了，还是去吧。聚餐后，文文的心情变得很糟糕，她今天的学习计划又泡汤了。类似的情况经常会发生，时间一天一天地过去，越来越强的挫败感充斥了文文的心，她难受极了，不知道该怎么办……

思考：文文为什么感到挫败和难受？她该如何改变现状呢？

心理自测

学业成功的心理倾向性

下面不是测试你的技巧，也不是向你提出什么难题，只是你对自己的学习成功心理倾向做个剖析，使你对自己有个正确的评价和估计。

回答下列每一个问题，并把反映你基本态度的答案记分。

A. 非常同意　　B. 有些同意　　C. 有些不同意　　D. 不同意

1. 快乐地学习对我来说比钱重要得多。
2. 假如我知道学习必须完成，那么学习的压力和困难并不能困扰我。

3. 有时候学习成败的确能论英雄。

4. 我对犯错误非常严厉。

5. 名誉对我来说极为重要。

6. 我的适应能力非常强，知道什么时候将会改变，并为这种改变准备。

7. 一旦我下定决心，就会坚持到底。

8. 我非常喜欢别人把我看成身负重任的人。

9. 我有些嗜好花费很高，而且我有能力去享受。

10. 我会很小心地将时间和精力花在某一个计划上，前提是我知道它会有积极和正面的成果。

11. 我是一个团体的成员，让自己的团体成功比获得个人的认可更重要。

12. 我宁愿看到一个方案延迟，也不愿无计划、无组织地随便完成。

13. 我以能够正确地表达自己的意思为荣，但是我必须确定别人是否能正确了解我。

14. 我的学习情绪是很高昂的，我有用不完的精力，很少感到精力枯竭。

15. 大体来说，常识和良好的判断对我来说，比了不起的点子更有价值。

计分标准与结果评估

(1)A:0 分　B:1 分　C:2 分　D:3 分　(2)A:3 分　B:2 分　C:1 分　D:0 分

(3)A:2 分　B:3 分　C:1 分　D:0 分　(4)A:1 分　B:3 分　C:2 分　D:0 分

(5)~(15)题均为 A:3 分　B:2 分　C:1 分　D:0 分。

0~15 分：学习对你来说，是为了满足你的家庭期望，而不是去实现自己的那个“梦”。

16~30 分：你有基本的学习技能和技巧，但是你还不准备为此做出必要的牺牲和努力，你就像与班上的同学同乘一列火车：别人前进，我也前进。

31~45 分：你已向自己的目标迈进，表现出不同于一般的学业成功的倾向性。

测测自己的自学能力

1. 你有每天在课余时间学习一小时的习惯吗？

A. 有　B. 偶尔　C. 没有

2. 你每天有读书看报的习惯吗？

A. 有　B. 偶尔　C. 没有

3. 你每天能坚持阅读 5 000 字吗？

A. 有　B. 偶尔　C. 没有

4. 你在电影开演之前、车船到来之前，有阅读书报的习惯吗？

A. 有　B. 偶尔　C. 没有

5. 你有记读书笔记或做读书卡片的习惯吗？

A. 有　B. 偶尔　C. 没有

6. 你有剪贴报刊资料的习惯吗？

A. 有　B. 偶尔　C. 没有

7. 你有睡觉之前检查一天学习情况的习惯吗？

A. 有　B. 偶尔　C. 没有

8. 如果你一天中没有学习，会有遗憾的感觉吗？

A. 有　　B. 偶尔　　C. 没有

9. 你有购买图书及杂志的习惯吗？

A. 有　　B. 偶尔　　C. 没有

10. 你有和朋友谈话自学体会的习惯吗？

A. 有　　B. 偶尔　　C. 没有

11. 你有博览百科知识的喜好吗？

A. 有　　B. 偶尔　　C. 没有

12. 你有给报刊投稿的习惯吗？

A. 有　　B. 偶尔　　C. 没有

13. 你常听学术报告吗？

A. 有　　B. 偶尔　　C. 没有

14. 你学有专长吗？

A. 有　　B. 偶尔　　C. 没有

15. 你参加业余学校的学习吗？

A. 有　　B. 偶尔　　C. 没有

16. 没有别人帮助，你能独立制订出自己的生涯规划吗？

A. 有　　B. 偶尔　　C. 没有

17. 你有自测自学成绩的习惯吗？

A. 有　　B. 偶尔　　C. 没有

18. 你参加过有关单位组织的自学考试吗？

A. 有　　B. 偶尔　　C. 没有

19. 你有著书立说的计划吗？

A. 有　　B. 偶尔　　C. 没有

20. 你有每个学期的学习计划吗？

A. 有　　B. 偶尔　　C. 没有

计分标准与结果评估

本测验旨在通过 20 个小问题来测试你的自学能力如何，诊断后如果未能达到满意的效果，那你就要努力了。

A 为 5 分　　B 为 3 分　　C 为 0 分

总分大于 80 分的人，自学能力很强。

总分 70~80 分的人，自学能力良好。

总分 60~70 分的人，自学能力一般。

总分小于等于 60 分的人，自学能力较差。

心理课堂

任务一　了解高职学生为何而学

知识探索

一、学习心理探秘

（一）学习的含义

“学习”这个词是由“学”和“习”这两个词组成。最先把这两个字联系在一起讲的是孔子。孔子说：“学而时习之，不亦说乎？”意思是，学了之后及时、经常地进行温习，不是一件很愉快的事情吗？学习这一复合名词，就是出自孔子的这一名言。按照孔子和其他中国古代教育家的看法，“学”就是闻、见，是获得知识、技能，主要是指接受感性知识与书本知识，有时还包括“思”的含义在内。“习”是巩固知识、技能，一般有三种含义：温习、实习、练习，有时还包括“行”的含义在内。所以学习就是获得知识、形成技能、培养聪明才智的过程。实质上就是学、思、习、行的总称。

从广义上讲，学习是人和动物在生活过程中通过实践训练而获得的由经验引起的相对持久的适应性的心理变化，即有机体以经验方式引起的对环境相对持久的适应性的心理变化。在这个定义中，一是学习是人和动物共有的心理现象；二是学习不是本能活动，而是后天习得的；三是任何水平的学习都将引起适应性的行为变化；四是不能把个体的一切变化都归为学习，只有通过学习活动产生的变化才是学习，如由于疲劳、生长、机体损伤以及其他的生理变化所产生的变化都不是学习。

从狭义上看，学习是学生在教师的指导下，有目的、有计划、有组织、有系统地掌握前人的知识、技能，发展智力和能力，培养个性和思想品德的过程。

心理学领域解释：首先，学习是人类本性和行为的转变；其次，学习是人类倾向或才能的变化，这种变化会持续一段时间，并不能简单地理解为成长过程；再次，学习是主体经验的重复而引起的行为及行为潜能变化；最后，学习是指个体发展终身教育的理念。学习还可以有很多定义，但是否能带来心灵的转变，这的确是一块试金石。有效的学习，带来的是一种自然而然的心灵的转变。有了这种转变，你看待世界、看待人生、看待人与人之间的关系、看待同一件事物的方法就不一样了。

（二）为什么要学习

1. 学习是个体生存的必要手段

动物和人的生活都离不开学习。学习是动物和人维持自身的生存和发展、保持自身与环境的平衡的必要条件，也是个体适应环境的手段。动物在后天环境中求得生存和种群延续，首先依靠遗传的本能行为，但先天的本能行为在适应环境的变化中具有局限性。而后天习得的行为经验可以迅速适应环境的变化，因此对个体的意义更大。例如，一只小羊通过向羊妈妈学习，可以知道在哪里找到丰富的食物以及如何躲避狼的追捕。

然而，学习对个体的重要程度在各种动物之间的差异很大。越高等的动物，其生活方式越复杂，学习的重要性就越大。低等动物的习得行为很少，学习速度也很慢，学习对它们的影响相对较小。例如，软体动物蜗牛刚一出生就知道如何生存，它们的学习能力很低，保持经验的时间也很短，学习对它们生活的影响就相对较小。

人的生活方式极为复杂，除了本能行为外，还需要掌握丰富的社会生活经验。人类的绝大部分行为都是通过后天学习获得的，因此学习在个体成长与发展中的作用很大。在人的生命发展历程中，不仅要学习如何躲避危险和获取安全，还要适应环境谋求发展。1972 年，联合国教科文组织国际教育发展委员会发表了著名的研究报告《学会生存》，把学习同生存直接联系在了一起，可见学习对于人类生存的重要性。

2. 学习可以促进人成熟

随着年龄的增长，人的生理和心理会逐渐成熟，但人的成熟不能完全脱离环境，尤其是脱离学习的重要影响。许多研究发现，动物生存环境的丰富程度影响着其大脑的重量、结构和化学成分，复杂的生存环境可以促进动物感官的发育和成熟，继而影响其智力的发展。心理学家克雷奇（D. Krech）将幼鼠分成三组，给予第一组以丰富的刺激，给予第二组的刺激较少，而将第三组与外界环境完全隔离。80 天之后，他对三组幼鼠的大脑进行解剖分析，发现三组幼鼠大脑皮层的重量和密度呈现明显差异：第一组最重，第二组居中，第三组最轻。而且，三组幼鼠在大脑神经传递物质的含量上也有显著差异：第一组最多，第二组次之，第三组最少。

以上这些研究和事实说明，在后天社会环境中的学习和训练，对人的大脑结构及智力发展具有重要的影响。因此，在儿童成长和发展的过程中，教育者不能被动地等待他们成熟，应该以儿童心理发展与成熟的客观规律为依据，选择恰当的学习内容、教育和训练方法，促进他们心理的发展与成熟。

3. 学习可以提高人的素质

学习可以提高人的文化修养。人类在社会历史发展过程中创造了大量的文化，如文学、艺术、教育、科学等，这些人类社会的文明成果需要后人通过学习来获得。

学习也可以优化人的心理素质。一个人应该具备良好的心理素质，如健全的人格、优雅的气质、敬业的态度、诚实的品格、坚忍的意志等。这些心理素质可以通过学习与训练来培养，如萨克雷所说，“读书能够开导灵魂，提高和强化人格，激发人们的美好志向；读书也能够增长才智，陶冶心灵”。

4. 学习是人类历史发展和文明延续的纽带

美国著名民族学家、社会历史学家摩尔根（Lewis Henry Morgan）认为，人类社会的历史可以概括为蒙昧、野蛮、文明三个时代。在蒙昧时代，人类世代生活在热带或亚热带森林中，以野生果实、植物根茎为食，还有许多人栖居在树上。随着气候的改变，人类移居到地面，学会捕食鱼类、钻木取火、磨制石器、使用弓箭等生存的本领，并世代相传。

到了野蛮时代，人类学会了制陶术、动物的驯养繁殖和植物的种植技术，后来又学会了矿石冶炼技术，创造了文字，从而使人类历史过渡到文明时代。人类文明的延续，是人们通过不断学习前人由劳动获得的生存发展经验，并不断积累、不断总结、不断提高，形成更多的知识和经验后再传给后人的过程。如此代代相传，便形成了一部人类文明传承发展的历史。

在近代人类文明的发展中，学习显得更加重要。在18世纪爆发的技术革命中，人们通过学习物理学、机械学等知识，最终发明了蒸汽机，以蒸汽机为动力的轮船、火车等新式机器大量涌现。19世纪的技术革命以电力为标志，人们通过学习发现了电磁感应定律，建立了电磁理论，发明了发电机、高压输电技术等，从而促使人类社会进入电力时代。20世纪以来，以电子计算机、原子能、空间技术为标志的新技术革命的出现，更加证明了学习在人类文明与进步中的重要作用。

二、高职学生学习现状

（一）学习兴趣

高职学生的学习情绪化较强，对感兴趣的东西学习积极性较高，而对于枯燥的内容则学习效率较低。因此教师在组织教学过程中必须注意结合社会实际，增强教学的生动性，从而提高学生的学习兴趣。作为高职教育，实践教学应该是其一大特色，学生对实践性环节的学习兴趣明显高于理论课程的学习，教师应该通过加强实践教学来培养学生的学习兴趣。

（二）学习动机

动机是导致人的特定行为的重要原因。高职学生的学习动机多种多样，而且也随着学生生活的社会历史条件和个人的成长经历的不同而发展变化。高职学生的学习动机主要有以下两个方面。

（1）个人的自尊心、进取心和不甘落后的心理。

（2）为了自己今后能有一份好工作，多挣点钱以使自己和家人能生活得更好一些。

一般来说，学习困难的高职学生往往存在更多的情感障碍，主要表现为学习动力不足。

（三）学习方式

高职学生的学习具有较高层次的职业定向性。他们在进校之初，自己就已经基本明白将来的工作岗位（岗位群），并围绕一定的职业定向学习基础课、专业基础课和专业课。

与中学阶段的学习相比，高职学生的学习具有更多的自主权，学习途径具有多样性。高职学生具有更多自由支配的时间，学习内容有一定的可选择性，而且高职阶段的实践性教学环节（如案例分析、专业实训等）也提供给学生更多可以发挥的空地。

（四）学习方法

高职学生的学习不同于中学阶段的学习，新生入学后，对高职的学习活动需要一个适应过程。如何使刚入学的学生尽快适应高职的学习生活，这不仅涉及教师的教学方法问题，也涉及学生的学习方法问题。高职学生在学习时，学习的积极性和主动性还比较差，大多数学生没有记课堂笔记的习惯。

任务二　在学习中遇到的心理问题及调适

知识探索

一、高职学生学习的心理问题

（一）缺乏学习动机，学习目标不够明确

高职学生学习的内部动机因素的激励作用比较小，他们对学习不感兴趣，对所学专业缺乏激情。很多大学生是因为考分低而不得不进入高职院校；有的人对学习态度冷漠、厌倦、缺乏兴趣；有的人不愿在学习上多花一分工夫，不愿课前预习、课后复习；有的人在学习上怕难怕苦，一遇到难题就退却。

（二）自我定位偏差

有些学生进入大学后往往不能重新审视自己，喜欢沉浸在中学阶段的自身成绩中，把高考成绩的不理想归结为考试失利，总是有一种怀才不遇的悲伤情怀。因此，他们总认为自己只要使点小聪明，考试前稍微努努力就会及格，平时不用刻苦学习，满足于一知半解，一遇到学习上的拦路虎就知难而退。

（三）自我约束能力差，盲目接受一些新事物

高职学生大多在中学时就没有形成自我约束力，没有养成良好的学习习惯。上了大学，犹如进入了一个轻松的世界，没有父母的管束和唠叨，也没有老师会时时刻刻管制着。现今大学校园崇尚开放和自由，各种行为和理念一并涌进来，对于这些刚刚进入大学的高职学生来说一切都是新鲜的。他们开始尝试和接触各种网络游戏，沾染抽烟、喝酒等不良习惯，大肆挥霍金钱购买时尚手机和漂亮衣服。

心灵故事

大学一年级男生覃某某是一名来自边远山区的农村学生，家庭经济非常困难，有四个兄弟姐妹，自己是老大。

覃某某在县高中就读时成绩一直非常优秀，家长、亲戚、老师都对他寄予厚望，认为他肯定能考上一所名牌大学的好专业，他自己也是这样想的。没想到，高考发挥不好，只考上一个一本大学的农学专业。

尽管他自己对就读这所大学和专业非常不满意，但他还是赢得了乡亲们羡慕的目光和赞美的言辞，因为他是村里第一个本科生，乡亲们为他考上大学感到自豪，用他为榜样来教育村里的其他小孩。而他内心觉得专业不理想，将来学农的不好在城市里找工作，可能还要回到农村去工作。每每想到这样的前景，他心里就感到很茫然，学习没有动力，生活没有目标。有时他想到体弱多病的父母，就恨自己不争气，他也希望自己有出息，将来能让父母过

上好日子，供养弟妹能完成学业。

可他认为自己现在所学的专业就业前景不好、薪水低，如果将来去读研究生，就不能给家里提供经济上的帮助。无论是职业方向，还是学术方向，他都找不到奋斗的目标和学习的动力，因此他在学习上得过且过，在生活上马马虎虎，上课打不起精神。最近，他沉迷上网，把家里给的伙食费都花在上网聊天和打游戏上，他也知道这样不好，但不知如何才能摆脱这种状况，把心思花在学习上。

二、如何调适高职学生在学习中遇到的心理问题

（一）高职学生应掌握的学习策略

1. 学会学习的能力

学会是被动接受，会学是主动吸收。从小学到中学，大部分是学会，到了大学后会学则占了主要地位。如何提高自身的学习能力呢？第一，要有自我学习的意识，通过自我疑问、自我思考、自我解决的方式，提高自己的学习能力。第二，要敢于否定事物，不要人云亦云，凡事多问个为什么。第三，遇到困惑，不要急于求助，力求自己思考解决。第四，相信自己的力量，知识的吸收并非只有老师讲解这条路，自学也行。

“会学”即创新性学习或自主创新性学习，其功能在于通过学习提高发现和吸收新问题和新知识的能力，迎接和处理未来的变化。在农业和工业经济时代，科学技术的发展和更新的速度相对缓慢，人们习惯于用已有的知识来解决当前的各种问题，形成了“维持性学习”为主的模式，也就是“学会”。而在知识经济时代，信息技术强化了知识的传播速度，人们接触知识较以前更为容易，这使得利用知识的能力变得越来越重要。知识经济要求人们在学习方式上向“创新性学习”转变。在知识经济时代，具有不断掌握新知识的能力，比维持现存的知识更为重要。

学会如何学习是每一个人都要面对的时代课题，高职学生自然也不例外，它既是打开终身学习之门的钥匙，也是进入知识经济时代的通行证。

2. 掌握的学习方法

1）要树立远大的目标

目标是一个人前进的方向。人生要是没有目标，没有要追求的理想，就像没有航向的船只，不能到达成功的彼岸。理想是一种精神力量，是高职学生学习的内在驱动力。只有树立崇高的理想，才能树立远大的奋斗目标，从而产生巨大的动力，激励自己努力拼搏、奋勇向前、攀登科学高峰。

2）要树立自主学习的观念

所谓自主学习就是学生自己主动地学习，自己有主见地学习。学生树立了自主学习的观念，就会意识到自己是学习的主人，从而在受教育的过程中发挥自己的主观能动性和创造性。

3）要掌握科学的学习方法

科学的学习方法是人们认识规律和学习规律的反映，它具有共同性和普遍性。我们要研究学习规律，掌握基本的学习方法；要重视借鉴前人的学习经验；要注意联系学习的实际，

从个人实际出发,采用和创建适合自己特点的科学学习方法。“学有其法,学无定法”,最好的学习方法应当既是科学的,又是适合自己的。

4)学会利用现代化学习工具,创新学习手段

信息手段决定着人们获取信息量的大小和学习的模式,影响学习的效率。在知识经济时代,互联网的出现为学习开辟了广阔的道路。互联网已成为最方便、快捷的工具,提供了灵活的学习时间和环境,信息高速公路向世界各个角落延伸,为人们提供了一个取之不尽的信息宝库,全球的学习资源都可以为一个人的学习服务。信息手段的革命性变化为人们的学习展示了美好的前景,也提出了更高的要求。高职学生应学会使用现代信息技术,这是学习中不可或缺的重要手段。

(二)高职学生的时间管理

1. 高职学生加强时间管理的重要意义

李开复在《给中国学生的第四封信》中曾说:“大学是人生的关键阶段。这是因为,这是你一生中最后一次有机会系统性地接受教育。这是你最后一次能够全心建立你的知识基础。这可能是你最后一次可以将大段时间用于学习的人生阶段,也可能是最后一次可以拥有较高的可塑性、可以不断修正自我的成长历程。这也许是你最后一次能在相对宽容的、可以置身其中学习为人处世之道的理想环境。”所以,这四年是你最宝贵的四年。有无数的学生感叹自己四年过去之后什么都没有得到,所以你千万不要让自己成为这样的学生。

2. 改进和提升时间管理的对策

1)不要让紧急奴役着你

事分轻重缓急,这里面的“重”和“急”是不一样的。人的惯性是先做最紧急的事,但往往因为这么做而致使重要的事被荒废。大部分紧急的事情其实并不是重要的,而许多重要的事情并不紧急。因此,你不要把全部的时间都去做那些看起来“紧急”的事情,一定要留一些时间做那些真正“重要”的事情。例如,准备明天的考试是“急事”,而培养自己的积极性是“要事”。

2)将自己的事务明确区分

在生活和学习中,你还要分清楚“必须做”的事和“不必须做”的事,做到“足够好就好”的事和“足够好仍不够好”的事。有那么多的“紧急事”和“重要事”,想把每件都做到最好是不切实际的。“足够好仍不够好”的事要做到最好,但是“足够好就好”的事尽力而为即可。建议你用良好的态度和胸怀接受那些你不能改变的事情,多关注那些你能够改变的事情。

3)将事物分段化

给自己做一个长期的蓝图规划,一步一步地向制定的目标迈进,这样就能一步步地看到自己的进展,就会更有动力、更有自信地做下去。时间管理与目标设定、目标执行之间具有相辅相成的关系,时间管理与目标管理是密不可分。每个小目标的完成,会让自己清楚地知道与大目标的距离,每日的行动承诺则是前进的压力和激励,而行动承诺都要结合自己的长远目标。所以,要想有计划地工作和生活,就需要管理好自己的时间。

4)学会节约时间

虽然每天只有24个小时，但只需要细心观察、节约点滴时间，便可以拥有比别人更多的时间，多余的时间应该用在能让自己不断提高的事情上。李开复在《给中国学生的第四封信》中曾提到，大学几年的关键时刻是最容易迷失的时候。你必须有自控的能力，让自己交些好的朋友，学习些好习惯，不要沉迷于对自己没有帮助的习惯（像网络游戏）里。

活动探索

时间分割

活动目的

（1）通过扮演时钟，训练反应能力和协调性。

（2）懂得珍惜时间，学会合理安排时间。

活动人数　全班同学。

活动时间　约20分钟。

活动场地　教室。

活动道具　长、中、短小木棍若干组；长条形纸及印有圆形图案的白纸（每人一份）；多媒体设备或幻灯设备。

活动过程

（1）个人扮演时钟。请若干位同学自愿上台，发给每人长、短小木棍一副，长棍代表分针，短棍代表时针。听主持人的口令用木棍摆出时钟上时针与分针的关系，如：6:00、8:00、3:20、11:05等。

（2）小组扮演时钟。请同学自愿组成三人小组，主持人分别发给每人一根小木棍，最长的代表秒针、次长的代表分针、最短的代表时针。听主持人的口令，三人一起组合表示一个时间。

（3）撕纸条：主持人把事先准备好的1厘米宽、100厘米长的纸条发给每位同学。告诉大家，每个人手中的纸条代表时间，假如这个时间是一天，那就是24小时。每个人想一想：自己的一天是怎样度过的？睡觉用了多少时间，把它撕去；吃饭、看电视、玩游戏、踢足球、聊天、发呆等分别用了多少时间，把它们一一撕去，看还剩多少时间是用来学习的？大家比一比谁留给学习的时间最多。

（4）发给每个人一张印有圆形图案的白纸，请大家想一想，假如这个圆表示一周的时间，你怎样进行管理？如何合理分配？请各位画出“时间管理拼图”，画完后进行交流。

注意事项

（1）木棍长短注意秒针、分针、时针的比例。

（2）画“时间管理拼图”时，一个圆可以代表一天，也可以代表一周、10天等。圆形分割可以用线条，也可以用彩色笔涂出色块。

（3）画“时间管理拼图”的目的是启发同学思考如何合理安排自己的时间，所以画完后的交流很重要，主持人要根据同学们的时间管理计划做出恰当的点评。

谈一谈：每次听到教师的时间口令时，我都做得准确、迅速吗？

想一想:我在撕纸条时,多少时间用于学习及其他活动?

试一试:怎样合理地画出我一周的时间分配?

大学阶段是我们人生最关键的时段。进入大学,放下高考的重担,开始追逐自己的理想、兴趣。在大学里我们不是一味地为高考的几门科目而忙碌,而是有了更多的活动和安排,有了更加丰富多彩的生活,有机会在学习理论的同时亲身实践,这是第一次不再由父母安排生活和学习中的一切,而是有足够的自由处置生活和学习中遇到的各类问题,支配所有属于自己的时间。

任务三　学会快乐学习的方法

知识探索

有这样一个故事:有一天他路过一个烈日下巨大的工地,发现所有的人都在汗流浃背地搬砖。他问其中的一个人:“你在干什么呢?”那个人没好气地告诉他:“你看不见啊,我这不是服苦役——搬砖吗?”他又问第二个人同样的问题,这个人的态度要比第一个人平和得多,他先把手中的砖摆齐,看了看说:“我在砌墙啊。”后来他又去问第三个人同样的问题,那个人脸上一直有一种祥和的光彩,他把手里的砖放下,抬头擦了一把汗,很骄傲地对这人说:“你是在问我吗? 我在盖一座宏伟的建筑啊。”

心态不同,境界不同,胸怀也不同。如果我们把学习当作痛苦的事情,那么就会觉得很辛苦,只有乐于学习,真正沉浸在学习的快乐之中,才能收到更大的成效。古人曰:“同师而超群者,必其乐之者也。”即同一个老师的学生中成绩超群的必然是乐于学习的。爱因斯坦说:“决不要把你们的学习看成是完成任务,而是一个令人羡慕的机会。”在当今社会里,学习不仅是人类生存和发展的基础,也是人们享受现代文明的重要方式,是满足人们精神需要的重要方面,在知识快速更新的信息时代,乐学的品质更加重要。

学习的策略五花八门,适合每个同学的未必一样,但是有一点,大家都希望学习带给自己的是快乐,而不是痛苦。如何才能提高自己的学习能力,从学习中找到快乐,从而快乐地学习呢?

一、带着喜欢的心情去学习

心理学研究发现,一个人的情绪会影响学习兴趣的产生。因为人的大脑中有愉快中枢和厌恶中枢。愉快中枢接受刺激会引起欢乐的情绪,并大大提高学习效率;反之,则抑制学习兴趣的发生,导致学习的主动性和效率大大降低。因此同学们要想在学习中获得乐趣,把学习变成享受,首先必须调整好自己的情绪,要带着愉快的情绪学习。

二、激发求知欲,解开未知之谜

在学习中,做难题肯定是一件艰苦的事,为什么有的同学自己主动找来难题做,并且花上几个小时甚至几天的时间来苦思冥想呢? 因为强烈的求知欲望使他们对难题欲罢不能。

更重要的是，当他们最终发现求解的方法时，成功的喜悦会使他们获得一种巨大的精神奖励。

三、跟自己打个赌，看看是否能赢

给自己定个学习目标（例如在期中考试中的第几名，注意目标一定要适当），假如实现了，给自己一个奖励（如买一本好看的小说）；假如没有实现，就取消这个奖励，甚至还可以给自己一个小小的惩罚（如取消周末的娱乐活动，改为帮家人做事）。这样也会给学习带来一些动力。

四、把学习变成创造，在知识森林中探险

有些同学讨厌学习，是因为把学习看成一种刻板的活动，其实学习中照样孕育着创造的火花。比如解题，同一道题目往往有多种解法。如果经常进行“一题多解”的练习，便会对知识的相互联系性有更深刻的认识，体会到知识世界的种种奇妙之处，可谓“曲径通幽处，禅房花木深”。

心理训练

放松训练

放松训练就是通过一定的方法，如呼吸法、暗示法、表象法和音乐法等，使人体的肌肉一步步放松，使大脑逐渐入静，从而调节中枢神经系统的兴奋水平，缓解紧张情绪，增强大脑对全身控制支配能力的训练方法。放松训练的原理，即肌肉和大脑之间是双向传导的，大脑可以支配肌肉放松，而肌肉的放松又可以反馈给大脑。

放松训练包括呼吸放松、肌肉放松、音乐放松和意念放松等。放松训练的时机为：临睡前、表象训练之前、考试前。

1. 放松训练的步骤

放松训练共分八个步骤：

（1）准备动作，一般就是坐在靠背椅上，两手放在大腿上；

（2）开始动作，以舒服为准；

（3）调节呼吸，自己对自己说，我现在非常安静，非常放松；

（4）做一次深呼吸，气沉丹田，然后就到了松感阶段；

（5）热感阶段，全身都感到很放松了，手心暖暖的；

（6）静感阶段，感觉前额凉丝丝的，就像一个冰袋放在前额一样，如果没有进入热感阶段，就不能达到静感阶段；

（7）做松劲状态，感觉一种微微的愉快感，外面的一切声音对你都没有影响了，你处于一种从来没有过的状态，只能听到自己心跳和呼吸的声音，感觉到自己有一种微热的、甜甜的愉快感，就已经达到了松劲状态；

（8）进行活化练习，把全身心动员起来，表明你已经休息好了，浑身充满了力量，渴望进

入所面临的复习或是考试，最后就是结束。

2. 放松训练的作用

(1)缓解紧张情绪，减低心理压力；

(2)提高肌肉的感觉能力，使头脑清晰敏感，消除疲劳，加快恢复过程，一身轻松；

(3)增强自我调控情绪的能力，集中注意力。

放松训练为表象训练创造一个适宜的心理状态，因为表象训练或者说催眠疗法是在放松训练的基础上进行的，放松训练是前提，是基础。

心理赋能

我的大学生涯

冰心

我从贝满女中毕了业，就直接升入了协和女子大学。我选的是理预科，因为我一心一意想学医，对于数、理、化的功课，十分用功，成绩也好。至于中文呢，因为那时教会学校请的中文老师，多半是前清的秀才或举人，讲的都是我在家塾里或自己读过的古文，他们讲书时也不会旁征博引，十分无趣。

……

在理预科学习的紧张而严肃的日子，只过了大半年，到了第二年——1919 年——五四运动起来了，我虽然是个班次很低的“大学生”，也一下子被卷进了这兴奋而伟大的运动。关于这一段我写过不少，在此就不多说了。我要说的就是我因为参加运动又开始写些东西，耽误了许许多多理科实验的功课，幸而理科老师们还能体谅我，我敷敷衍衍地读完了两年理科，就转入文科，还升了一班！

改入文科以后，功课就轻松多了！就是这一年——1920 年，协和女子大学，同通州潞河大学和北京的协和大学合并成燕京大学。校长是司徒雷登。我们协和女子大学就改称“燕大女校”。有的功课是在男校上课，如哲学、教育学等，有的是在女校上的，如社会学、心理学等。在男校上课时，我们就都到男校所在地的盔甲厂去。当时男女合校还是一件很新鲜的事，因此我们都很拘谨，在到男校上课以前，都注意把头上戴的玫瑰花蕊摘下。在上课前后，也轻易不同男同学交谈。他们似乎也很腼腆。一般上课时我们都安静地坐在第一排，但当坐在我们后面的男同学，把脚放在我们椅子下面的横杠上，簌簌抖动的时候，我们就使劲儿地把椅子往前一拉，他们的脚就忽然砰的一声砸到地上。我们自然没有回头，但都忍住笑，也不知道他们伸出舌头笑了没有？

但是我们几个在全校的学生会里有职务的人，都不免常和男生接触，如校刊编辑部、班会等。我们常常开会，那时女校还有“监护人”制度，无论是白天或晚上，几个人或几十个人，我们的会场座后，总会有一位老师，多半是女教师，她自己拿着一本书在静静地看。这一切，连老师带学生都觉得又无聊，又可笑！

我是不怕男孩子的！自小同表哥哥、堂哥哥们同在惯了，每次吵嘴打架都是我得了“最后胜利”，回到家里，往往有我弟弟们的同学十几个男孩子围着我转。只是我的女同学们都很谦让，我也不敢“冒尖”，但是后来熟了以后，男同学们当面都说我“厉害”，说这些话的，就是许地山、瞿世英（菊农）、熊佛西这些人，他们同我后来也成了好朋友。

这时我在燕大女校“学生自治会”里，任务也多得很！自治会里有许多委员会——甚至有伙食委员会！因为我没有住校，自然不会叫我参加，但是其他的委员会，我就都被派上了！那时我们最热心的就是做社会福利工作，而每兴办一项福利工作，都得“自治会”自己筹款。最方便而容易的，就是演戏卖票！我记得我们演过许多莎士比亚的戏，如《威尼斯商人》《第十二夜》等等，那时我们英文班里正读着莎士比亚，美国女教师们都十分热心地帮助我们排练，设计服装、道具等等，我们演得也很认真卖力，记得有一次鲁迅先生和俄国盲诗人爱罗先珂来看过我们的戏——忘了是哪一出——鲁迅先生写过文章说爱罗先珂先生说我们演得比当时北京大学的某一出戏好得多。因此他和北大同学还引起了一番争论，北大同学说爱罗先珂先生是个盲人，怎能“看”出戏的好坏？我和鲁迅先生只谈过一次话，还是很短的，因为我负责请名人演讲，我记得请过鲁迅先生、胡适先生，还有吴贻芳先生……我主持演讲会，向听众同学介绍了主讲人以后，就只坐在讲台下听讲了——我和鲁迅先生的接触，就这么一次，我也不知道鲁迅先生是从哪一位同学手里买到戏票的。

这次演剧筹款似乎是我们要为学校附近佟府夹道的不识字的妇女们，义务开办一个“注音字母”学习班。自治会派我去当校长。我自己就没有学过注音字母，但是被委为校长，就意味着把找“校舍”——其实就是租用街道上一间空屋——招生、请老师——也就是请一个会教注音字母的同学——都由我包办下来。这一切，居然都很顺利。开学那一天，我去“训话”，看到讲台前坐的都是中年妇女。只前排右首坐着一个十分聪明俊俏的姑娘，听课后我过去和她搭话，她说：“我叫佟志云，18岁，我识得字，只不过也想学学注音字母。”我想她可能是佟王后裔。她问我：“校长，你多大年纪了？”我笑着说：“反正比你大几岁！”

这时燕大女校已经和美国威尔斯利女子大学（Wellesley College）结成“姐妹学校”。我们女校里有好几位教师，都是威校的毕业生。忘了是哪一年，总在20年代初期吧，威校的女校长来到我们校里访问，住了几天，受到盛大的欢迎。有一天她——我忘了她的名字——忽然提出要看看古老北京的婚礼仪式，女校主任就让学生们表演一次，给她开开眼。这事自然又落到我们自治会委员身上，除了不坐轿子以外，其他服装如凤冠霞帔、靴子、马褂之类，也都很容易地借来了，只是在演员的分配上，谁都不肯当新娘。我又是主管这个任务的人，我就急了，我说：“这又不是真的，只是逢场作戏而已。你们都不当，我也不等‘父母之命，媒妁之言’，我就当了！”于是我扮演了新娘。凌淑浩——凌淑华的妹妹，当了新郎。送新太太是陈克俊和谢兰蕙。扮演公公、婆婆的是一位张大姐和一位李大姐，都是高班的学生，至今我还记得她们的面庞。她们以后在演比利时作家梅特林克的童话剧《青鸟》中，还是当了我的爷爷和奶奶，可是她们的名字，我苦忆了半天也想不起来！

那夜在女校教职员宿舍院里，大大热闹了一阵，又放鞭炮，又奏鼓乐。我们磕了不少的头！演到坐床撒帐的时候，我和淑浩在帐子里面都忍不住笑了起来，急得克俊和兰蕙直捂着我们的嘴！

……

总之，我的大学生涯是够忙碌热闹的，但我却没有因此而耽误了学习和写作。我的老师们对我都很好，尤其是我的英文老师鲍贵思(Grace Boynton)。在我毕业的那一年春季，她就对我说，威尔斯斯利女大已决定给我两年的奖学金——就是每年800美金的学、宿、膳费，让我读硕士学位，我当然愿意。但我想一去两年，不知这两年之中，我的体弱多病的母亲，会不会出什么意外？我对家里什么人都没有讲过我的忧虑，只悄悄地问过我们最熟悉的医生孙彦科大夫，他是我小舅舅杨子玉先生的挚友，小舅舅介绍他来给母亲看过病。后来因为孙大夫每次到别处出诊路过我家，也必进来探望，我们熟极了。他称我父亲为“三哥”，母亲为“三嫂”，有时只有我们孩子们在家，他也坐下和我们说笑。我问他我母亲身体不好，我能否离家两年之久？他笑了说：“当然可以，你母亲的身体不算太坏，凡事有我负责。”同时鲍女士还给我父亲写了信，问他让不让我去？父亲很客气地回了她一封信，说只要她认为我不会辜负她母校的栽培，他是同意我去美国的。这一切当时我还不好意思向同学们公开，依旧忙我的课外社会福利工作。

……

1923年的春季，我该忙我的毕业论文了。文科里的中国文学老师是周作人先生。他给我们讲现代文学，有时还讲到我的小诗和散文，我也只低头听着，课外他也从来没有同我谈过话。这时因为必须写毕业论文，我想自己对元代戏曲很不熟悉，正好趁着写论文机会，读些戏曲和参考书。我把论文题目《元代的戏曲》和文章大纲，拿去给周先生审阅。他一字没改就退回给我，说“你就写吧”。于是在同伴们几乎都已交出论文之后，我才匆匆忙忙地把毕业论文交了上去。

就在这时我的吐血的病又发作了。我母亲也有这个病，每当身体累了或是心绪不好，她就会吐血。我这次的病不消说，是我即将离家的留恋之情的表现。老师们和父母都十分着急，带我到协和医院去检查。结果从透视和其他方面，都找不出有肺病的症状。医生断定是肺气枝胀大，不算什么大病症。那时我的考上协和医学院的同学们和林巧稚大夫——她也还是学生，都半开玩笑地和我说：“这是天才病！不要胡思乱想，心绪稳定下来就好了。”

于是我一面预备行装，一面结束学业。在毕业典礼台上，我除了得到一张学士文凭之外，还意外地得到了一把荣誉奖的金钥匙。

这一年的8月3日，我离开北京到上海准备去美。临行以前，我的弟弟们和他们的小朋友们，再三要求我常给他们写信，我答应了。这就是我写那本《寄小读者》的“灵感”！

8月17日，美国邮船杰克逊总统号就把带着满腔离愁的我，从“可爱的海棠叶形的祖国”载走了！

项目七

驾驭情绪，理性生活

心语心愿

一个人如果能够控制自己的激情、烦恼和恐惧，那他就胜过国王。——约翰·米尔顿

成功者与失败者的最大不同在于，前者是情绪的主人，后者是情绪的奴隶。

——拿破仑·希尔

学习目标

知识目标：了解情绪的基本含义、情绪的构成和情绪的功能，正确地认识情绪；掌握学生的情绪发展特点、大学生常见的情绪困扰，并对情绪状况进行自我评估。

素质目标：学习情绪管理和应对的策略与方法，学会排解消极情绪，拥有积极情绪，做情绪的主人。

心理觉察

一天，心理咨询中心接到这样一个求助电话。她叫小文，今年大学二年级。小文说："我有个舍友，开心的时候情绪特别激动，会很大声地唱歌、玩游戏，周围的人都能感受到她快乐的情绪。但是，遇到一点小事儿，她就会哭泣，在宿舍里哭好几个小时，难过的情绪难以抑制。"前段时间，她的舍友开始谈恋爱了。每当和男朋友发生矛盾，她的舍友就在宿舍大哭大闹，特别激动时，还会摔手机、摔门，大家都不知所措。这样的行为不仅让舍友们很担心，还干扰了其他人的正常生活，小文很着急，她不明白为什么她的舍友情绪起伏那么大，也不知道自己该如何帮她。

如果你是小文，面对舍友大起大落的情绪，你会怎么理解呢？会如何对待呢？

你认识自己的情绪吗？你能正确识别并且理解他人的情绪吗？你知道情绪都有哪些种类，并且是怎么来的吗？在本项目里，我们将一起来探索情绪、认识情绪、理解情绪。

心理自测

大学生情绪的自我评估

请回忆你在上周内曾有过的各种感受和行为，在下表中适当的天数栏里画"√"。

序号	感受和行为	小于 1 天	1~2 天	3~4 天	5~7 天
1	我因一些小事而烦恼				
2	我不想吃东西,我胃口不好				
3	即使家人和朋友帮助我,我仍然无法摆脱心中苦闷				
4	我觉得自己做得不如多数人好				
5	我在做事时无法集中注意力				
6	我感到做任何事情都很费力				
7	我感到情绪低落				
8	我感到前途没有希望				
9	我觉得我的生活是失败的				
10	我感到害怕				
11	我的睡眠不好				
12	我感到不高兴				
13	我比平时说话要少				
14	我感到孤单				
15	我觉得人们对我不太友好				
16	我觉得生活没有意思				
17	我曾哭泣				
18	我感到忧愁				
19	我感觉别人不喜欢我				
20	我觉得我无法继续我的生活				

计分标准与结果评估

以过去一周来计算，1 天计 1 分，1~2 天计 2 分，3~4 天计 3 分，5~7 分计 4 分，将 20 项得分相加，计算总分。

总分少于 15 分：无抑郁症状；总分为 15~20 分：可能有抑郁症状；总分在 20 分以上：建议进行专业的心理咨询。

心理课堂

任务一　认识情绪

知识探索

常言道：人非草木，孰能无情？其实人类不但有情，而且情绪体验丰富多彩：或欣喜若狂，或悲痛欲绝，或愁肠百结，或义愤填膺……你是否也会处于消极情绪之中？你又是采取什么方式来面对并缓解自己的情绪的？现代社会生活节奏加快，竞争日趋激烈，再加上文化观念上的多元碰撞，生活学习中的各种压力来袭，这些都易使大学生产生不良情绪。大学生正处于情绪发展和成熟的重要时期，情绪反应快而强烈，负性情绪容易被激发。如果负性情绪不能及时得到疏导，一件微不足道的小事也可能成为“火山”爆发的导火索，最终害己伤人。那么，什么是情绪？大学生有哪些常见的情绪问题？如何调控自己的情绪？本任务将和同学们一起揭开情绪的神秘面纱，带领同学们正确认识情绪，寻找情绪管理的方法，维持美好心情，学做情绪的主人。

一、认识情绪

情绪一词让人们感到既熟悉又陌生。日常生活中，每个人都体验着各种各样的情绪。情绪，是对一系列主观认知经验的通称，是多种感觉、思想和行为综合产生的心理和生理状态。常见的情绪有喜、怒、哀、惊、恐、爱等，也有一些细腻微妙的情绪，如嫉妒、惭愧、羞耻、自豪等。情绪常和心情、性格等因素互相作用，也受到荷尔蒙和神经递质影响。无论正面还是负面的情绪，都会引发人们行动的动机。

情绪具有五个特性：

（1）情绪的生理性。当情绪发生时，个体也会产生相应的生理变化，主要通过自主神经系统中的交感神经和副交感神经相互拮抗作用形成，表现在呼吸、消化、内分泌系统、脑电、皮肤电反应等一系列的变化中。

（2）情绪的外显性。情绪经常通过表情表达出来，表情也有言语符号和非言语符号两种。言语符号主要由一个人言语的高低、快慢、音调等来反映不同的情绪。非言语情绪主要通过肢体语言、身体姿态来表现。

（3）情绪的两极性。人们会有正性的情绪和负性的情绪，两种情绪交替出现。

（4）情绪的过程性。情绪的发展具有一个过程，有其发生、发展、变化、高潮、下降和结束的过程，并且伴随着能量的聚集与发泄。

（5）情绪的转换性。情绪的转换性不仅可以是情绪之间的内部转换，还可以是躯体的形式或是其他心理活动之间的转换。

二、情绪的构成

情绪具有心理和生理反应的特征。我们无法直接观测内在的感受，但是我们能够通过其外显的行为或生理变化来进行推断。情绪包括三种成分：在认知层面上的主观体验，在生理层面上的生理唤醒，在表达层面上的外部表现。当情绪产生时，这三种成分共同作用，构成一个完整的情绪体验过程。

（一）主观体验

情绪的主观体验是人的一种自我觉察，即大脑的一种感受状态。人有许多主观感受，如喜、怒、哀、乐、爱、惧、恨等。人们对不同事物的态度会使自己产生不同的感受。人对自己、对他人、对事物都会产生一定的态度，如自己受到不公平对待时感到愤怒、同情朋友的遭遇、事业成功时感到愉悦、考试失败时感到悲伤。这些主观体验只有个人内心才能真正感受或意识到其不同,如高兴和恐惧的内在感受不同,痛和惊奇的内在感受不同。

(二)生理唤醒

人在情绪反应时,常常会伴随一定的生理唤醒,如激动时血压升高,愤怒时浑身发抖,紧张时心跳加快,害羞时满脸通红。脉搏加快、肌肉紧张、血压升高及血流加快等生理变化,均属于生理反应过程,常常是伴随不同情绪产生的。

芬兰阿尔托大学、土库大学及坦佩雷大学 3 所院校的科学家对 700 名志愿者进行了情绪对生理变化的影响的试验。研究人员要求参与者感受自己经历某一特定情绪时身体的反应,根据身体的状况,在人体模型中标示出体内产生变化的区域。在标示时,红色表示身体的某些区域被激活,感觉更加灵敏;而蓝色则代表被抑制,感觉变得迟钝。研究人员发现,在感受不同的情绪时,胸部区域和头部区域的变化是最为明显的。愤怒是直冲身体顶端的情绪;焦虑会袭击胃部;快乐常常充斥在胸部;爱会贯穿全身;悲伤与抑郁大部分显示为蓝色,提示感觉被抑制。

(三)外部表现

情绪作为一种内心体验,一旦产生通常会伴随相应的非言语行为,如面部表情和身体姿势等。一些心理学家在研究人类交往活动中的信息表达时发现,表情起到了重要的作用,如人悲伤时会痛哭流涕,激动时会手舞足蹈,高兴时会开怀大笑。伴随情绪出现的这些相应的身体姿态和面部表情就是情绪的外部表现,它经常成为人们判断和推测情绪的外部指标,但由于人类心理的复杂性,有时人们的外部表现会出现与主观体验不一致的现象,比如在一大群人面前演讲时,明明心里非常紧张,还要做出镇定自若的样子。表情可以分为三类:面部表情、姿态表情和语调表情。

1. 面部表情

面部表情(见图 7-1)是由人的面部肌肉和腺体变化来表现的,由眉、眼、鼻、嘴的不同组合构成,如眉开眼笑、怒目而视、愁眉苦脸、面红耳赤、泪流满面等。面部表情是人类的基本沟通方式,也是情绪表达的基本方式。面部表情有泛文化性,同一种面部表情会被不同文化背景下的人们共同承认和使用,以表达相同的情绪体验。面部表情识别的研究发现,最容易辨认的表情是快乐、痛苦,较难辨认的表情是恐惧、悲哀,最难辨认的表情是怀疑、怜悯。一般来说,情绪成分越复杂,表情越难辨认。

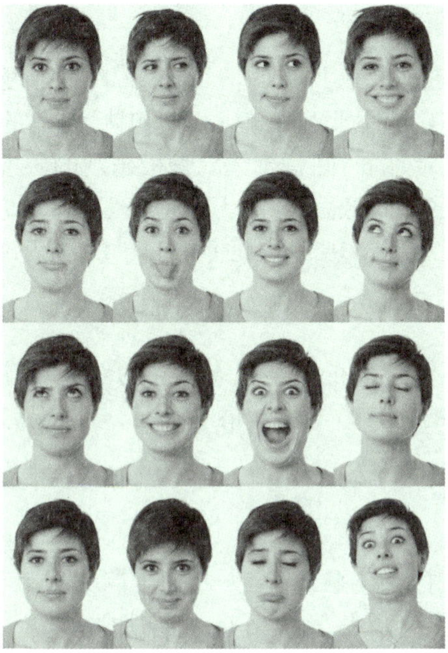

图 7-1　面部表情图片

2. 姿态表情

姿态表情是人通过身体姿态、动作变化来表现的，如高兴时手舞足蹈，悲痛时捶胸顿足，成功时趾高气扬，失败时垂头丧气，紧张时坐立不安，谄媚时卑躬屈膝等。姿态表情受不同文化的影响。研究表明，手势表情是通过学习获得的。在不同的文化中，同一手势所代表的含义可能截然不同，如竖起大拇指在许多文化中表示夸奖的意思，但在希腊却有侮辱他人的意思。手势表情具有丰富的内涵，但隐蔽性也最小。弗洛伊德曾描述过手势表情："凡人皆无法隐瞒私情，尽管他的嘴可以保持缄默，但他的手指却会多嘴多舌。"

3. 语调表情

语调表情是人通过声调、节奏变化来表达的，如言语中语音的高低、强弱、抑扬顿挫等。人们惊恐时尖叫；悲哀时声调低沉，节奏缓慢；气愤时声调变高，节奏变快；爱慕时语调柔软且有节奏，这些都是语调表情。

面部表情、姿态和语调表情的变化成为情绪的有效表达方式，它们经常相互配合，以更加准确或复杂地表达不同的情绪。

主观体验、生理唤醒和外部表现作为情绪的三个组成成分，在评定情绪时缺一不可，只有三者同时活动、同时存在，才能构成一个完整的情绪体验过程。例如，当一个人佯装愤怒时，他只有愤怒的外部表现，却没有真正的内在主观体验和生理唤醒，因而也就称不上有真正的情绪过程。情绪必须是上述三个成分同时存在，并且有一一对应的关系。

三、情绪的不同类型

人类的情绪是复杂的，也有各种各样的分类方法。根据情绪发生的速度、强度和持续时间，心理学家把情绪分为心境、激情和应激。

（一）心境

心境是一种比较微弱而又深入、持久的情绪状态，具有弥漫性的特点，没有明显的对外部行为的过激反应。“感时花溅泪，恨别鸟惊心”这句诗，描写的就是心境对人的影响，当个体对一件事情越看重，心境持续的时间就越久。积极乐观的心境状态能使人精神愉悦，朝气蓬勃地对待生活；消极的心境使人低落，意志力减退。但是，无论是积极心境还是消极心境，都是我们生活中会常常遇到的现象，要及时觉察到自己的情绪，接纳自己当下的状态。

（二）激情

激情是一种短暂、强烈、爆发式的情绪状态。它的发生具有明显的指向性，比如获得成功后的巨大的喜悦、失败后的伤心欲绝。激情状态时，会出现意识狭窄、认知活动的范围缩小、不能正确评价自己等副作用。

（三）应激

应激是危机情境所引起的情绪状态，当人们处于巨大压力下而又要迅速做出决定时所产生的一种适应性反应，如肌肉紧张、血压升高、心率加快等。

在我国，人们通常按照情绪及其表现，将情绪分为喜、怒、哀、惧、爱、恶、欲，这是常见的人类的情感体验，也是我们生活中最常见的分类方式。除此之外，情绪还有害羞、憎恶、可怜等，一个人的情绪状态很多时候是复合的，很多时候我们的情绪都是百感交集的，包含着各种酸甜苦辣的心情。

从情绪形成与发展的角度，可将情绪分为基本情绪和社会情绪。基本情绪主要与人的生理需要相联系，例如悲伤、恐惧、快乐等。社会情绪是与人的社会性需要联系在一起的，表现为一种较为复杂而又稳定的态度体验，例如价值感、羞耻感、幸福感等。社会情绪是在基础情绪上形成和发展起来的，同时又通过基础情绪表现出来。

从情绪的功效来看，人们将愉快、欢乐、喜悦等归纳为正性情绪，将痛苦、烦恼、气愤、悲伤等归纳为负性情绪。我们在生活中不断体验着这两种情绪，它们之间可以相互转化，甚至同时产生。但是，在我们的生活中，正性情绪和负性情绪对我们都是有意义的。

活动探索

辨别消极情绪

请辨别以下句子中的消极情绪，并写在后面的横线上。

（1）问君能有几多愁，恰似一江春水向东流。________________

（2）怒发冲冠，凭栏处、潇潇雨歇。________________

（3）四面楚歌 ________________

（4）风声鹤唳、草木皆兵 ________________

（5）杯弓蛇影 ________________

（6）长太息以掩涕兮，哀民生之多艰。________________

(7)邯郸学步 ______________________

(8)垂头丧气 ______________________

(9)杞人忧天 ______________________

(10)本是同根生，相煎何太急。______________________

除了这些，你还发现有哪些表达负面情绪的词语吗？写在下面的横线上。

____

____

____

任务二　大学生的情绪特点与困扰

知识探索

大学生处于青春期晚期，在生理发育趋向成熟的同时，心理也经历着急剧的变化，这一时期被称为“疾风骤雨期”。这一时期的大学生在情绪上也表现出明显的特点，同时大学生在生活中经常会因为各种事情而使情绪跌宕起伏。如果大学生对情绪管理不当，则会引发一系列的情绪困扰，如焦虑、抑郁、嫉妒和自卑等。

一、大学生情绪的特点

1. 情绪体验的冲动性

大学生情绪体验强烈，对任何事都比较敏感，有时一旦情绪爆发，自己难以控制，甚至表现出一定的盲目狂热和冲动。由于性成熟导致的性激素分泌旺盛，影响着下丘脑的兴奋性，而大脑皮层的调节作用一时还不能适应这种状况，导致大脑皮层和皮层下之间出现不平衡状态，从而影响情绪的表现，这是情绪冲动性的生理基础。在日常生活中，在处理同学关系、师生关系的矛盾时，在对待学业生活中的挫折时，少数学生易走极端，给自己及他人带来伤害。

2. 情感体验更加深刻和丰富

随着自我意识的不断发展和各种需要、兴趣的扩展，大学生的情绪体验更加丰富、敏感、细腻和深刻，进而表现为带有社会内容的情感体验。

3. 心境化与波动性

情绪的心境化是大学生情绪的重要特点。中学生的情绪往往受制于外界情境，随着情境的变化，情绪反应来得快，消失得也快；而大学生对自己的情绪具有了一定的控制能力，情绪逐渐趋于稳定，趋向于心境化。但是，与成年人相比，大学生的情绪具有强烈性、爆发性和易激动的特征，情绪的波动性比较大，容易从一个极端走向另一个极端。他们可能会因为一次成功而豪情万丈、唯我独尊，也可能因一次偶然失败而斗志全无、悲观失望。

4. 情绪表现的内隐与掩饰性

大学生的情绪表现，虽然有时也会喜形于色，但已经不像青少年时期那样坦率直露，不少大学生常会将自己的情绪隐藏和掩饰，体现为外在表现与内在体验并不一致。这无形中给大学生的人际交往带来障碍，使一些学生出现孤独和苦闷的情感困惑。

拓展阅读

情绪智力

1990 年，心理学家萨洛维和梅耶首次提出了“情绪智力”的概念。之后，丹尼尔·戈尔曼对情绪智力进行了进一步的研究、扩展。戈尔曼将情绪智力视为衡量个体情绪调节能力和社会适应能力的指标，并旗帜鲜明地指出：“真正决定一个人成功与否的关键是情商而非智商。”根据戈尔曼在《情商：为什么情商比智商更重要》一书中介绍的理论模型，情绪智力共包含以下 5 个维度。

（1）情绪觉察（self emotion awareness）：发觉并理解自身情绪，在积累人生经验的过程中，总结出自己情绪体验和情绪波动的规律。

（2）情绪管理（emotion management）：在强烈的情绪体验中保持注意力和头脑清醒，不因为情绪而失职或是被情绪冲昏头脑做出会后悔的事情。

（3）自我激励（self motivation）：用自己最深层、最强烈的情绪给予自己完成目标的动力，并在遇到阻碍和挫折时持续这种情绪，保持这种情绪带来的动力。

（4）情绪理解（empathy）：善于了解他人情绪，理解他人的感觉，觉察到他人的真正需要，具有同理心。

（5）社交能力（social skills）：适当影响和管控他人情绪。

二、常见的大学生情绪困扰

大学生正处在人生发展的关键阶段，在这个阶段，有生活环境的急剧变化，有身边好友的更新换代，有真挚爱情的希冀渴望，有未来规划的徘徊迷茫……与此相伴而生的丰富多样的情绪有哪些呢？又是什么在影响着我们的情绪呢？

（一）焦虑

焦虑是大学生常见的情绪状态，是个体主观上预期将会有某种不良后果而产生的不安感，并伴有紧张、害怕、焦急、担忧等混合的情绪体验。社会竞争日趋加剧，每个人都可能处于一定的焦虑状态中。适当的焦虑可以唤起个体的警觉，使其集中注意力，激发斗志；不适当的焦虑会影响个体的学习和生活，对其身心健康造成不利的影响。当大学生在学习、工作、生活各方面遭遇挫折或担心需要付出巨大努力的事情来临时，便会产生焦虑情绪。

常见的大学生焦虑有自我形象焦虑、学习焦虑与情感焦虑。自我形象焦虑是因担心自己不够漂亮、没有吸引力、体态过胖或矮小、粉刺、雀斑等影响自我形象而引起的焦虑。这类焦虑主要与错误的自我认知有关，需要通过调整自我认知以重新接纳自我，建立新的自我形象。与学习有关的焦虑（如学习焦虑、考试焦虑），在学生的情绪反应中最为强烈，如很多同学担心考试不及格，担心排名靠后，担心拿不到奖学金等。另外，情感焦虑多是个体因恋爱受挫而引发自我否定，认为自己不具备爱人与被爱的能力，因过度担心而陷入焦虑。

心灵故事

如此焦虑为哪般

某大学学生云峰自述，当他坐在教室看书时，总是担心有人打扰自己，有强烈的不安全感，以至于总是坐在角落或者靠墙而坐，否则无心看书。他还说自己即将毕业，对未来也没有什么合理的规划，心中一片茫然，担心毕业后找不到理想的工作，所以有时候他干脆不去想这个问题，觉得是徒增烦恼。云峰学习成绩一般，属于班上中游水平，当看到周围有同学考研的时候，他自己也想跟着考研，但又不能集中精力学习。云峰自卑、缺乏自信、生活态度比较消极，认为所有的一切都糟糕透了。云峰家在农村，经济状况一般，他觉得自己有责任挑起家里的重担，但又觉得力不从心。

（二）抑郁

抑郁是一种因感到无力应对外界压力而产生的消极情绪，常常伴有厌恶、痛苦、羞愧和自卑等情绪体验。抑郁人皆有之，任何人都可能由于某些因素的影响偶尔出现短暂的情绪压抑、悲伤、忧虑、易发脾气等不良心境。大部分情况下，这种抑郁会因时过境迁而很快消失，但过度的抑郁则会给个体带来痛苦和绝望，最明显的症状是心情压抑，个体仿佛掉入了一个无底洞中，正被淹没或窒息。个体消极地看待自己，对未来感到悲观、愤怒或负罪感。抑郁还常常伴随着身体症状，如乏力、起床困难，严重时睡眠方式都将改变，睡得太多或者早晨醒得早，并且醒后不能再次入睡。

大学生面临着学习、考试、人际交往、就业等各种各样的压力，这可能会导致抑郁情绪。大学生抑郁的主要表现为：情绪低落、郁郁寡欢、闷闷不乐、思维迟缓、兴趣丧失、缺乏活力、反应迟钝，干什么都提不起精神，对生活缺乏信心，体验不到生活的快乐，并伴有失眠和食欲减退等一系列症状。长期抑郁会给大学生的身心带来严重伤害，使大学生无法有效地进行学习与生活。

心灵故事

我不是脆弱，只是病了

2018年9月，在峨眉山景区金顶“瑞吉山石”处，一名21岁女孩不顾他人劝阻毅然决然地从悬崖跳下，结束了自己年轻的生命。随后，女孩的遗书在网络上曝光。她说：“很多人把这种病当成脆弱、想不开。我想说不是的，我从来不是个脆弱的人……我不是没有去倾诉过，不是没有尝试过救自己。我一次又一次地努力尝试，一次又一次地寻找，换城市，换工作，给自己找事干，跑步、旅行，我真的受够了自己骗自己。”她才21岁，如花般的年纪，本该笑靥如花，本该在大学校园读书，享受美好的生活，但是抑郁症却夺走了她本该拥有的生命。

（三）愤怒

愤怒是由于客观事物与人的主观愿望相违背或者人因受挫而无法实现愿望时，人的内心产生的一种紧张而不愉快的激烈情绪反应。心理学研究表明，愤怒对人的身心健康有严重的不良影响。愤怒可导致人心跳加快、心律失常、血压升高，严重时可导致心脏停搏甚至猝死，还可能导致失眠、高血压、胃溃疡和心脏病等躯体疾病。此外，愤怒容易使人丧失理智，降低人的自制力，使人思维受阻、行为冲动，甚至干出一些后悔不已的蠢事或造成不可挽回的损失。正如毕达哥拉斯所言："愤怒以愚蠢开始，以后悔告终。"

大学生精力充沛、血气方刚，情绪表达具有好激动、易动怒的特点，有时情绪难以控制。有的大学生因一言不合而暴跳如雷；有的因人际协调受阻而怒不可遏、恶语伤人；有的因别人的观点或意见与自己相左而恼羞成怒；有的因一时的成功、得意而忘乎所以；有的因暂时的挫折与失败而悲观绝望，痛不欲生。这些情绪对大学生的影响往往极其有害，容易导致极端行为的发生。

心灵故事

校园悲剧

张某是一名大学生，聪明好学，成绩优异，曾获得全国奥林匹克物理竞赛二等奖，被评为"省三好学生"。但他性格孤僻、压抑，情感脆弱，对挫折的心理承受能力差。20×× 年 2 月，张某先后将 4 名同学杀死，杀人事件的起因竟是因为打牌争执。同学邵某怀疑张某出牌作弊，两人便争论起来。邵某十分生气地说："你连打扑克都玩假，为人也太差了，怪不得龚某生日都不请你……"虽然这样的评价张某并非第一次听到，但同样的话自邵某口中说出来，却深深地伤害到了他。因为他与邵某是老乡，同窗、同宿舍 4 年，他心里十分看重这个好朋友，但他万万没有想到，邵某竟然这样评价自己，而且好朋友龚某居然也是如此。张某怀恨在心而产生杀人念头，他情绪冲动地采取凶残手段以发泄愤怒之情。他在杀害他人的同时也毁灭了自己。

（四）嫉妒

嫉妒是一种因他人在某些方面胜过自己而引起不快甚至痛苦的情绪体验。嫉妒是自尊心的一种异常表现，在大学生群体中普遍存在，具体表现为当看到他人学识能力、品行荣誉甚至穿着打扮超过自己时内心产生不平、痛苦、愤怒等感觉，甚至产生挑剔、造谣、诬陷等行为；当别人身陷不幸或处于困境时则幸灾乐祸，甚至落井下石，在人后恶语中伤、诽谤。嫉妒是人本质上的弱点，严重时会扭曲人的心灵，并带来较大的危害。嫉妒往往会妨碍人与人之间的真诚交往，不仅容易引发身心疾病，而且会影响个体的发展。

心灵故事

嫉妒引发的恶果

20×× 年 6 月，某市发生了一宗骇人听闻的中学生杀人案，死者是该中学初三成绩排名第一的马同学，而残忍杀害他的凶手竟是他的同班同学秦某。本应是阳光少年，为何痛下杀手，酿成血案？凶手坦言杀人原因竟然是马同学成绩比他好。他曾于 5 月底恶狠狠地警告马同学："会考你必须考 4 个 B。你如果考得比我好，我一定杀了你。"6 月 4 日，会考成绩公布，马同学依然是第一名，而秦同学依然是第二名。在熊熊的怒火下，发生了那惨绝人寰的一幕。谁能想到，"优秀""第一名"这样值得夸奖的品质，竟然成了被害的理由。

（五）自卑

自卑是个体在社会比较过程中由于认知歪曲而形成对自我价值的消极评价，并由此产生自我否定的态度以及与之相应的轻视自己的消极情绪体验，即对自己评价过低，自己瞧不起自己。自卑感几乎人人都有，只是程度不同而已。适度的自卑能激发人发奋努力，取得成就；过度的自卑会使人丧失信心，忽视自己的优势，怀疑自己的能力，限制潜能的发挥，甚至还会自暴自弃，自我封闭。对大学生来说，自卑往往是由于对自身的生理、学识、个性以及对家庭或就读学校条件不满而引起的。

心灵故事

她受折磨于自己的"发现"

某高校女生嘉琪，来自农村，她一直对自己的学习能力充满自信，认为保持优异成绩如探囊取物。可是，进入大学后，她发现同学们不仅个个聪明，且多才多艺，而自己各方面都比别人差。由于经济拮据，嘉琪连套像样的衣服也不敢买，吃饭时总是一个人吃最便宜的饭菜，这些都让她自惭形秽。在她"发现"其他同学嫌她土气，不愿理睬她后，更是感到自卑，认为别人都比自己强。上课时，她总是低着头，不吭声；走路时，总觉得自己被包围在同学们蔑视的目光和嘲笑声中，以至于身心憔悴，每天都在煎熬中度过。

任务三　大学生情绪管理的策略训练

知识探索

每种情绪的发生都有它的道理，没有好坏之分，但这并不意味着就可以任由自己的各种情绪发生。有效的情绪管理是建立良好人际关系的"润滑剂"，是身心健康的"护航者"。如果情绪常常处于失衡和低落的状态，负性情绪郁结于心中，久而久之，身心健康就会受到很大影响。情绪的产生和发展是有规律可循的，可以据此规律来管理和疏导自己的情绪，减少消极情绪的不良影响，做情绪的主人。

一、学会认知调节

情绪往往是由一定的事件引发的。人们通常会认为是诱发事件直接导致了人的情绪和行为结果，发生了什么事件就会引起什么情绪体验。然而，同样一件事，对于不同的人，却会引起不同的情绪体验。比如同样面对英语四级考试失利，有人感到非常失望，伤心欲绝，而有人却持无所谓的态度。这是由于他们对诱发事件的认知不同。

美国心理学家艾利斯据此提出了情绪 ABC 理论（见图 7-2）。该理论认为，诱发事件（客观刺激 A）只是引起情绪反应的间接原因，而人们对诱发事件所持有的信念和认知（信念 B）才是引起情绪反应（结果 C）的直接原因。因此，情绪并非由诱发事件直接导致，而是由人们对这一事件的解释或评价而引起的。比如同一情境（A）下，因为不同的人的信念、评价与解释不同（B1、B2、B3），所以他们会得到不同的结果（C1、C2、C3）。因此，事情发生的一切根源在于人们的信念、评价与解释。通常而言，对诱发事件的合理认知会导致适应性的情绪反应和行为结果，而不合理的认知往往会导致焦虑、沮丧和敌意等不良情绪反应和行为结果。正是由于对诱发事件产生的一些不合理的信念使个体产生情绪困扰。

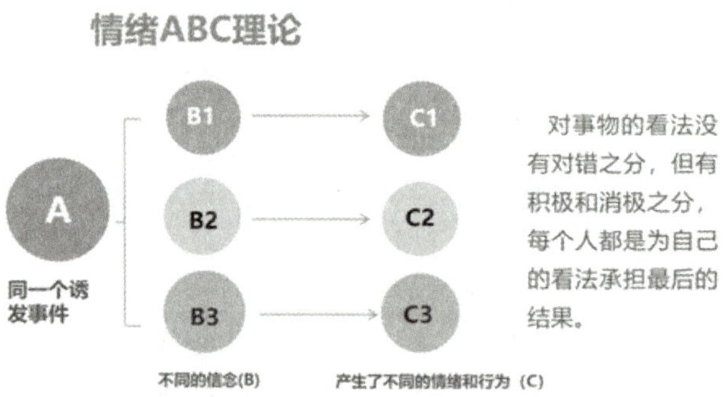

图 7-2　情绪 ABC 理论框架

通常而言，人们的不合理信念具有以下特征。

（1）绝对化。绝对化是指人们以自己的意愿为出发点，对某一事物怀有认为其必定会发生或不会发生的信念。它通常与“必须”“应该”这类字眼连在一起，比如“我必须得到所有人喜爱”。

（2）概括化。这是一种以偏概全的不合理思维方式，主要表现为对自己或对他人的不合理评价。

（3）灾难化。这是一种认为如果一件不好的事情发生了，将非常可怕、非常糟糕，甚至认为是一场灾难的想法。“可怕”“彻底完了”这些字眼是我们判断这种想法的线索。

按照情绪 ABC 理论，个体要想改变自己的负性情绪，可以从改变对诱发事件所持有的不合理信念入手，可以用新的合理信念替代原有的不合理信念，进而调节自己的情绪状态，这就是理性情绪疗法。通过认知调节情绪，主要是让我们对诱发事件的认知变得更加客观、更加辩证。

活动探索

理性情绪疗法

活动目的　认识不合理信念，驳斥不合理信念，学会运用理性情绪疗法。

活动准备　每组活动人数为5~6人。

活动过程

（1）请小组成员回忆最近两次情绪反应剧烈的事件，并完成表7-1。

表7-1　信念转变效果表

A:诱发事件		
B:信念（不合理的信念）		
C:结果（情绪和行为）		
D:驳斥（驳斥不合理信念）		
B:信念（提出新的理性信念）		
E:效果（新的情绪和行为）		

（2）在小组内，每个人将自己情绪反应剧烈的事件分享出来，然后其他人尽可能多地驳斥这种不合理信念，提出新的理性信念。大家选出一个比较难处理的事件进行分享、探讨。

（3）分享结束后，请全体成员谈谈这次交流的心得和体会，比如在调节情绪上或是在驳斥不合理信念的方法上。

（4）活动组织者总结，活动结束。

二、适当转移注意力

转移注意力就是把注意力从引起不良情绪反应的刺激情境转移到其他事情上去，或从事其他活动的自我调节方法。有研究表明，当人产生强烈情绪时，人的大脑中存在一个较强的“兴奋灶”，此时如果建立另外一个或几个“兴奋灶”，便可以抵消或冲淡原来的优势“兴奋灶”。因此，当不良情绪出现时，个体要有意识地转移注意力，建立新的“兴奋灶”，以达到管理情绪的目的。

当出现不良情绪时，大学生可以尝试把注意力转移到自己感兴趣的事情上去，比如看电影、听音乐、读书、打球、下棋、聊天，以及欣赏大自然美景等，这些都有助于缓解被压抑的心情。通过转移注意力，一方面可以终止不良刺激源的作用，防止不良情绪泛化、蔓延；另一方面，通过参与新的活动特别是自己感兴趣的活动，可以达到增加积极情绪体验的目的。

活动探索

建立新的“兴奋灶”

学会建立新的“兴奋灶”，就是用愉快的活动占据时间，用积极情绪来冲淡消极情绪，用时间的推移淡化不良情绪。个体应根据情绪、场景、兴趣爱好及外界事物的吸引力来选择最有效的转移方法。

（1）做自己感兴趣的事。比如找朋友聊聊天、下下棋、打打球、听听音乐、唱唱歌、看喜剧电影，使自己从原来的不良情绪中解脱出来。

（2）转移话题。当双方意见不一致而产生冲突或冲突升级时，最好在“怒发”尚未“冲冠”之际，巧妙地转移话题。

（3）转换环境。离开现场，和引发不良情绪的事物或人保持距离；到户外去欣赏大自然的美景，青山绿水，莺歌燕舞，将自己置身于清新的大自然之中，享受心旷神怡的感觉。

三、正确表达情绪

管理情绪的一个重要方面，就是要学会合理地表达情绪，而不是压抑情绪或者让情绪失控。因为情绪的产生往往伴随着能量的积蓄，情绪的表达也是能量宣泄的过程。压抑和隐藏情绪会对自己的身心造成伤害，而不合理的情绪宣泄同样会对自身乃至他人造成伤害。因此，大学生要学会正确地表达情绪，正如亚里士多德所言：“任何人都会生气，这没什么难的。但要能适时适所，以适当方式对适当的对象恰如其分地生气，可就难上加难了。”

1. 适时表达情绪

适时表达情绪是指表达情绪的时机要恰当。一般来说，有了某种强烈的情绪后，就有及时表达的欲望，但是此时我们正处在某种特定的情绪状态下，表达情绪时如不加以控制，就容易出现言行过激乃至失控的情况。因此，可以通过延迟满足的方法表达情绪，即不在情绪最高点上表达，而等到情绪比较平稳时再去表达。

2. 适度表达情绪

适度表达情绪是指情绪表达的程度要恰当，掌握好火候和分寸。在表达情绪时，除了考虑自己的需要和感受，还要考虑到情绪表达对象的体验和感受。在进行换位思考之后，再做情绪表达就会更容易让对方接受，也更能使自己释然。

3. 恰当表达情绪

恰当表达情绪是指选择恰当的方法表达情绪，主要包括以下几种方式。

（1）向自我表达。向自我表达是指情绪提高到意识层面，使自己觉察到情绪的变化及原因，通过自我心理调整，如通过改变认知、自我安慰、书写日记、自我暗示等方法，疏解调整情绪。情绪的自我表达是情绪表达的关键，只有在对自己的情绪有清晰的认识时，才能正确调控情绪。

（2）向他人表达。向他人表达是指将自己的情绪向周围人表达出来，让他人认识到自己的情绪。这是情绪表达最常见的方式，我们常说的“快乐通过分享便加倍，悲伤经过分担则减半”，便是向他人表达情绪的作用。通过向周围人表达自己的情绪，既能增加相互的理解，又可以增加情绪的自我认识。表达方式可以是语言表达，也可以是非语言表达。

（3）向客观环境表达。我们可以选择在客观环境中表达情绪，如击打沙袋、撕纸、在无人处高喊、哭泣或者在操场上跑步等方法。运用这种表达方法时，我们不必担心他人是否接纳，不必顾忌他人看法，也不必担心内心世界会暴露，这对于那些不善于与人交往的同学尤其适用。

（4）升华表达。升华表达是指超越所有表达对象，将情绪的能量指向其他更高层次的需要，从而为那些高层次需要的满足提供能量。这是情绪表达的最佳方式，即把受挫而产生的不良情绪引向崇高的境界，将其强大的心理能量加以疏导，凝聚到学习、工作和生活中，如著名大文豪歌德在失恋后把失恋的情绪升华到文学创作中，写出了著名的《少年维特之烦恼》。

四、进行合理宣泄

宣泄是指采用一定的方法和方式，把个体的情绪体验充分表达出来。过分压抑只会使情绪困扰加重，而合理的情绪宣泄则可以把不良情绪释放出来，从而使紧张的情绪得以舒缓、放松。所谓合理宣泄，是指运用理性情绪表达把不良情绪释放出来，使心情趋于平静。需要注意的是，运用合理宣泄法来调节不良情绪时，必须增强自我控制能力，不能随便发泄不满或不愉快的情绪，而是要采取正确的方式，选择恰当的场合与对象，以免引起意想不到的不良后果。常见的情绪宣泄策略如下。

1. 痛哭宣泄

当你的心灵受到创伤时，一场尽情的痛哭可以将你的压抑充分宣泄，比如，你可以到野外或在不妨碍他人的场所大喊大叫、大哭大笑。有研究显示：情绪冲动流出的眼泪与眼睛受到刺激流出的眼泪成分不尽相同，前者的蛋白质含量比后者多。情绪冲动时流泪能把体内因精神受到沉重压力而产生的有关化合物排出体外，情绪不佳的人在流泪后会感到轻松一点。

2. 倾诉

倾诉也是将压抑在内心的苦闷宣泄出来的方式。你可以将心中的委屈、压抑、苦闷、焦虑说给那些愿意倾听且真心实意愿意帮助你的人，比如，你可以打电话给亲人或朋友，你还可以在纸上宣泄，把烦恼和不快都写在日记中，或给自己写封信，把自己的感觉写下来，不必在意修辞或文句优美与否，要把造成消极心理的事件和环境清晰地描述出来，写完后你也会有痛快淋漓的感觉。此外，你还可以选择在专门的宣泄室自言自语；在合适的环境下放声歌唱、大声喊叫也是排除紧张的有效方式。

3. 运动宣泄

体育运动有助于释放不良情绪，可以为郁积的情绪提供一个公开合理的发泄渠道。同时，体育运动还有助于个体养成坚持、忍耐和抗挫折的品质。当你有不良情绪困扰时，不妨试试以下运动：慢跑、快走、爬山、游泳、骑自行车、跳舞等。

五、学会自我放松

放松训练可以增强记忆、稳定情绪、提高学习效率，长期坚持训练还可以改善人的性格，消除不健康的行为，对焦虑症、强迫症、恐惧症等有良好的治疗效果，甚至对一些身心疾病也有广泛的治疗作用。放松训练对于缓解紧张的心理压力效果更为显著。因此，放松训练日益成为人们调控情绪、管理压力的常用方法。自我放松策略主要包括深呼吸放松法、想象放松法和肌肉放松法。

心理训练

放松训练：深呼吸放松法

在正规的练习中，要求以正规的方式在固定的时间段每天做 3 次。但是一旦我们掌握了这种方法，只要条件允许，就可以随时随地进行。

注意事项 做深呼吸放松练习不是为了立刻消除所有的消极状态，而是让我们通过这种方法，更加有效、清晰地与消极状态相处。虽然这种方法不能立刻消除所有我们不希望发生的事，但是它能让我们做出更加自由和理性的反应。

方法步骤

第一步，进入觉察。

请用一个挺拔而端庄的姿势进行练习，可以坐着，也可以站着。如果可能的话，闭上你的眼睛。然后，将觉察导入你的内部经验，自问："我此时此刻的体验是什么？"

（1）此刻有什么想法掠过你的脑海？尽量将这些想法看成精神事件，用语言把它们表达出来。

（2）此刻你的心情如何？请留意任何情绪上的不适或者不愉快的感受，承认它们的存在。

（3）此时此刻你的身体感受是什么？比如可以快速扫描全身去找到任何紧绷感。

第二步，集中。

将你的注意力集中到呼吸的生理感觉上来。

近距离地感受呼吸在腹部的感觉，感受腹壁随着吸气而鼓起的感觉，以及随着呼气而下沉的感觉。

跟随着吸气和呼气的全过程，利用呼吸将自己锚定于当前的状态。

第三步，扩展。

现在将觉察的范围从呼吸扩展开去，除了呼吸的感觉，还包括全身的感觉、你的姿势以及面部的表情。

如果你觉察到任何不舒服、紧张或阻抗的感觉，请通过深呼吸将它们消融在每一次轻柔而开放的吸气和呼气之中。如果你愿意的话，也可以在呼气的时候对自己说："没关系，不管它是什么，既来之，则安之。"

然后，尽量将这种觉察扩展到接下来一整天的每一个时刻中去。

心理赋能

冥想练习

在冥想的过程中身心处于一种放松的状态，有利于我们更好地感受周围环境、感受自身力量、协调身心互动，既能拓宽思维，又能提升积极情绪。

相信自己，你是完整又美丽的灵魂。

冥想有很多练习资源，哔哩哔哩、小红书等网站都有，搭配音乐、引导词慢慢开启自己的心灵 SPA 吧！

冥想之后来一场曼陀罗绘画，用色彩诉说情绪，细细聆听纸笔相交的沙沙细语。

曼陀罗绘画说明：挑选适合的颜色，任凭自己的记忆或感受涌现，带着这种心情尽情绘制自己独一无二的曼陀罗。这种专注的意识状态将带你走进奇妙的心灵之旅。

绘前思考：
你现在的心情如何？
今天什么事让你的印象深刻？

绘后思考：
请给你的作品取一个名字。
你的作品让你联想到什么？

项目八

心灵桥梁，和谐人际

心语心愿

得不到友谊的人将是终身可怜的孤独者，没有友情的社会则只是一片繁华的沙漠。

——弗朗西斯·培根

沟通是人类最基本的需要之一，只有沟通，才能进一步了解彼此之间的需求和利益，从而发挥自己的所长，并为他人出谋划策。

——迈克尔·乔丹

学习目标

知识目标：掌握人际交往的功能及大学生的人际交往特点；了解大学生常见的人际交往困扰及产生原因。

素质目标：引导学生掌握大学生处理人际关系的基本原则。

心理自测

人际关系综合诊断量表

这是一份人际关系行为困扰的诊断表，共28个问题，在每个问题上，选“是”的打“√”，计1分；选“否”的打“×”，计0分。请你认真完成，然后对照题后对测验结果作出的解释，检查自己的人际关系是否和谐。

1. 对于自己的烦恼有口难言。(　　)
2. 和陌生人见面时感觉不自然。(　　)
3. 过分羡慕和妒忌别人。(　　)
4. 与异性交往太少。(　　)
5. 对连续不断的会谈感到吃力。(　　)
6. 在社交场合感到紧张。(　　)
7. 时常伤害别人。(　　)
8. 与异性来往感觉不自然。(　　)
9. 与一大群朋友在一起，常感到孤寂或失落。(　　)
10. 极易受窘。(　　)
11. 与别人不能和睦相处。(　　)
12. 不知道与异性相处如何适可而止。(　　)
13. 当不熟悉的人对自己倾诉他的生平遭遇以求同情时，自己常感到不自在。(　　)

14. 担心别人对自己有什么坏印象。（　　）
15. 总是尽力使别人欣赏自己。（　　）
16. 暗自思慕异性。（　　）
17. 时常避免表达自己的感受。（　　）
18. 对自己的仪表（容貌）缺乏信心。（　　）
19. 讨厌某人或被某人所讨厌。（　　）
20. 瞧不起异性。（　　）
21. 不能专注地倾听。（　　）
22. 自己的烦恼无人可倾诉。（　　）
23. 受别人排斥与冷漠对待。（　　）
24. 被异性瞧不起。（　　）
25. 不能广泛地听取各种意见、看法。（　　）
26. 自己常因受伤害而暗自伤心。（　　）
27. 常被别人谈论、愚弄。（　　）
28. 与异性交往不知如何更好地相处。（　　）

Ⅰ题目	1	5	9	13	17	21	25	小计
分数								
Ⅱ题目	2	6	10	14	18	22	26	小计
分数								
Ⅲ题目	3	7	11	15	19	23	27	小计
分数								
Ⅳ题目	4	8	12	16	20	24	28	小计
分数								
评分标准	打“√”的给1分，打“×”的给0分，总分：							

结果评估

如果你得到的总分是0~8分，那么说明你在与朋友相处上的困扰较少。你善于交谈，性格比较开朗，主动关心别人，对你周围的朋友都比较好，愿意和他们在一起，他们也都喜欢你，你们相处得不错。而且，你能够从与朋友相处中得到许多乐趣。你的生活是比较充实而且丰富多彩的，你与异性朋友也相处得很好。一句话，你不存在或较少存在交友方面的困扰，你善于与朋友相处，人缘很好，获得许多人的好感与赞同。

如果你得到的总分是9~14分，那么你与朋友相处存在一定程度的困扰。你的人缘很一般，换句话说，你和朋友的关系并不牢固，时好时坏，经常处在一种起伏波动的状态之中。

如果你得到的总分是15~28分，那就表明你在与朋友相处上的行为困扰较严重；分数超过20分，则表明你的人际关系的行为困扰程度很严重，而且在心理上出现较为明显的障碍。你可能不善于交谈，也可能是一个性格孤僻的人，不开朗，或者有明显的自高自大、讨人嫌的行为。

以上是从总体上评述你的人际关系，下面将依据每栏中的小计分数指出你与朋友相处的困扰行为以及可参考的纠正方法。

（1）记分表中Ⅰ横栏上的小计分数，表示你在交谈方面的行为困扰程度。

如果你的得分在6分以上，表明你不善于交谈。只有在极其需要的情况下，你才同别人交谈，无论是愉快还是烦恼，你总是难于表达自己的感受。你不是一个很好的倾听者，往往无法专注听别人说话或只对单独的话题感兴趣。

如果你的得分是3~5分，表明你的交谈能力一般。你会诉说自己的感受，但不能讲得条理清晰。你努力使自己成为一个好的倾听者，但还是做得不够。如果你与对方不太熟悉，开始时你往往表现得拘谨与沉默，不大愿意跟对方交谈，但这种局面在你面前一般不会持续很久。经过一段时间的接触与锻炼，你可能会主动与同学搭话，这一切来得自然而非做作，此时，表明你的交谈能力已经大为改观，在这方面的困扰也会逐渐消除。

如果你的得分是0~2分，表明你有较强的交谈能力和技巧，善于利用恰当的谈话方式来交流思想感情，因而在与他人建立友情方面，你往往比别人获得更多的成功。这些优势不仅为你的学习与生活创造了良好的心境，而且常常有助于你成为伙伴中的领袖。

（2）记分表中Ⅱ横栏上的小计分数，表示你在交际与交友方面的困境程度。

如果你的得分在6分以上，则表明你在社交活动与交友方面存在着较大的行为困扰。比如，在正常的集体活动中，你比大多数伙伴更为拘谨；在有陌生人或老师在的场合，你会感到更加紧张而扰乱你的思绪；你往往过多地考虑自己的形象，而使自己处于越来越被动、越来越孤独的境地。

如果你的得分是3~5分，则表明你在被动地寻找被人喜爱的突破口。你不喜欢独自一个人待着，需要和朋友在一起，但你又不太善于创造条件、积极主动地寻找知心朋友，而且你心有余悸，生怕在主动行为后的“冷”体验。

如果你的得分低于3分，则表明你对人较为真诚和热情。总之，你的人际关系较和谐，在这些问题上，你不存在较明显持久的行为困扰。

（3）记分表中Ⅲ横栏上的小计分数，表示你在待人接物方面的困扰程度。

如果你的得分在6分以上，则表明你缺乏待人接物的能力与技巧。在实际的人际关系中，你也许经常有意无意地伤害别人，或者你过分地羡慕别人以致在内心嫉妒别人。因此，其他同学可能回应给你的是冷漠、排斥，甚至愚弄。

如果你的得分是3~5，则表明你是个多侧面的人。对待不同的人，你有不同的态度，而不同的人对你也有不同的评价。你讨厌某人或被某人所讨厌，但你却喜欢另一个人或被另一个人所喜欢。你的朋友关系在某些方面是和谐的、良好的，在某些方面却是紧张的。因此，你的情绪很不稳定，内心极不平衡，常常处于矛盾状态中。

如果你的得分是0~2分，表明你较尊重别人，敢于承担责任，对环境的适应性强。你常常以真诚、宽容、责任心强等个性获得众人的好感与赞同。

（4）记分表Ⅳ横栏上的小记分数，表示你和异性朋友交往的困扰程度。

如果你的得分在5分以上，表明你在与异性交往的过程中存在较为严重的困扰。也许你过分地思慕异性或对异性持有偏见。这两种态度都有它的片面之处。也许是你不知如何把握好与异性同学交往的分寸而陷入困扰之中。

如果你的得分是 3~4 分，表明你与异性同学交往的行为困扰程度一般。有时你可能会觉得与异性同学交往是一件愉快的事，有时又会认为这种交往似乎是一种负担，你不懂得如何与异性交往最适宜。

如果你的得分是 0~2 分，表明你懂得如何正确处理与异性朋友之间的关系。对异性同学持公正的态度，能大大方方地、自然而然地与他们交往，并且在与异性朋友交谈中，得到了许多从同性朋友那里不能得到的东西，增加了对异性的了解，也丰富了自己的个性。你可能是一个较受欢迎的人，无论是同性朋友还是异性朋友，多数人都比较喜欢你和赞赏你。

心理课堂

任务一　了解人际交往

知识探索

世界上没有一种能力是万能的，如果有，那一定是沟通。马克思曾经说过：人是各种社会关系的总和，每个人都不是孤立存在的，他必定存在于各种社会关系之中，如何理顺这些关系、如何提高生活质量就涉及了交往能力的问题。

大学生进入学校的那一刻就已决定了其交往需要，良好的人际交往能力是生存和发展的必要条件。在大学校园里，如果人际交往顺利则会形成一种友爱、朝气蓬勃的环境，这将有利于大学生形成和发展健康的个性品质。

一、什么是人际交往

古罗马思想家、演说家马尔库斯·图利乌斯·西塞罗（Marcus Tullius Cicero，公元前106—公元前 43 年）认为：人们的健康水平，特别是精神健康有赖于正常的交往与社会和谐。临床心理咨询发现，相当一部分心理问题或心理障碍患者都有一个不良的人际关系，而不良的人际关系也容易诱发或促成一些心理问题的产生或加重病情。

作为社会的人，都有与人交往的内在需要，通过正常的人际交往、沟通，人就获得大量、丰富的社会刺激，获得正确合理的社会知识经验，同时获得生活学习的知心朋友，获得困难时的支持帮助者；而缺乏交往会使人无法满足依恋感，内心苦闷无法宣泄、排除，对人的心理健康是有害的。

良好的心理状态必然对人的生理产生积极的影响；反之，心理上的障碍或疾病必然会影响身体健康，对身体造成生理损害。因此，人际交往是心理健康和身体健康的基本保证。

（一）人际交往的含义

人际交往是指个体通过语言、文字、肢体动作、表情等方式将信息传递给其他个体的过程，是人与人之间心理上的关系。社会学将人际关系定义为人们在生产或生活活动过程中所建立的一种社会关系，而心理学则将其定义为人与人之间在交往中建立的直接的心理上的联系。

（二）人际交往的功能

1. 大学生正确认识自我的重要途径

人的自我认知和自我完善的过程是在一定的文化环境中，通过个人和他人相互作用、相互认知从而认识自我、完善自我的过程。具体地说，就是指从他人对自己的评价和态度中认识自我，从和他人的关系中认识自我，从与他人的比较中认识自我，即我们常说的“以人为镜”。正确认识自己和周围的环境，才能形成良好的自我形象，塑造完美的人格。同时，恰当的自我认知，既能使人避免“夜郎自大”，又能使人摆脱自卑感。

2. 有助于大学生学习知识和开发智力

在当今的信息时代，大学生在交往过程中获得的信息对学习会起到积极的作用。书本上的知识毕竟是有限的，人际交往是获取新知识的有效途径。同时，人际交往中的信息交流有利于启迪思维，开发智能，由于掌握知识的局限，再加上社会经验不足，大学生看问题难免进入死胡同。而在与老师、同学的交往中，畅所欲言，思维碰撞，就会产生新的思想火花，使自己茅塞顿开。

3. 有助于个人学业、事业发展

“天时不如地利，地利不如人和。”美国学者卡耐基（Carnegie）指出：“在现代社会，一个人学业、事业的成功，只有15%是依赖自身的素质，85%则取决于人际关系。”

4. 有利于大学生的身心健康

大学生思想活跃，感情丰富，人际交往的需求极为强烈，大家都力图通过人际交往获得友谊，以满足自己物质和精神上的需要。

通过人际交往体现的人与人之间的爱护、关怀、信任与友谊，是精神需要得到满足的重要内容。大学生在彼此的交往过程中，相互倾诉各自的喜怒哀乐，进行感情交流，获得心理上的满足感，增进彼此之间的亲密感。通过交往，大学生能满足生理、心理上的需要，培养良好的情绪、开朗的性格和乐观的生活态度，促进自己的身心健康。

二、大学生人际交往的特点

（一）交往的愿望强烈

大学阶段正是一个人的自我意识迅速发展的时期。随着自我意识的迅速发展，大学生的“自我”形象逐渐清晰起来，情感丰富，充满活力，并越来越为自己所认识。尤其是刚刚步入大学的新生，离开了家乡、父母及中学时代的好友，一方面，生活空间的改变扩大，既缺乏独立生活的心理准备，又缺少为人处世的经验和能力，他们迫切希望同他人分享和交流自己的体验，把友谊放在了前所未有的重要位置；另一方面，人际交往范围的扩大，也开阔了学生的视野，使他们在这个准社会的圈子里日渐成熟，自觉地培养自己的人际交往能力，表现出强烈的交往愿望。

拓展阅读

阿希实验

美国社会心理学家所罗门·阿希（Solomon E. Asch，1907—1996）曾经以一群大学生为被试对象做过这样一个实验：把被试对象分成两组，发给第一组的表格上列有“聪明、灵巧、勤奋、热情、果断、实际、谨慎”七个形容词；发给第二组的表格上也有七个形容词，不同的是把“热情”换成了“冷淡”，其他内容和第一组完全一样。阿希要求大学生们根据这些形容词，描述出相应的人物来。结果发现，第一组与第二组描述出的人物形象大不相同，第一组被试对象所描述的都是一些人道主义者或科学家的形象，而第二组被试对象所描述的都是一些斤斤计较、毫无同情心的人物。这说明“热情”和“冷淡”具有中心性质，当这两个词互换时会使被试对象产生截然相反的印象。

心理学家研究发现，多数人的交往愿望很强烈，但是能够主动发起交往活动的人却不多。很多人不是主动去接纳别人，而是在等待别人来接纳自己。他们试图去引起别人的注意，做交往的响应者而不是发起者，这样往往会错过很多机会。甚至还有一些人在交往失败后，经常拿“有缘千里来相会，无缘对面不相逢”这句话来安慰自己，认为之所以自己的交往没有成功，是因为没有“缘分”，认为“缘分”是从天而降的，和自己的努力没有关系。这种认识是极其错误的，是在逃避责任、寻找借口，与其被动“待缘”，不如主动“寻缘”。在交往的时候，人与人之间具有互动性，如果一个人总是以高度的戒备心理与别人相处，或者很少主动了解别人，那么别人也会对他（她）敬而远之，因为人们更喜欢那些对自己感兴趣的人。

（二）独立的交往理念

大学生知识面较宽，兴趣较广泛，自我意识明显增强，社会经验也不断增多，他们自强、自立，善于独立思考，用自己的理念与价值尺度去评判事物。他们重视自己的想法及内心体验，从自我的角度出发选择交往对象及交往的内容和方式，不受外界的影响与约束。因而，在人际交往上更多地体现出独立性。

（三）平等的交往关系

平等相待原则即交往者要懂得自尊与相互尊重，这是健康人际关系建立的基础之一。汉代大学者扬雄在《法言·修身》中说：“上交不谄，下交不骄，则可以有为矣。”大学生求学期间的人际交往是多方面的，主要是学生彼此间的交往。相近的年龄、相似的经历、相同的心理发展水平和身份角色、相差无几的知识结构和思想特点，决定了大学生之间的交往是平等的。这种平等的关系同师生关系、亲子关系完全不同，由于彼此没有根本的利害冲突，没有地位的差异也就消除了被动的心理负担，因而交流的渠道更加畅通，交往的过程更加自如。同时，大学生正处于思想活跃、情感奔放的时期，他们渴望友情，珍视友情，赋予友情以很高的评价，不允许有丝毫玷污友情的事情发生，这种对浪漫情怀的憧憬也注定了其交往的纯洁性。

有一个故事说,英国著名作家萧伯纳去苏联考察期间,他在大街上偶遇一个可爱的苏联小女孩,两人玩得很开心。分别时,萧伯纳问小女孩:“小姑娘,你知道今天跟你玩的人是谁吗?”小姑娘答:“不知道。”萧伯纳说:“今天跟你玩的是著名作家萧伯纳,你回家告诉你妈妈。”小姑娘听了撇撇嘴很不高兴,回敬他说:“你回家也告诉你妈妈,今天跟你玩的是苏联小姑娘玛沙。”听了小姑娘的话,萧伯纳为之一震。孩子单纯幼稚,头脑中没有世俗的等级观念,就算是在与成人交往时,孩子纯洁的内心也渴望平等。萧伯纳为自己以名人自居感到内疚。他后来写了一篇文章反省自己,并告诫世人与人交往要相互尊重,平等待人。

(四)交往的内容广泛

高等学校以教育活动为基本活动,这种教育活动具有多学科、多层次的内部结构,具有先进的信息环境和知识密集、人才密集、生活区密集等特点。这些都有利于学生开阔交际范围。同时高职学生的培养目标要求他们有更强的实践动手能力,因而也就有了更多的实习、实训及社会实践的机会,借助于这些机会,他们也逐步把自己的交往范围扩大到社会上。正是这种交往的多层次、多侧面性,决定了他们交往方式的多样性。

拓展阅读

心理词典:人际关系障碍

在人的交往过程中阻碍人际关系建立的各种因素,称为“人际交往障碍”。它主要表现在以下三个方面。

(1)文化因素障碍:①语言障碍,如语言、文字、有意义的符号等在交往过程中的误解、曲解、偏见、歧视等;②教育程度差别障碍。

(2)社会因素障碍:①地位、角色障碍,如所处社会地位、角色、职务、年龄、经济、政治等方面条件的差距造成的障碍;②空间距离障碍,双方空间距离太大,中间媒介过多,必然阻碍人际关系的建立;③沟通网络障碍,在群体结构中人们交往形成的不同沟通网络,因各种因素会对人际交往造成影响。

(3)个体因素障碍:①个性结构障碍,如人们的需求、动机、习惯、态度、价值观、人生观等方面的差异;②个性品质特征障碍,如虚伪、冷漠、孤僻、猜疑心等。

任务二 建立和谐的人际关系

知识探索

一、大学生人际交往的常见问题及调适

大学生人际交往的总体状况是良好的。大部分学生能够成功交往,并乐于交往,主动交往,善用技巧,拥有朋友。但也有相当一部分学生存在交往不良的问题。调查表明,有

48.06%的学生人际关系敏感，存在不同程度的人际交往问题。常见的人际交往问题有恐惧心理、自卑心理、孤独心理、嫉妒心理、害羞心理、敏感多疑心理、孤僻心理等。

(一)恐惧心理

1. 恐惧心理的主要特征

社交恐惧心理是指在社交时出现的一种带有恐惧色彩的情感反应。特别是在大庭广众之下，表现为不由自主地感到紧张、担心和害怕，以至于手足无措、语无伦次，严重时会发展为社交恐惧症。

2. 对恐惧心理的调适

(1)端正对交往的认识。

(2)学习社交技能。

心灵故事

小沈，女，19岁，大学一年级学生。小的时候，父母从不鼓励她和其他小朋友交往，她独处时间多。高中的时候，班主任很凶，经常体罚学生，再加上学习压力大，她更不愿与人交往。再加上其家乡的经济发展状况及教育水平与发达地区相比有相当大的差距。跨进大学校门之前，她从没摸过电脑的键盘，掌上游戏机这些城里孩子玩得熟稔的玩意儿她更没有见过。在与同学们的日常交往中，对诸如网上冲浪、网上聊天、网络游戏等热门话题她往往插不上嘴，偶尔搭讪几句又不得要领，甚至还闹出一些笑话，渐渐地她便干脆缄口不言了。久而久之，她感到自己被周围的同学冷落了，总觉得被同学们瞧不起。在校园里她不由自主地躲着与自己相识的同学，在一人独处时才觉得稍微轻松一些。然而，她又被一种强烈的寂寞感所困扰，虽有与同学们交往的愿望，但跟同学们在一起又总感到不自在，甚至找不到合适的话题，不知道该与同学们说些什么。

案例分析：该同学的情况是一个典型的社交恐惧症的例子，是青少年常见的心理问题之一。社交恐惧症常常来源于早期社交经验缺乏或社交挫折。由于社交经验缺乏，导致社交能力不足；由于社交挫折，引起社交中的负面情绪，久而久之，就会不自觉地形成一种紧张、不安的心理状态，从而产生恐惧感。而随着年龄的增长，青少年、大学生又希望交朋友，渴望社交，但一到具体交往情境中，如找人交谈或别人与自己交往时，又会出现恐惧反应，表现出心慌意乱、语无伦次、紧张焦虑，严重者甚至孤立自我，拒绝与外界发生任何社交关系，从而对日常生活和学习造成极大妨碍。

社交恐惧的形成是长期的，同样它的消除也不可能是一蹴而就的，要树立长期观念，不急于求成，否则会更紧张。我们可以先从与自己熟悉的人的交往中获取良好交往经验，再适当推广至一般朋友和陌生人，最终战胜社交恐惧。

(二)自卑心理

1. 自卑心理的主要特征

这种心理表现为在交往过程中，对自己缺乏正确的认知，缺乏自信，总觉得自己不足的地方太多,优势太少,失去交往的勇气和信心。其表现是忧郁、悲观、孤僻、不敢与人交往,从而人为地把自己封闭起来。但当某种缺陷受到别人嘲笑、侮辱时,这种自卑心理则会以畸形的形式如暴怒、自欺欺人等方式表现出来。

2. 对自卑心理的调适

(1)正视自身的不足,用积极的态度去对待;及时祛除消极自我暗示。要经常肯定自己的长处,多体验别人的赞赏并在交往中表现自己的才干。应该认识到,人无完人,任何人都有自己的长处和短处,短处并非你独有,因此应该采用积极的态度去对待它,这样便能将某些不足和缺陷化为前进的动力。

(2)以乐观地态度对待生活。不要对自己过于苛刻,不要怕失败。自卑的人不一定能力差,主要是对自己的期望过高,不切实际。应该培养起轻松的心情,以乐观的态度面对生活。即使失败了,也并不可怕,重要的是决不放弃目标,决不放松努力。

(三)孤独心理

1. 孤独心理的主要特征

社交孤独是指人的精神状态,是一种主观感受。它不同于独处,也不同于哲学上的孤独,哲学上的孤独常是孕育新思想的摇篮,孤独者往往率先受到真理的垂青。社交孤独却是一个人生活和事业的坟墓。从心理学上讲,社交孤独是一种封闭内心的性格障碍。

2. 对孤独心理的调适

(1)改变孤独的心理状态。

(2)积极参与交往活动。

(四)嫉妒心理

1. 嫉妒心理的主要特征

嫉妒是一种负性情绪,在人际交往中,因与他人比较,发现自己在才能、名誉、地位或境遇等方面不如别人而产生的一种由羞愧、愤怒、怨恨等组成的复杂情感。嫉妒者往往以自私自利为特征,对别人的优越之处装得不屑一顾,容不得别人有任何优越之处,不仅妨碍了他人的生活,同时也给自己带来极大的心理痛苦。

2. 对嫉妒心理的调适

(1)纠正认知偏差。

(2)积极地升华。

(3)注意转移。

(五)害羞心理

1. 害羞心理的主要特征

害羞是羞于同别人交往的一种心理反应。这种心理表现为在交往过程中,过于羞涩拘束,神情不自然,往往不能准确、充分地表达自己的思想感情,成为人际交往中的被动者。

在生理上表现为腼腆、动作忸怩、脸色绯红、说话的声音低,有时还语调颤抖,很不自然。害羞者很难与陌生人交往,并且在交往过程中害羞心理会导致其难以清楚、充分地表达自己的见解和感情，因而这样的交往常常是以失败告终。

2. 对害羞心理的调适

（1）加强交往实践训练。

（2）利用自我暗示法。

（3）提高自信心。

（六）敏感多疑心理

1. 敏感心理的主要特征

这种心理表现为在交往过程中，自我牵连倾向太重，对他人的言行过分敏感、多疑，往往陷入痛苦和焦虑之中。多疑是友谊之树上的蛀虫。敏感多疑的人往往先在主观上设定他人对自己的不满，然后在生活中寻找证据。这必然导致把无中生有的事强加于人，甚至曲解别人的善意。多疑的人唯一不怀疑的是自己的判断，只相信自己，而挑剔怀疑他人。

2. 对敏感多疑心理的调适

（1）抛弃成见，好心看人。要真诚地信任别人，用善良之心对待别人，开诚布公地与别人交流感受。

（2）培养冷静地待人接物的态度。对别人的缺点应开诚布公地提出来，但是在没有掌握事实之前决不能道听途说、主观臆断。

心灵故事

小李，男，某高职院校一年级学生。小李自述，由于自己爱计较，也就是有些“小心眼儿”，往往为了一点儿小事，哪怕是同学的一句玩笑而生气，因此在与同学的交往过程中经常闹别扭，弄得大家都很不开心，自己心里也总是不能平静，总想着那些细枝末节，很是烦恼，为其所累。其实，他自己也不想这样，但又不知道该如何改变。

案例分析：“小心眼儿”的人多半过于敏感，有些杞人忧天。他们往往患得患失，吃一点儿亏就如鲠在喉，特别计较别人的一言一行，总感到别人在针对自己。

本案例中的小李认识到了自己的问题，有主动求变的意愿。那么，他首先应懂得人际交往的互酬心理，即不要只想到自己，要明白自己付出多少，就会得到多少。因此，存在这个问题的同学应遵守人际交往的宽容原则，学会待人以宽、豁达大度，只要不是原则性的问题，就不必过于计较；要避免自我中心，不要凡事只想到自己，总觉得事情是针对自己的，即使确是针对你而来，也不妨宽容大度地将其解决；应拓宽自己的知识面，开阔眼界，因为人的“心眼儿”与其自身修养有密切联系。

（七）孤僻心理

1. 孤僻心理的主要特征

孤僻心理有两种情况，一种是孤芳自赏，自命清高，不愿与他人为伍；另一种是有某种怪癖，让别人无法接纳，从而影响了人际交往。这种心理表现为行为怪异、偏执，为人孤独，不愿与人交往，几乎没有什么知心朋友和人际往来，却时常抱怨自己生活在人际情感的沙漠中。在孤僻的人看来，人世的一切是多么的无聊、多么的令人厌倦，平淡无味，毫无意义。他们常常孤芳自赏，内心体验很深，而认为别人世俗、浅薄，有一种孤傲于世的态度。这些人认识面很狭窄，头脑只受少数观念支配，因而不易合群，在与人交往中不随和。

2. 对孤僻心理的调适

（1）敞开心扉，用坦荡、真挚的感情去赢得别人的理解并获取友谊。

（2）改造不良的性格与习惯，高傲、冷僻、尖刻、不容人的性格以及与人相处时要手腕等坏习惯都应在克服之列。

二、人际交往能力的培养

（一）人际交往的原则

1. 平等尊重原则

平等意味着交往中互相尊重，一视同仁，这是和谐交往的前提。古人说："敬人者，人恒敬之。"尊重包括自尊和尊重他人两个方面。平等尊重原则是人与人之间建立感情的基础，也是人际交往的一项基本原则。交往中只有以平等的姿态出现，给他人以尊重，才可能形成人与人之间的心理相容，产生愉悦满足的心境，形成和谐的人际关系。

2. 真诚信任原则

真诚待人是人际交往中最有价值、最重要的原则，是人际交往得以延续和深化的保证。主要表现在为人处世言行一致、表里如一，只有这样才能赢得他人的信任。人与人之间以诚相待，才能相互理解、接纳、信任，才能团结相处。

3. 互惠互助原则

投桃报李，礼尚往来，互惠互助是一种自觉自愿的相互付出、相互奉献。交往双方应相互关心、相互帮助、相互支持，既要考虑双方的共同价值和共同利益，满足共同的心理需要，又要促进相互间的联系，深化双方感情，强调"相互"。

4. 包容理解原则

包容原则主要表现为：对非原则问题不斤斤计较，能够大度容人、宽以待人、求同存异。包容有助于扩大交往空间，消除人际关系中的紧张和矛盾。而相互理解是人际沟通、促进交往的条件。理解不等于知道与了解。

（二）人际交往的技巧

人际交往的技巧绝不仅仅表现为形式的多样化，重要的是能否把自己渴望的东西献给对方。

1. 学会表达

"良言一句三冬暖，恶语伤人六月寒。"语言艺术运用得好就能吸引对方，从内容到形式适应对方的心理需要、知识经验，适应双方关系及交往场合，使交往密切起来。与老人沟通，不要忘了照顾他的自尊；与老师沟通，不要忘了他的身份；与年轻人沟通，不要忘了他的直接；与儿童沟通，不要忘了他的天真。

2. 学会倾听

倾听是我们认识世界的重要途径，是理解别人的最佳方式。说话是表达自我、宣泄内心的一个途径，而倾听是接受对方的过程。著名心理学家迪金林（Dickinson）曾说过，好的倾听者用耳听内容，更用心“听”情感。倾听时，不仅要注重说话者所说的字词和内容，理解其语言的含义，而且还要注意说话者通过语调、身体姿势、手势、脸部表情和眼神所表达的意思，共情对方的情感。

在人际交往中，多听少说，善于倾听别人讲话是一种高雅的素养。因为认真倾听别人讲话，表现了对说话者的尊重，人们也往往会把忠实的听众视作可以信赖的知己。倾听别人讲话，必须做到耳到、眼到、心到，同时还要辅以其他的行为和态度。不少社会学家和心理学家从人际关系角度出发进行研究，提出了以下倾听技巧：①注视说话者，保持目光接触，不要东张西望；②单独听对方讲话时，身子稍稍前倾；③面部保持自然的微笑，表情随对方谈话内容有相应的变化，恰如其分地点头；④不要中途打断对方讲话，让他把话说完；⑤适时而恰当地提出问题，配合对方的语气表述自己的意见；⑥不离开对方所讲的话题，但可通过巧妙的应答，把对方讲话的内容引向所需的方向和层次。

3. 学会赞美

真诚的赞美不但会使被赞美者产生心理上的愉悦，还可以使你经常发现别人的优点，从而使自己对人生持有乐观、欣赏的态度。如果在人际交往中，人人都善于赞美他人，善于夸奖他人的长处，那么人际交往的愉悦度将极大增强。夸奖他人时也应遵守两个原则：第一，赞美应出于真心，所夸奖的内容应是对方确实具有或即将具有的优良品质和特点；第二，夸奖的内容应被对方所在意。

4. 学会拒绝

拒绝的能力往往与自信紧密联系，缺乏自信和自尊的人常常因为拒绝他人而感到不安，而且有觉得他人的需求比自己的更重要的倾向。

（1）简单回应。如果要拒绝，就应坚决而直接。尝试用你的身体语言强调“不”，无需过分道歉。

（2）给自己一些时间，你会更有信心去拒绝别人。

（3）区分拒绝与排斥。你拒绝的是请求，而不是对对方本人的排斥。

（4）不要感到愧疚。你有拒绝的权力，就像是别人有权力要求帮助。有时拒绝别人是让对方学会为自己负责。

（5）做回自己。要明确和坦白什么是自己真正想要的。更好地认识自己，找出什么是自己在生活中必需的。

拓展阅读

人际关系的距离

对方和你的关系如何，可以通过他与你保持的距离来判断。同时，彼此间的对话，也和双方距离的远近有很大关系。

根据美国人类学家埃特瓦特·霍尔的观察,人际关系可通过8种距离来断定:

(1)密切距离——接近型(0.15米以内)。这是为了爱抚、格斗、安慰、保护而保持的距离,是双方关系最接近时所具有的距离。这时语言的作用很小。

(2)密切距离——较近型(0.15~0.45米)。这是伸手能够触及对方的距离,是关系比较密切的同伴之间的距离,也是在拥挤的公共汽车中人与人之间不即不离的距离。

(3)个体距离——接近型(0.45~0.75米)。这是能够拥抱或抓住对方的距离。对于对方的表情一目了然。配偶处于这种位置是自然的,而其他异性处在这个距离内易让他人产生误解。

(4)个体距离——稍近型(0.75~1.20米)。这是双方同时伸手才能触及的距离,这是对人有所要求时应有的一种距离。

(5)社会距离——接近型(1.20~2.10米)。这是超越身体能接触的界限,是办事时同事之间所处的一种距离。保持这种距离,使人具有一种高雅、庄严的气质。

(6)社会距离——远离型(2.10~3.60米)。这是为便于工作保持的距离,工作时既可以不受他人影响,又不给他人增添麻烦。夫妻在家时,保持这种距离可以互不影响。

(7)公众距离——接近型(3.60~7.50米)。如果保持4米左右的距离,说明说话人与听话人之间有许多问题或思想有待解决与交流。

(8)公众距离——远离型(7.50米以外)。这是讲演时采用的一种距离,彼此互不相扰。

如能将以上8种距离铭记在心,就能准确、顺利地判断出你与对方所处的关系与密切程度。

5. 提高个人修养,增强个人魅力

同学关系紧张的人,大都在性格和习惯方面存在不足,应注意改变自己的不良性格和习惯,培养良好的行为习惯,注意言谈举止。不断提高个人修养,增加人格魅力,是建立良好人际关系的关键所在。

学会掌握处理高职学生人际关系的原则和方法技巧,对于高职学生正确处理同学之间矛盾会起到积极的作用,对于构建文明校园、和谐校园具有重要的意义。

心理训练

解"小结"

活动目的 让参与者从游戏中体会到协作的重要性,增强团队成员的归属感,激发学生的奋斗精神,认识到合作与奉献对整个团队的成功的促进作用。

活动时间 45分钟。

活动规则 用时最少的组获胜。

活动过程

把全班分为三组,三组同学手拉手围成圆圈,并记住自己的左手和右手分别拉的是谁,"一定要记住,你左手拉的是谁,右手拉的是谁,不能记错"。记住后,闭眼(轻柔的音乐响起),当听到主持人说"放手"时,大家立刻放手,并在一定范围内走动,要求是走得越乱越好,当再次听到主持人说"停"时,大家都站住不动,迅速找到原来左、右手所牵的那两个同

学。当手重新牵住后,在不能松手的前提下,恢复到最初的完整的圆圈,再把整个班级合起来围成一个大圆,按照之前的方法解结。

注意:当遇到难以解开的结时,主持人要鼓励小组成员不要放弃,一定可以解开结的!前提是不能松手。

相关讨论

(1)生活中是不是会碰到很多结,举个例子? 有没有心结?

(2)大家是通过什么方式解开这个结的? 有什么体验?

(3)这个游戏可以体现什么? 有什么收获?

活动反思

这个游戏可以让参与者认识到有解不开的心结是在所难免的,应正视它,勇于解决;也可以让参与者学会把自己的心事说出来,通过师长、朋友的帮忙,一起解决;还可以教会参与者怎样与人沟通,怎样排解矛盾。

学生感悟

"我觉得有时候困难也不是解决不了的,只要我们能够齐心协力,什么事都难不倒我们,我们是最棒的!"

"我发现在一个团队里有一个聪明的人非常重要,使很多事情变得简单。"

"终于知道合作这么美丽,以后我会多多与人合作,大家要为我加油!""遵守秩序,听从指挥,团结一心,多沟通交流,可以使得事情循序渐进地解决!"

团体心理辅导是在团体情境下进行的一种心理辅导形式,是两人以上的集体辅导。它通过特定的情景,让学生扮演不同的角色把心理问题表演出来,然后集体讨论,经过心理教师的引导,最终得出结论。它可以让学生在团体中彼此深入了解,促进同学间的交往,同时培养同学们的团体合作意识,加强彼此间的信任感与亲切感。

心理赋能

《牛仔裤的夏天》

你的记忆里,有没有一条牛仔裤? 它承载着青春无畏的勇气,穿上它,仿佛获得了一股力量,让你面对困难时充满信心。《牛仔裤的夏天》讲述的就是这样的故事,电影改编自布拉谢尔斯的同名小说。卡门、堤比、莲娜和布莉姬这四个女孩的缘分是在她们都在娘胎里就注定的,同在夏末出生的她们性格迥异,却从小亲如姐妹。15岁这年夏天,四姐妹第一次面对分离,各自度过一个没有对方的夏天。意外地,她们发现了一条牛仔裤,身材相差很大的四姐妹穿上居然都很合适。于是,神奇的牛仔裤变成了友情的信物,伴随她们开始各自的旅程。大胆而无拘束的布莉姬来到了炎热的墨西哥,加入足球训练营;漂亮羞涩的莲娜前往圣洁的希腊,用画笔勾勒爱琴海的神秘;冲动敏感的卡门盼望与在她儿时就搬走的父亲共度美好的暑假;而叛逆另类的堤比也为录制她自己的电视节目而忙碌着……

这是一部充满人文关怀的影片,牛仔裤承载着的友谊与勇气在她们之间传递,陪伴她们,使她们学着去爱,学着长大。写在牛仔裤上的女孩的情谊,婉转动听,异常温暖。

拓展训练:欣赏这部电影,谈一谈你从中得到哪些启示。

项目九

做好准备，邂逅爱情

心语心愿

肉体给精神生活和爱情控制住的时候，苦痛就变成了幸福。

——（美国作家）德莱塞

爱欲是创建文明的动力。

——（美国心理学家）罗洛·梅

学习目标

知识目标：了解大学生自身恋爱心理、性生理和性心理特点；掌握大学生应对恋爱、失恋的方法与原则。

素质目标：培养健康的恋爱观、择偶观和性心理。

心理觉察

小明，男，18岁，大学一年级新生。在高中时，一次无意的行为让他养成了自慰的习惯。在高中，一般是每个星期有一两次，但上大学后，这种行为越来越频繁，每天至少一次，整个人都无精打采，甚至出现了耳鸣、注意力不集中的现象，已经影响了小明的睡眠和学习生活。于是，小明来到了心理咨询室，问老师：我该怎么办？我是个坏孩子了吗？将来会影响我的生育吗？

思考：

（1）小明是坏孩子吗？

（2）你也有自慰焦虑吗？

（3）大学生健康的性是什么？

（4）什么是爱情？如何处理恋爱中的问题？

（5）艾滋病是什么？如何预防艾滋病？

心理自测

测一测，你是否单相思？

你是否“单相思”了？请你自己测一下。请对下列各题做出“是”或“不确定”或“否”的选择。选“是”用“√”表示，选“否”用“×”表示，选“不确定”用“○”表示。

1. 我十分崇拜某些偶像明星。（ ）

2. 最近我感到十分空虚。(　　)
3. 我常心烦意乱，什么事也做不下去。(　　)
4. 我常常在梦里与某个人谈情说爱。(　　)
5. 我是那么喜欢她(他)，可对方却没什么反应。(　　)
6. 最近我在学习时总是不能集中注意力。(　　)
7. 我对平时喜欢的活动的兴趣减少了。(　　)
8. 我常常看描写情感方面的小说或电视连续剧。(　　)
9. 我常记日记倾诉心事。(　　)
10. 我总是盼望她(他)能出现在我的面前。(　　)
11. 我希望她(他)能向我表白爱意。(　　)
12. 她(他)好像总是故意躲着我。(　　)
13. 我相信"心有灵犀一点通"。(　　)
14. 我最近饮食状况不太好。(　　)
15. 我喜欢打听有关她(他)的一切信息。(　　)
16. 她(他)好像挺喜欢我。(　　)
17. 听说她(他)已经有恋人了。(　　)
18. 我的桌上一直放着她(他)的照片。(　　)
19. 爱一个人不需要说出来。(　　)
20. 我常换新衣服和新发型，想引起她(他)的注意。(　　)
21. 昨天她(他)从我身边走过，态度不怎么热情。(　　)
22. 她(他)只要和我说话，我就有点紧张。(　　)
23. 她(他)好像只把我当普通朋友看待。(　　)
24. 我看见她(他)和别的异性在一起有说有笑，心里就不是滋味。(　　)
25. 多么希望她(他)能约我出去玩。(　　)

计分标准与结果评估

选择"是"记 2 分，选择"不确定"记 1 分，选择"否"记 0 分。各题得分相加，统计总分。

1~16 分：说明你已经喜欢上对方了，找个方法试探一下对方是否喜欢你。

17~33 分：说明你已经爱上对方了，但对方好像没有给你同等的感情回报，使得你近日比较痛苦，也影响你的生活和学习。

34~50 分：说明你已经深深爱上对方了，但对方好像只把你当成一般的朋友。你不妨鼓起勇气去问问对方，并做好准备承受被拒绝的痛苦。

心理课堂

任务一 大学生的爱情

知识探索

大学时代是人生的黄金时代，也是激情四射的时期。在这个青春萌动的年龄，学生在追求学业的同时，也开始涉足爱情。那么，大学生如何恋爱？什么是健康的爱情？如何处理失恋等由恋爱而产生的甜蜜插曲？这是每位大学生即将面对的真实问题。与此同时，大学生的恋爱过程产生的性心理事宜，也是一个不同忽视的问题，应该得到学校、家庭（家长）和社会的高度重视，特别是高校思想政治工作者和学生管理工作者的重视与思考。

一、爱情的含义

爱情，在不同时代有不同的含义。

爱情是相互依偎，是付出，而不是单向无限地索取。

爱情（狭义）：男女之间相互爱恋的感情，是至高、至纯、至美的美感和情感体验。

爱情（广义）：人与人之间相互爱恋的感情，包括柏拉图式真挚和纯粹的感情，超越了性别、地域、时空。

综上我们认为爱情是男女双方基于共同的生活理想，在各自内心形成的相互倾慕，并渴望对方成为自己终身伴侣的一种强烈、纯真、专一的感情。

二、爱情的本质

爱情的本质是由生理、心理、社会三个要素相互作用组成的。

爱情的生理因素表现为人的性欲，它构成了双方相互倾慕、相互爱恋的基础和原始动力。

爱情的心理因素表现为思想吸引、心理相容。人类的爱具有很强的选择性。人们首先必须按一定的标准选择对象，而后通过恋爱进一步考察，最后才修成正果。这种选择和考察主要是针对对方的思想、感情、性格、气质等人格特质而言的。

爱情的社会因素有着丰富的内涵。首先，人类的爱是在社会交往活动中建立起来的。其次，人类的爱情生活受社会道德和法律的制约。在恋爱阶段，恋人的行为要受道德规范的制约，否则就会受到舆论的谴责。再次，爱情生活所采取的形式是社会的，人们是通过合法合理的形式来满足性欲的，恋爱、婚姻、家庭就是爱情的社会形式。

因此，爱情的定义可表述为：爱情是建立在生理、心理和社会综合需要基础之上的，使人能获得强烈的生理和心理享受的稳定而持久的情感。这也是爱情的心理实质。

三、爱情的结构

爱情是两个人合作创作的艺术，它的心理结构由两部分组成：性爱和情爱。

（一）性爱

性爱是爱情产生与发展的内在动力与源泉，是爱情的生物性。英国性学研究泰斗哈夫洛克·霭理士（Havelock Ellis）在他的《性心理学》中写道："恋爱的发展过程可以说是双重的。第一重的发展是由于性本能向全身释放；第二重的发展是由于性冲动和其他性质多少相连的心理因素发生了混合。"性爱是以性欲为基础的对对方的倾慕、亲近的感情体验，是爱情不可或缺的组成部分。

性爱有以下特点。

（1）排他性：排他性又可分为外排性和内排性。所谓外排性就是指恋爱中的恋人，不允许自己的恋人和其他人发生性关系。内排性是指自己也不会和其他人发生性关系，这是性爱的一个重要的特点，也是其他感情所不具有的。在现实社会中，可能有人会脚踏两条船，这种爱情不是真正的爱情，只是玩弄感情而已。

（2）冲动性：冲动性是指恋爱中的恋人，会有原始的性冲动的需求，这是每个健康的恋爱中的恋人所具有的。

（3）隐藏性：隐藏性是指虽然恋爱中的恋人有性需求，但是一般都会隐藏起来，不会随时表现出来。

因为人的性爱不是简单的、低级的冲动性，而是一种社会化的性爱。

法国大思想家罗素说过"爱情源于性，又高于性"，这就解释了人是社会的人，如果仅仅是性的满足，那么就很难解释人为什么会有爱的选择性，也就是为什么只爱"他"或"她"了，而不是别的"他"或"她"。性爱是一种强大的力量，如果失去控制，它就可能变成灾难。与此同时，不能把爱情部分过分扩大化，那就玷污了爱情这种神圣的情感了。

（二）情爱

情爱是爱情产生与发展的必要条件和存在的基础，是爱情的社会性。真正的爱情是建立在双方自愿基础上的互爱，是双方的倾慕与无私付出，同时希望得到对方爱的回馈，而不是依靠外在因素和势力的干预。情爱还包括思想情感的和谐统一和彼此的心理包容。爱情中的心理包容意味着双方在生活事业上的志同道合及心理上的融洽。

情爱的特点如下。

（1）思想吸引。价值观趋同，感情一致，这是真爱产生的思想基础。在这样的思想基础上，双方才有共同的志向、信念、理想和人生态度，从而更容易产生爱情吸引。

（2）心理相容。恋爱双方经历相当充分的磨合，全面了解彼此多方面的差异，并能接受和容忍这些差异。这是爱情发展的心理背景。恋爱双方心理相容度越高，情爱发展越充分，也就越能体验到爱情的欢乐。反之，心理不相容，则会感到惆怅、痛苦和失望，情爱就会保持不了。理想、价值观、人生态度一致是心理相容的最重要表现。当你恋爱时，一定要对对方的思想感情、心理特征有相当充分的了解。当然，心理相容是一个过程，不是一朝一夕的事。

只有经历过感情火花的燃烧和理性审定后的恋爱才能甜美、幸福，那种一见钟情的恋爱因缺少心理相容过程，有时是不可靠的、冒险的。

（三）爱情的类型

美国心理学家罗伯特·斯滕伯格于1986年提出的著名的爱情三角形理论，可以帮助我们准确地把握和理解爱情。斯滕伯格认为爱情有三种基本成分：亲密、激情和承诺，该理论又叫爱情成分理论。

亲密指两人相互喜欢、愿意亲近的程度。激情是恋爱关系中令人激动、感到兴奋的程度，包含身体上的吸引与性吸引。承诺是愿意爱对方、长期保持关系的决定。

三种成分的组合有七种类型。

（1）喜欢——只有亲密。

（2）迷恋——只有激情。

（3）空洞的爱——只有承诺。

（4）浪漫的爱——亲密与激情的结合。

（5）友谊式的爱——亲密与承诺的结合。

（6）愚蠢的爱——激情与承诺的结合。

（7）完美的爱——三种成分的结合。

换一种说法，爱情有以上七种类型，但是把它们组合起来，就得到基本的三类爱情：一是有性无爱的激情，这是建立在肉体相互需要的基础上的情欲满足；二是有爱无性的感情，这是建立在精神相互理解的基础上的柏拉图式爱情；三是有性有爱的爱情，就是激情、喜欢与责任的完美结合。

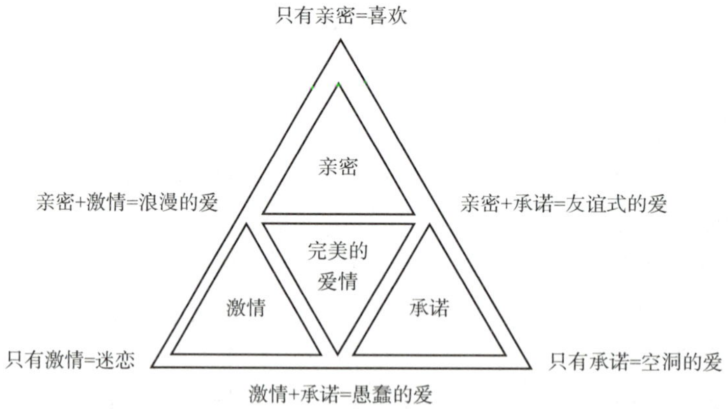

图9-1 罗伯特·斯滕伯格爱情三角形理论示意图

健康爱情的特征如下。

（1）对等性。双方以互爱为前提，情投意合，互相给予。

（2）专一性和排他性。爱情是一个男子与一个女子对应的爱慕关系，不允许第三者介入，因而是排他的。

（3）持久性。健康的爱情是持久的感情生活，要求双方忠贞不渝，经得起人生道路上种种挫折、磨难的考验。

(四)恋爱

恋爱是指恋人间产生强烈的喜欢、爱慕，发生爱情、建立爱情关系直到稳定的过程。这是恋爱健康发展的一般规律。爱情帮助人们理智地选择自己的人生道路和生活伴侣。所以，它有利于提高人一生的精神修养和生活质量。

1. 大学生恋爱的动因

大学校园，是学生求知的象牙塔，也是学生恋爱的乐园，年轻的大学生心潮涌动，恋爱在大学内已是普遍现象。校园内，热恋的情侣在公共场合相拥接吻，已不足为奇，甚至司空见惯。部分大学生已把恋爱当成大学的必修课之一，其动机是多种多样的，与此同时恋爱对大学生的影响也显示出多样性。

就目前大学生的现状而言，恋爱动机来自三个方面：生理因素、心理因素、社会因素。

1)生理因素

大学生的在校年龄一般都在 18~22 岁，这个年龄段的青年性生理发育基本成熟，性意识增强，渴望与异性交朋友、满足性冲动是促使他们投入恋爱活动的重要诱因。在性意识发展到热恋阶段，性欲需求日益强烈，前阶段弥散化的性冲动集中投射到选定的特殊对象上。出于性冲动的驱使，青年开始脱离群体化的两性活动而单独约会，这就是恋爱。有学者认为，性生理需求和欲望，这是产生“一见钟情”的生物学基础。

2)心理因素

(1)情感发展的需要。进入大学后，大学生远离父母朋友，渴望结交志同道合的新朋友，拓展自己的交际范围；在大学生活中，人际交往、学习考试、就业等都可能给大学生造成身心压力，使他们产生压抑感。而恋爱可以建立一种比较亲密的关系，可以造成注意力的转移，也可以摆脱孤独。同时伴随着生理发育成熟，中学阶段由于升学的精神压力而被暂时压抑的、丰富的青春期情感，此时得以爆发。因此，他们想获得情感需要的满足，而恋爱则是其情感满足的一种重要方式。当然，也存在一些大学生由于缺乏生活和学习的动机与目的，内心非常空虚和寂寞，企图用恋爱来打发无聊的时光和填补灵魂的空虚。

(2)渴望自身价值得到认同。有些人非常需要他人的赞同，因此往往把和异性朋友交往作为证明自身价值的一块试金石，有人追求、有人喜欢、有人爱，说明自己值得人爱，也就证明了自身的魅力和价值。

(3)好奇和从众心理。未知的事物总是对我们充满了诱惑力，对于没有恋爱经历的人来讲，恋爱可能具有刺激物的相对特异性，再加上目睹周围谈恋爱同学的幸福，因此很容易对恋爱产生向往，所以当机会出现时，即使不爱对方，有人也会去尝试、品尝恋爱的感觉。同时，在一个群体中，如同一宿舍、同一班级，如果大部分人都在谈恋爱，剩下的人也会受到影响。处在青年期的大学生，会对自我缺乏充分的肯定，甚至有人会为自己没有恋人而自卑，所以他们往往不会“逆潮流而动”，而是“随大流”。

3)社会因素

社会的变革和发展引起了人们价值观的变化，如今部分大学生把谈恋爱看作大学期间必做的三件大事之一，认为没有经历过恋爱的大学生根本不是真正的大学生。他们认为，大学生已经成年了，到了该恋爱的时候，因此把恋爱看作是人生必须完成的任务，对恋爱有一种使命感。特别是现在社会上一些“剩男剩女”的出现，使许多人担心自己毕业后走上工作岗位找不到合适的对象。因此，这种外在压力更助长了大学生的恋爱风气。另外，很多家长也开始转变观点，由原来的关注孩子的学业关注开始转变为关心孩子的终身大事了，他们总希望借助孩子的年龄优势有更多的选择，鼓励甚至强迫他们谈恋爱，以免以后加入大男大女的行列，甚至有些父母会亲自替孩子征婚。

由此可见，影响大学生谈恋爱的因素复杂多样，而其中有的因素是消极的。因此，对大学生的恋爱需要结合不同的情况，给予一定的教育和引导，帮助学生明确在学习期间恋爱的利与弊，培养正确的恋爱观。

2. 大学生恋爱心理的发展过程

大学期间的恋爱心理有一个发展过程，大致可分为三个阶段：萌芽期（一般为大学一年级）；发展期（一般为大学二年级）；稳定期（一般为大学三年级）。

大学生的恋爱心理一般具有以下特征。

1）注重恋爱过程，轻视恋爱结果

恋爱向来被看作寻觅生活伴侣，建立婚姻关系的前奏。但有调查结果显示当代大学生注重的是恋爱过程本身，至于恋爱的结果已经不太在意。注重恋爱过程，有利于双方深入的了解，也有利于培养感情，反映出大学生不愿落入世俗，善于追求爱的真谛。但是，如果把恋爱当作一种感情体验，借以寻求刺激，满足精神享受，解除寂寞，填补空虚，把恋爱当作一种消遣文化，那么会导致只重恋爱过程，轻视恋爱结果的现象发生。

2）主观学业第一，客观爱情至上

从理性上，大学生们都知道学业是第一位的，感情是第二位的，大学阶段应以学习为主，爱情应当服从学业；或者希望学业和爱情双丰收，既渴求学业有成，又向往爱情幸福。但真正在客观上、行为上能够正确处理好学业与爱情关系的人，虽然也有，可为数不多。更多的人一旦坠入情网就不能自拔，强烈的感情冲击一切，学习同样受到严重影响。

3）恋爱观念开放，传统道德淡化

随着时代的发展，当代大学生的恋爱观念日益开放，传统道德观逐渐淡化。部分大学生信奉“爱情就是即时的快乐”等，在恋爱中只顾及当时的感觉，不愿再受传统道德观念的束缚。越来越多的大学生对恋爱中的人发生性关系表现出宽容的态度。甚至有的学生不再把性行为看成是一件非常严肃的事，而是顺着内心的冲动，不加以克制，引发未婚怀孕等负性事件。

4）强调爱的权力，缺乏爱的能力

大学生中的恋爱大都是激情碰撞下的初恋，在激情平息之后，却不懂得如何增进爱情，在爱与被爱的磨合中显得笨手笨脚，往往造成对彼此的伤害，轻易地恋爱，轻易地分手，强调爱的体验，负不起爱的责任。

爱不仅是一种权利，更是一种责任和义务，必须以高度负责的态度对待恋爱。爱的权利和义务是不可分割的，只强调爱的义务，无视人有爱的权利，那是对人性的奴役，必须予以否定。但是，如果从一个极端走向另一个极端，只强调爱的权利，而不承担爱的责任，就陷入了非理性主义的泥潭。

3. 大学生恋爱常见的心理问题

1）单恋

单恋是一方的倾慕情感苦于不被对方知晓和接受而造成的一厢情愿或对恋爱的渴望，俗称单相思，它仅仅停留在个体单方面爱恋而无法发展成双方相恋的状态。大学生心理尚未完全成熟，单恋现象比较常见，且较多地出现在性格内向、敏感、富于幻想、自卑感强的人身上。爱情错觉则是指在异性间的接触往来关系中，一方错误地认为对方对自己“有意”，或者把双方正常的交往和友谊误认为是爱情的来临。爱情错觉是单相思的另一种形式，它常会使当事人想入非非，自作多情。单相思与爱情错觉都是恋爱心理的一种认知和情感的失误。深刻的单相思是一种难以矫正的心理障碍，会使人一度丧失自尊，不顾人格尊严地乞求于所恋对象，严重影响人的知觉判断和理性选择，同时也干扰了所恋对象的学习和生活。单相思者有时甚至会走向极端，以伤人的方式终结单恋。

2）自恋

自恋是指一个人只是在自我刺激或自我兴奋中寻求快感，而不需要旁人在场，同时它的性指向是他自己。关于自恋有一个古希腊神话：美少年纳西索斯美丽得无与伦比，他爱上了自己水中的倒影，每天顾影自怜，于是跳入水中，死后变成了水仙花。

自恋现象在婴儿时期便已存在。随着生理的逐渐成熟、性刺激的不断出现，自恋便成为一种生理和心理的需要。一般来说，人一旦进入成年期，便完成了由自恋向他恋的转移。但也有成年后仍未摆脱自恋或不能完全摆脱自恋的，这种情况因人而异。人格成熟的人会使自恋升华为他恋，成为一种精神追求，将注意力转移到有益于社会的活动中去，而人格幼稚的人会使自恋继续下去，甚至不断地加以自我强化，使自己成为孤独的自恋“公主”或“王子”。自恋是人格幼稚、害怕面对现实生活的一种内化反应，是一种情感生活适应障碍。

3）多角恋

所谓多角恋，是一个人同时被两个或两个以上的异性所追求或自己同时追求两个或两个以上的异性并建立了恋爱关系。

多角恋是爱情纠纷的主要原因之一，实质上是比单恋更为复杂、更为严重的异常现象。由于恋爱具有排他性、冲动性，因此任何一种多角恋都潜伏着极大的危险性，一旦理智失控，就会给对方及社会带来恶果。

4）交不到男女朋友

常有一些大学生为自己还没有恋人而自卑，认为自己对异性没有吸引力，认为别人瞧不起自己，不敢坦然与异性交往，更怕在异性面前失误，只好用回避与异性接触的办法保护自尊心，并极力掩盖内心深处的痛苦与失落；或者病急乱投医，更为迫切地去寻找爱情，结果一再受挫，导致心理受到严重伤害。

导致这种心理问题的原因主要有两个方面：一是自我评价出现偏差，这样的学生往往过于关注别人对自己怎么看，却从未认真考虑过如何给自己一个客观的评价；二是对恋爱吸引力缺乏科学的认知。表面上看似乎人们的择偶心理倾向于外在魅力，实际上男女大学生在选择异性对象的条件上，大多都认为性格、才能、心理相容、人品和兴趣爱好更具吸引力。

5）恋爱中的矛盾冲突

恋爱中的矛盾冲突有恋爱遭到父母的反对或周围人的非议，或因其他一些外在因素，恋人之间产生矛盾、误解和猜疑等。

恋爱中产生矛盾冲突在所难免，要学会用建设性的方式去解决冲突。爱需要包容、理解和体谅，需要有效地沟通，需要理智地解决矛盾和问题，伤害性的争吵或者冷战都不利于问题的解决。

6）失恋

失恋是指恋爱对象否认或中断恋爱关系的行为，往往给人带来巨大的挫折。失恋对于初恋和热恋者来说，精神打击极为严重。一些人失恋后表现出情绪行为失去常态，焦躁不安，抑郁消沉，心灰意懒，甚至潦倒颓废。越是爱得深，失去爱情的后果越严重。每一位开始恋爱的人，都应有失恋的心理准备，因为大学生失恋的可能性很大，且随时都可能发生。

失恋者要恢复心理平衡，应做好感情转移和空间转移，做到失恋“四不”原则。

（1）失恋不失德：不去做违背道德或故意伤害对方的事。

（2）失恋不失态：能以一颗平常心去对待对方，而不是一味地发脾气。

（3）失恋不失学：不要因为失恋就荒废学业，给自己不想学习找借口。

（4）失恋不失命：不做伤害自己的行为。

任务二　大学生恋爱心理

知识探索

一、性心理的形成与特点

人类的性心理在儿童期就开始萌生，到青春期趋于成熟，到成年期完善，到老年期衰退。

（一）性心理的发展规律

关于人的性心理发展，著名心理学家西格蒙德·弗洛伊德（Sigmund Freud）曾提出过性心理学发展模式，弗洛伊德把性理解为广泛的身体快感，并按身体快感区的特点描述了性心理的发展。在弗洛伊德看来，性心理的发展大致经历六个阶段：口唇期，肛门期，生殖器期，潜伏期，青春期，生殖期。弗洛伊德的性心理发展阶段的划分引来了许多批评，其中最激烈的批评集中在婴儿的性欲问题上，婴儿的口唇快乐和排便快乐到底算不算性欲，它们在人格的构成中有弗洛伊德所说的那样重要吗？令人遗憾的是，弗洛伊德的性心理发展模式仅仅是一些假设，并未得到科学的证明；而对他观点的批评也都出自假设，亦没有科学的证明。

青春期性意识的发展一般可分为四个时期。

1. 异性隔膜期

青少年在第二性征出现后的一两年内，朦胧地意识到两性差距，有了不安和胆怯的心理，害怕异性注意到本人的变化，于是男女彼此隔膜，就算是青梅竹马的童年好友也较少来往。有的孩子在家里还不由自主地隔离异性大人。与此同时，也引起了对性的好奇心和求知欲，很想知晓被成人间掩饰的秘密是什么。

2. 异性吸引期

对异性产生垂青与爱慕，一般是在女孩 12—13 岁，男孩 13—14 岁。此时男孩乐于在女孩面前体现自身的能力与实力，以获得女孩的垂青与赞叹；女孩则显得文静、温柔，开始注意服饰的修饰和自我打扮或涂一些香浓的护肤品，女孩子在一起故意发出尖细的嗲声，拖长声，互相推搡，为的是想赢得男孩的注意和喜欢。

3. 异性向往期

15 或 16 岁之后的青少年向成人过渡增快，在对异性产生垂青的尺度上分别形成一个或几个异性的“理想模型”，并在大多数的男女生来往中日趋由对群体异性的垂青转向对个别异性的留恋，有的还形成一对一的“专情”想法，萌生恋情。

4. 择偶尝试期

高中毕业进入大学的青少年，男女双方的交往增多，明确的恋爱关系逐渐确定，此时双方对其他异性的关心明显减少，喜欢与自己选择的异性单独在一起活动。此时，性意识的发展在恋爱中与广泛的人格整合联系起来，性意识突破了生理局限，进一步发展为追求双方整体人格的融合，并在承认对方独立性的基础上与对方精神等方面实现一体化。这时，健全的性意识建立起来。

（二）大学生性心理的特点

大学生的年龄一般在 18—22 岁，正处于性意识从萌芽到日渐明确和成熟的阶段。他们的性心理活动丰富多样，主要表现为以下几个特点：

1. 对性知识感兴趣

进入青春期后第二性征出现，青少年生理和心理上都产生了急剧的变化。处于青年期的大学生，渴求了解自身生理和心理上的变化的一切奥秘，渴求对异性的了解，他们心中有很多的疑惑等待找到答案。他们会借助各种途径和手段去了解青春性生理、心理发育知识、与异性交往的礼仪与方式、性伦理知识、性传播疾病防治知识、性法律知识等，以满足自身心理和生理上的需求。

2. 对异性的爱慕和追求

进入青春期，性机能的发育趋于成熟导致性意识的发展，两性间开始出现一种关注和情感上的吸引，有彼此接近的需求和倾向。

现阶段的大学生存在性心理的压抑性和动荡性，大学生性机能的成熟使性的生物性需求更加强烈、迫切，时常伴有性梦、性幻想等行为。而他们健全的性心理结构尚未确立，还没有形成稳定、正确的道德观和恋爱观，自控和自制的能力有限，对各种性现象、性行为的认知评价体系还不完善，他们的性心理易受外界各种影响而显得动荡不安。

二、大学生性心理常见问题

随着经济全球化的发展，开放的西方文化，特别是信息化技术的发展，对当代大学生产生了越来越深刻的影响。“性”这个敏感话题，已悄然走进了大学校园。大学生正处于性生理发育基本成熟、性心理发展日趋激烈的时期，由于性知识的匮乏、性观念的混乱以及性教育的滞后等因素，大学生中出现了一系列性心理问题，影响了他们的正常学习和生活，甚至导致性犯罪。

大学生正处于性生理发育趋于成熟，而性心理发展趋于激烈的时期，他们所面临的性问题主要是性心理方面的问题。这些问题大致可分为两类：一类是性心理困扰，包括性困惑、性敏感、性压抑、性幻想、性焦虑等；另一类是性心理障碍，包括同性恋、恋物癖、露阴癖、异装癖、性施虐和性受虐等。

（一）性心理困扰

1. 性困惑

这是指对性生理的变化缺乏必要的思想准备而产生的不适现象。有些大学生对性器官的发育、第二性征的出现可能会疑虑、担忧、紧张不安甚至厌恶。

2. 性敏感

这是指对性信息表现出来的一种强烈的心理反应。性敏感现象与在性意识形成过程中受到压抑有关。可以说，性敏感就是性本能的一种自我表现。

3. 性压抑

饥渴的本能可以用食物和水来解决，而性本能则不能够随意发泄。从人类社会有文明记载以来，人类对性反应就一直用理智和意志力、道德规范和社会伦理来要求，并把它作为个人在社会上生存的基本能力和义务。但由于受根深蒂固的封建意识所影响，部分大学生认为只要出现性心理活动就是可耻的、不道德的，这种过度的压抑导致了羞愧、自责，甚至会造成焦虑、烦躁、紧张不安和严重的挫折感。

4. 性幻想与性梦

性幻想又称性爱的白日梦，其心理活动的基础是性吸引。性幻想的产生其实是一种常态，不仅普遍，而且也是性冲动的一种不可避免的结果。

性梦是指在睡眠中出现的带有各种性内容色彩的景象，这种情况在青春期的男女中普遍存在。一般认为，性梦与性激素达到一定水平和睡眠中性器官受到内外刺激及潜意识的性本能活动有关。性梦的自然宣泄，可以缓解性压抑，有利于性器官功能的完善和成熟。性梦作为意识控制解除下的一种潜意识行为，既无法控制，也无法预防。无论平时是多么“正人君子”的人，在性梦中都可能出现荒诞不经的性事，此时绝没有必要以清醒状态下人们普遍遵循的伦理道德去鞭挞这些“荒唐事”。性梦绝不意味着自己对恋爱对象的不忠和背叛，也不是邪恶丑陋的现象，因此不必内疚、焦虑。当然，尽管性梦是正常的心理、生理现象，但若性梦频繁也不利于自身健康。

5. 性自慰与性焦虑

性自慰，即自我性刺激，在我国多年来一直沿用“手淫”这个名称。自慰行为本身既不会导致生理上的不良反应，也不会引起心理危机。偶尔自慰不仅是无害的，而且有助于缓解性冲动，但过度自慰会引起性欲增强、性冲动加快加重，反而达不到原来的释放目的。然而，一个“淫”字，加之对性自慰的错误认识，使许多有此行为的大学生产生了负罪、羞耻、内心恐惧、自我厌恶、担忧等心理，而种种因素的积累便又成为性自慰、性焦虑的主要心理原因。

性自慰本身没有危害，最大的危害是不够节制和污名化，才是导致性焦虑的主要原因。自慰需要遵循的原则：自主、健康、愉悦、隐私。

6. 性放纵

性放纵指不加节制、不受性道德规范约束的性行为。性放纵的主要原因不在于生理上的性欲亢奋，而在心理上的贪欲、畸形的占有欲。性放纵还可导致性功能障碍，造成性病蔓延。

7. 性观念开放

随着社会的进步，性观念也正在经历一场革命，传统的婚姻观、爱情观遭遇巨大挑战。中学生流行“早恋”，大学生开始“同居”，甚至很多人把同居当作标榜爱情胜利的宣言。据有关机构公布的大学生心理调查数据表明，70%的大学生不反对婚前同居，有婚前性行为的学生占有不小的比重，此外发生过边缘性行为的占相当大比重，几乎与谈恋爱的比重相等。

（二）性心理障碍

性心理障碍以往被称为性变态、性欲倒错等，是指性心理和性行为偏离常规，以这种偏离正常的性行为为性奋、性满足的唯一方式或主要方式。一般来说，除了正常性心理受到严重影响和损害外，其他精神活动没有明显异常。大学生常见的性心理障碍主要有：

1. 同性恋

同性恋是否属于性变态，是一个引起广泛争议的问题。笔者认为，同性恋只是不同的性取向而已，不应该划在性变态中。

同性恋指在行动中或幻想中，与同性产生爱情、性欲或爱慕的人。通常以同性个体作为性恋和性欲满足的对象，对异性却反感厌恶，并且满意自己的生物学性别。

同性恋的原因比较复杂，并且因人而异。

近些年，国内外的科学家、心理学家和精神病学家更倾向于是先天基因导致的性取向，但这一结论还没有得到实际科学的证明。当然，人是复杂的高级动物，后天的某种因素导致的同性恋，在现实生活中也存在。

1990 年 5 月 17 日，世界卫生组织（WHO）将同性恋从精神病名册中除名。中国于 2001 年 4 月 20 日，在《中国精神障碍分类与诊断标准》第三版中明确规定同性恋不再被统划为病态。

2. 恋物癖

恋物癖属于性偏好上的障碍，指反复多次以与异性身体接触过的物品，特别是接触过性敏感区的物品激起性幻想，获得性行为，达到性满足。还有的眷恋异性躯体的某一部分，但对异性的整个身体及性器官却毫无兴趣。恋物癖患者的心理冲突十分强烈，他们意识到自己的行为可能会受到社会的斥责和行政处分，但又控制不了自己的行为。他们的行为常被认为是流氓作风而不是病，常因此而失去治疗的机会。

3. 露阴癖

露阴癖是指在不适当的场合在异性面前展露自己的生殖器，有时还伴有自慰，以求得性兴奋和性满足的一种行为障碍。

露阴癖虽不侵犯对方的身体，但会对异性造成严重的心理伤害和精神创伤，自身对其行为有负责能力，所以通常要负法律责任。但是因其是心理变态，司法处理时通常会将其与一般的强制猥亵侮辱妇女罪、猥亵儿童罪、聚众淫乱罪等有所区别。《治安管理处罚法》第四十四条:猥亵他人的,或者在公共场所故意裸露身体,情节恶劣的,处五日以上十日以下拘留。但是露阴癖作为一种变态性行为,只予以惩罚是难以解决的,还需进行心理治疗。

4. 窥淫癖

窥淫癖是指以偷看异性的裸体或两性的性交场面来达到性满足的变态行为。窥淫癖者很少对异性有正常的性要求,属于行为障碍。

窥淫癖的形成,主要是性生理、性心理的发展出现畸形,与早期生活的影响也有一定关系。要预防窥淫癖发生,早期的性教育非常重要。

5. 异装癖

异装癖指以穿异性服装,并以异性形象出现而得到性满足的一种行为障碍。典型的异装癖患者尽管喜欢偷穿异性的衣服、内衣、鞋袜,模仿异性的打扮,但仍有正常的性爱指向,有与异性结合的要求,所以又称"原发性异装癖"。还有部分异装癖者有"异性化"的心理倾向,觉得自己的性格已变成异性,只有穿异性服装才符合内在的性格,这种情况多见于同性恋者,称为"继发性异装癖"。一般认为,异装癖与幼年时的生活环境有密切的关系。异装癖者如果没有侵犯他人的表现,不属于违法行为,只属于心理变态。若早期进行心理治疗,效果较好。成年以后,特别是婚后再进行纠正,难度较大。

三、培养健康的恋爱观与择偶观

(一)培养健康的恋爱观

理解爱情的真谛,恋爱不等于真爱,但每个恋爱的人都渴望获得真爱。真爱不是来自两个人之间口头上的海誓山盟,而是来自生活中的点点滴滴。

(1)真爱是关心和给予。弗洛姆说:爱是对所爱对象的生命和成长的积极关心。哪里缺少这种积极关心,哪里就没有爱。爱,是想对方之所想,给对方之所需,是无私的给予和关心。将自己的生命给予对方,同对方分享快乐、兴趣、理解力、知识、悲伤。爱应该是不做作、真诚、主动地给予对方爱,在不问收获、埋头耕耘的过程中,自然而然地获得了爱。

(2)真爱是尊重和信任。尊重意味着一个人对另一方的成长和发展应顺其自身规律和意愿。尊重蕴含着没有剥削,即让对方按自己的目标去成长和发展,而不是服务于自己。尊重包括对对方的职业、爱好、选择、隐私和不同于自己的观点和生活习惯等方面。信任是一种尊重,也是一种自信,不必盘问对方的每个细节,更不必去跟踪调查。爱一个人,就要先信任他(她),不要凭感觉随意猜疑他(她),给他(她)自由的时间和空间。

(3)真爱是宽容和理解。罗杰斯说:"爱是深深的理解和接受。"宽容中包含着理解、同情和原谅,是最大程度地接纳对方,既要接纳对方的优点,也要接纳对方的缺点,但要注意限度和原则。

(4)真爱是责任。幼儿的爱遵循这样一个原则:我爱因为我被爱;成人的爱则遵循另一个原则:我被爱因为我爱。不成熟的爱说:我爱你因为我需要你;成熟的爱则说:我需要你因为我爱你。所有的爱情都包含着一份神圣的责任,这种责任不是义务,不是外界强加的而是内心的自觉,即为自己所爱的人承担风霜雨雪,而不仅是感官上的愉悦与寂寞时的陪伴。真爱是理性的。马克思说:"真正的爱情是表现恋人对他的偶像采取含蓄、谦恭甚至羞涩的态度，而绝不是表现在随意流露热情和过早的亲昵。”一时的狂热迷恋是一种危险的情感，只是一种生理上要求与异性接近的渴望。

（5）真爱是独立。独立不是疏远，而是指与人相处时有自己的思考和行动，不轻易受他人左右，知道自己真正需要什么。独立的心态是一种成熟的品质、心理断乳的标志。爱需要保持独特个性和独立人格，不让自己消融在对方的影子里。

1. 培养爱的能力

爱的能力包括施爱的能力和接受爱的能力。一个人心中有了爱，在理智分析之后，要敢于表达、善于表达，这是一种爱的能力。一个人面对别人的施爱，能及时准确地对对方的爱做出判断，并做出接受、谢绝或再观察的选择，这也是一种爱的能力。

（1）拒绝爱的能力。自己不愿或不值得接受的爱应有勇气加以拒绝。拒绝爱要注意两个方面：一是在并不希望得到的爱情到来时，要果断、勇敢地说“不”，因为爱情来不得半点勉强和将就。如果优柔寡断或屈服于对方的穷追不舍，发展下去对双方都是不利的。二是要掌握恰当的拒绝方式，虽然每个人都有拒绝爱的权力，但是珍重每一份真挚的感情是对他人的尊重，也是一种自爱，同时是对一个人道德情操的检验。因此，首先表现为对他人的尊重，要感谢对方对自己的感情；其次要态度明确，表达清楚，说清和对方只能是什么关系；再次行动语言要一致，不能语言拒绝了对方，但行动上还与对方有较亲密的接触，如单独吃饭、看电影等，使对方容易误解，认为还有机会，纠缠在与自己的情感中；或者不顾情面甚至恶语相加，结果使对方的感情和自尊心受到伤害，这些处理方法简单轻率，做法是很不妥当的。

（2）发展爱情的保鲜能力，培养爱的责任。其实，爱情保鲜期的长短并不取决于科学，而在于你们的爱究竟有多深，是否有发展爱情的保鲜能力。心理学博士张怡筠在《半边天》节目中介绍了一种“3 × 3”爱情保鲜计划，就是每天有三次，每次花三分钟时间做些事，这些事称为“3A”计划。其一：“attention”全神贯注，就是非常专心地倾听对方说话，走进对方的内心世界，以对方的快乐为自己的快乐；其二：“affection”浓情蜜意；其三：“appreciation”欣赏、感激。因此要保持爱情长久，需要两个人真正地关心对方；需要智慧、耐力、持之以恒及付出心血；需要学习新的东西，善于交流，懂得欣赏对方，同时又要有自己的个性、追求和发展，让爱情有一个不竭的源泉。

2. 摆正爱情的位置

（1）大学生要摆正爱情在人生中的位置。爱情在人生中占有重要地位，没有爱情的人生是不完美的，但爱情不是人生的根本宗旨，更不是人生的全部，只为爱情而活着是苍白的。人生的主宰应当是事业，只有伟大的事业对人生才具有决定意义。流传至今的裴多菲的诗句“生命诚可贵，爱情价更高；若为自由故，二者皆可抛”，正说明了这一点。大学生应该把奋斗与创业放在首位，因为它是大学生价值感的主要支柱之一。当你把爱情视为生命的唯一时，爱情就是一株温室中的花朵，娇弱美丽却经不起任何的打击；当爱情成为唯一的存在价值时，你就会失去人格的独立和魅力，也很容易失去被爱的理由。

（2）大学生要摆正爱情在大学生活中的位置。大学生要时刻清楚现阶段面临的任务是什么，奋斗目标又是什么。明确坚持学业第一的观点，大学生要理解今天的学习与未来的事业息息相关，也是爱情美满的基础。那种抛开学业谈恋爱的做法，不仅有碍成就事业，也难以获得幸福的爱情，因此不仅是愚蠢的，也是可悲的。

大学生要克服客观上的爱情至上，树立崇高的理想，变“儿女情长”为胸怀理想的感召力焕发学习的激情，把兴奋中心转移到学习上，把时间和精力投放到学习上，从而真正把学习放在第一位，爱情服从学业，爱情促进学习，正确处理爱情与学习的关系，爱情与道德理想的关系。

3. 遵守恋爱道德

（1）恋爱言谈要文雅，讲究语言美。交谈中要诚恳、坦率、自然，不要为了显示自己而装腔作势，矫揉造作；不能出言不逊，污言秽语，举止粗鲁；相互了解是必要的，但不要无休止地盘问对方，使对方自尊心受损，伤害彼此的感情。

（2）恋爱行为要大方。一般来说，男女双方初次恋爱，在开始时常感到羞涩与紧张，随着交往的增加会逐渐自然与大方。这个时期要注意行为举止的检点。有的人感情冲动，过早地做出亲昵动作，使对方反感，影响感情的正常发展。

（3）亲昵动作要高雅，避免粗俗化。高雅的亲昵动作发挥爱情的愉悦感和心理效应，而粗俗的亲昵动作往往引起情感分离的消极心理效果，有损于爱情的纯洁与尊严，有损于大学生的形象，同时对旁人也是一种不良的心理刺激。

（4）恋爱过程中要平等相待，相敬如宾。不要以己之长攻彼之短，借此来炫耀抬高自己，戏弄贬低对方。也不宜想方设法考验对方或摆架子，这些都可能挫伤对方的自尊心，影响双方的感情。

（5）善于控制感情，理智行事。对恋爱中的性冲动，一方面要注意克制和调节，另一方面要注意转移和升华，与恋人一起多参加学习与文娱活动，要使爱情沿着健康的道路发展。

（二）培养健康的择偶观

思考讨论：你选择人生伴侣的标准或者条件是什么？并按重要程度排序。

正确的择偶观或者说恋爱观的基础应该是互相爱慕，志同道合。择偶的标准应是全面衡量，品德为重。择偶的态度应是严肃认真，履行义务。

（1）志同道合：就是有共同的志向、抱负和事业心，具有共同的人生态度、生活理想和生活道路。这是爱情巩固可靠的基础，有了这样一个基础，其他方面的不足可以慢慢弥补。

（2）品德为重：品德高尚的心灵美和外表美相比，前者更为重要。在恋爱问题上，应当树立这样一种观念：人不是因为美丽才可爱，而是因为可爱才美丽。

（3）严肃认真：爱情并不是俯首拾来，随手抛去的花朵。绝不能朝三暮四，见异思迁。真正的爱情应当是忠诚的，持久的。青年男女一旦进入恋爱阶段，就不允许任何一方同时和其他异性处于恋爱状态，这就是爱情的专一性和严肃性。青年男女一旦结婚，双方就要互相体贴，互相帮助，互相谅解，同舟共济共同度过美好的一生。

我们从上面的内容可以总结为四点：①以貌取人不妥当：内在美是重要条件，容貌美是会变化的，唯貌择偶根基不牢；②以财取人不可取：有钱财未必有幸福，钱财要靠自己去创造；③以职业取人不正确：职业不是爱情的必要条件，美满的爱情不取决于职业的好坏；④志同道合才幸福：支持事业，品格端正，情趣相投。

课堂互动

有位男生如此说：同宿舍的人中就我没有女朋友，一到周末，宿舍就只有我一个人，他们都说我太呆板、迂腐，还有人嘲笑我缺乏魅力。于是，我便找了一个女朋友，不管她人品外貌如何，周末陪我看电影就可以了。

你是否同意他的说法？

如果你也碰到与他类似的情况，你会如何处理？

四、培养健康的性心理

性包含着丰富的内容，性科学是一门综合性的学说，它包含性生理学、性心理学、性社会学、性伦理学、性美学等。因此大学生应当努力学习和掌握性科学知识，信息技术飞速发展，面对各种媒体上大量的性信息，大学生要提高自我鉴别能力，自觉抵制不良性文化的影响。

大学生应该选择恰当的性知识传授者（父母、性教育工作者、性与亲密关系咨询师、医生等），或去书店购买正式出版发行的、符合自己年龄特点的有关性知识的图书资料，从科学健康的途径获取性知识，以科学的态度坦然面对有关性的问题。许多大学生受传统的性观念和文化的影响，有了性的困惑也不好意思向家人、老师和医生求助或进行探讨，而是压抑自己，或者四处寻找与性相关的书籍，或通过影视媒体的广告，或通过与同学、朋友间隐晦的交流，获取一些相关的性知识。但是现在一些性知识书籍良莠不齐，广告媒体误导和夸大性信息，同学、朋友的认识也大多带有片面性，通过这些渠道获取的所谓性知识，往往是不准确的，还可能完全是错误的。

（一）性心理健康定义

世界卫生组织对性心理健康所下的定义是：通过丰富和完善人格、人际交往和爱情方式，达到性行为在肉体、感情、理智和社会诸方面的圆满和协调。

（二）性心理健康的标准

（1）正确认识和接纳自己的性别；

（2）具有正常的欲望；

（3）性心理和性行为符合年龄特征；

（4）正确对待性变化；

（5）对于性没有犹豫、恐惧感；

（6）和异性保持和谐的人际关系；

（7）性欲是正常和健康的，但性欲是可以适当控制的。

（三）如何避免意外怀孕

（1）服用避孕药。避孕药分为长效、短效和紧急避孕药。避孕药并不能预防性病，还可能加速冠状动脉粥样硬化的发展，要谨慎使用。

（2）戴安全套。安全套不仅能避孕，还能防止性病的传播。但需要注意的是要每次、全程使用。

(四)性病预防"ABC"原则

(1)节制欲望(A):青少年最好避免过早性行为。

(2)忠诚(B):固定性伴侣,不与陌生人发生性关系。

(3)安全套(C):戴安全套对于预防性病和艾滋病,是非常有效的方法,正确使用能最大程度地保护我们的身心健康。

(五)认识艾滋病及预防

据研究认为,艾滋病(HIV)起源于非洲,后由移民带入美国,世界上第一次有记载的艾滋病是 1981 年 6 月 5 日由美国疾病预防控制中心发布的。我国发现首例艾滋病是在 1985 年 6 月 4 日,一位来中国旅游的外籍人士患病入住北京协和医院后被证实是艾滋病。近些年,我国艾滋病发病人数和感染者人数处于逐年增加的趋势。

HIV 通过性接触、血液和母婴三种途径传播,握手、共同进餐等日常接触并不会传染。

从全球范围考虑,通过性接触导致的 HIV 感染人数超过感染数的 70%,但不同地区主要的性传播途径略有不同。

1. 性传播的预防

性传播主要通过性交、肛交、口交的方式在同性或异性之间传播。安全的性行为和正确地戴安全套,是很有效的预防措施。请同学们记住大学生性行为的基本原则:没有安全没有性;没有爱情没有性;没有准备没有性。

2. 血液传播的预防

血液传播主要由输入了被 HIV 病毒污染的血液或血液制品导致,所以要使用正规渠道的血液和血液制品。

3. 母婴传播的预防

重视婚检。

若孕妇是感染者,尽量避免怀孕。

感染者一旦怀孕,在医生的指导下考虑是否终止妊娠。不终止妊娠的,一定要经过规范的抗病毒药物干预阻断传播。

(六)大学生的性骚扰与性强暴(对象包括女生和男生)

遇到性骚扰或性强暴时一定要反抗,一定要报警,要零容忍,但你务必根据自己当时的实际境况决定零容忍的策略,而不是盲目地去反击。

(1)性强暴后对策:防止受孕;注意性病;及时报案。

(2)我们追求性的健康原则是:自主、健康、责任、愉悦。

心理训练

数字传递

活动步骤

（1）将学生分成若干组，每组 5—8 人，每组选派一名同学担任监督员。

（2）所有参赛同学按纵列排好，全体面向黑板、背向老师，队列的最后一人到老师处，老师向全体同学和监督员宣布游戏规则。

活动规则

（1）各队代表到主席台来，老师说：“我将给你们看一个数字，你们必须把这个数字通过肢体语言让你全部的队员都知道，并且让小组的第一个队员将这个数字写到讲台前的白纸上（写上组名），看哪个队伍速度最快、最准确。”

（2）全过程不允许说话，后面一个队员只能够通过肢体语言向前一个队员进行表达，通过这样的传递方式层层传递，直到第一个队员将这个数字写在白纸上。

（3）比赛进行三局（数字分别是 0、900、0.01），每局间休息 1 分 15 秒。第一局胜利积 5 分，第二局胜利积 8 分，第三局胜利积 10 分。

小组讨论

（1）沟通是一个循环，你和男友（或女友）之间的互动需要怎样的沟通？

（2）游戏给了你什么启发？

心理赋能

一、对异性性吸引因素的排序

1. 男生对女生的要求

（1）“举止谈吐优雅”71.0%。

（2）“更具内涵的文化素质”63.8%。

（3）“衣着得体”60.6%。

2. 女生对男生的要求

（1）“更具内涵的文化素质”69.0%。

（2）“举止谈吐优雅”67.3%。

（3）“学业有成”45.2%。

二、爱的五种语言

1. 肯定的言辞

对于那些安全感低、有些自卑的人，如果恋人能给予一些鼓励的话语，往往会激发出对方极大的潜力。

(1)写下每天你对他(她)说的肯定言辞,坚持21天,然后一起看看记录。

(2)定一个目标,例如连续21天,每天对恋人说不同赞赏的话。寻找恋人的优点,并告诉他(她),你多么迷恋这些优点。

(3)当你感到用词贫乏时,就尝试土味情话。

(4)在他(她)的朋友或父母面前尽情地夸赞他(她)。

2. 精心的时刻

什么是大学生恋爱的精心时刻?答:给予对方全部的注意力。

(1)请恋人列出一张单子,写上他(她)喜欢和你一起做的几件事。

(2)想一种他非常喜欢而你却很少参与的活动,例如看球赛、逛街,告诉他(她)接下来这个月里,你希望和他(她)一起参与一次。

(3)每天找些时间,分享当天的趣闻。

3. 接受礼物

礼物是大学生恋人间的视觉象征,它可以是买来的、自己做的或找到的。送礼物是一种表达爱的基本方式,爱的态度也总是被给予的概念伴随着。礼物是爱的视觉象征,礼物是一件你可以拿在手里并说"你看,他想到了我"或者"她仍记得我"的东西。你必然是想到了什么人,才给他礼物。礼物的本身是思想的象征。它是否值钱,无关紧要,重要的是你想到了他。

送礼物的原则是:价钱不重要,场合不刻意,而时机需要把握。

4. 服务的行动

所谓服务的行动,是指你的大学生恋人想要你做的事。你设法借着替他(她)服务,而使他(她)高兴;借着替他(她)做事,而表示你对他(她)的爱。

由此拓展开来,凡是那些服务需投资以思想、计划、时间、努力和精力的,并且都是以正面的精神来完成的,那就都是爱的表现。

5. 身体的接触

身体的接触是沟通情感的一种方式。在儿童发展方面,无数的研究都表明:有人拥抱、亲吻的婴孩,比那些长期没人理会、没能接受身体抚触的婴孩,在情绪发展上会来得健康。而身体的接触,也是大学生沟通爱情的有力工具。牵手、亲吻、拥抱,都是一个人跟恋人沟通爱的方式。这些,都是非常有效的爱的语言。

当然,不可能每个人对爱的五种语言都同样敏感,这就需要我们共同努力,通过观察,发现适合自己和恋人的爱的语言。

通过以下三种方式可以发现自己与恋人彼此爱的语言。

一是你的恋人做什么事,伤害你最深?跟这件事相反的,可能就是你爱的语言。

二是你最常请求你的恋人的是什么?你最常请求的事,可能是最能使你感觉到爱的事。

三是你通常以什么方式向你的恋人态示爱?你表示爱的方法,也许显示它会使你感觉到爱。

最后预祝各位同学都能从"爱的五种语言"中找到适合自己和恋人的一种或几种语言,提升我们的爱情质量。

项目十

应对挫折，战胜压力

心语心愿

每一种挫折或不利的突变，是带着同样或较大的有利的种子。——爱默生

挫折就像一块石头，让你却步不前，你软它就硬，而对于强者却是垫脚石，使你站得更高。——巴尔扎克

学习目标

知识目标：了解压力的定义、压力的来源、压力的影响、挫折的定义和种类以及不同的防御机制，理解挫折背后的意义。

素质目标：学会如何客观、理性地看待压力和挫折，培养平和的心态，积极乐观地面对生活。

心理觉察

遭受挫败的A同学

A同学刚进入大学就开始憧憬理想的大学生活，然而繁重的学业和单调的生活与美好的向往并不一样，让他逐渐产生失落感。期末考试成绩未如所愿；一个学期下来，同学间最初的“客气”感消除，摩擦产生了；与舍友的差异和矛盾逐渐显露出来……正所谓“希望越大，失望就越大”，持续的不愉快让A同学产生了更大的失败感，失败感又加重不愉快的心情，并且动摇了自信心，甚至怀疑自己的能力……

思考：高中毕业后离开家庭开始独立生活的大学生，面临着生活环境、学习任务、人际交往管理方式、生活节奏、饮食习惯、地理气候等多方面、全方位的变化，当他们原有的心理和行为习惯无法适应新环境的要求时，应该如何应对？

心理自测

压力觉知量表

本测试用于测量在最近一个月来，你个人的感受和想法出现的频率，每一道题均有5种选择，你尽量以快速、不假思索的方式答题，即不要思考过多，以反映真实的压力状况。

1. 一些无法预期的事情发生时感到心烦意乱。

A. 从不　　B. 偶尔　　C. 有时　　D. 时常　　E. 总是

2. 感觉无法控制自己生活中重要的事情。

A. 从不　　B. 偶尔　　C. 有时　　D. 时常　　E. 总是

3. 感到紧张不安和有压力。

A. 从不　　B. 偶尔　　C. 有时　　D. 时常　　E. 总是

4. 能成功地处理恼人的生活麻烦。

A. 从不　　B. 偶尔　　C. 有时　　D. 时常　　E. 总是

5. 感到自己能有效应对生活中发生的重要改变。

A. 从不　　B. 偶尔　　C. 有时　　D. 时常　　E. 总是

6. 对于处理自己的私人问题感到很有信心。

A. 从不　　B. 偶尔　　C. 有时　　D. 时常　　E. 总是

7. 感到事情顺心如意。

A. 从不　　B. 偶尔　　C. 有时　　D. 时常　　E. 总是

8. 发现自己无法处理所有自己必须做的事情。

A. 从不　　B. 偶尔　　C. 有时　　D. 时常　　E. 总是

9. 有办法控制生活中恼人的事情。

A. 从不　　B. 偶尔　　C. 有时　　D. 时常　　E. 总是

10. 时常觉得自己是驾驭事情的主人。

A. 从不　　B. 偶尔　　C. 有时　　D. 时常　　E. 总是

11. 时常生气,因为很多事情的发生是超出自己所能控制的。

A. 从不　　B. 偶尔　　C. 有时　　D. 时常　　E. 总是

12. 经常想到有些事情是自己必须完成的。

A. 从不　　B. 偶尔　　C. 有时　　D. 时常　　E. 总是

13. 能做好时间安排。

A. 从不　　B. 偶尔　　C. 有时　　D. 时常　　E. 总是

14. 时常感到困难的事情堆积如山,而自己无法处理它们。

A. 从不　　B. 偶尔　　C. 有时　　D. 时常　　E. 总是

计分标准与结果评估

该量表由 14 个题目组成,包括 6 个正向计分题目和 8 个反向计分题目,其中反向计分题分别是第 4、5、6、7、9、10、12、13 题。选择“A”加 1 分,选择“B”加 2 分,选择“C”加 3 分,选择“D”加 4 分,选择“E”加 5 分,将各题得分相加,即得总分。

总分范围为 14—70 分,总分越高,说明被试者的心理压力越明显。

总分为 14—28 分:知觉到的压力较低。你当前的压力处于低水平,你对自己当前的生活有足够的掌控,不会因为一些无法预期的事情发生而感到心烦意乱和惊慌失措。

总分为 29—42 分:知觉到的压力适中。你的压力处于适中水平,偶尔会有一段时间压力过大,但你也许有能力去享受压力,并且很快回到平静状态,因此你面临的压力对你健康不会造成威胁。不过,还是可以做一些放松训练进行调节。

总分为 43—56 分：知觉到的压力较高。你当前承受较高的压力，它可能已经对你的身心健康造成负面影响，需要你采取措施加以调节。

总分为 57—70 分：知觉到的压力非常高。你的压力过大，身体可能会有一些症状，在面对那些模糊的、难以改变的、长期的压力问题时会显得更束手无策和焦灼不安，急需减压，可以寻求专业人员的帮助。

活动探索

压力圈

活动目的　帮助学生了解自己的压力源以及压力反应。

活动准备　将全班同学分成人数相等的小组，每组 5—12 人。

活动过程

(1)大家画出大小圈，并在圈内写下自己最近生活中的各种压力(大小不同的圈代表程度不同的压力，大圈代表大压力，小圈代表小压力)。

(2)思考并回答以下问题。

①你的压力来源有哪些？

____。

②每个圈给你的感觉是什么？

____。

③压力很大时你身体的感觉如何？哪一部分不舒服？

____。

④你如何处理这些压力？

____。

(3)分组进行分享与交流。

抗挫能力小测试

1. 在过去的一年中，你自认为遭受挫折的次数为(　　)。

A. 0—2 次　　B. 3—4 次　　C. 5 次以上

2. 你每次遇到挫折(　　)。

A. 大部分都能自己解决　　B. 有一部分能解决　　C. 大部分解决不了

3. 你对自己才华和能力的自信程度(　　)。

A. 十分自信　　B. 比较自信　　C. 不太自信

4. 你遇到问题经常采用的方法是(　　)。

A. 知难而进　　B. 找人帮助　　C. 放弃目标

5. 你遇到非常令人担心的事时会(　　)。

A. 无法学习　　B. 照样学习　　C. 介于 A、B 之间

6. 你碰到讨厌的对手时(　　)。

A. 无法应付　　B. 应付自如　　C. 介于 A、B 之间

7. 你面临失败时会(　　)。

A. 破罐破摔　　B. 使失败转化为成功　　C. 介于 A、B 之间

8. 你在遇到进展不顺利时会(　　)。

A. 焦躁万分　　B. 冷静地想办法　　C. 介于 A、B 之间

9. 你碰到难题时(　　)。

A. 失去自信　　B. 为解决问题而动脑筋　　C. 介于 A、B 之间

10. 你在工作中感到疲劳时(　　)。

A. 总是想着疲劳,脑子不好使了

B. 休息一段时间,就忘了疲劳

C. 介于 A、B 之间

11. 工作条件恶劣时你会(　　)。

A. 无法工作　　B. 能克服困难好好学习　　C. 介于 A、B 之间

12. 产生自卑感时你会(　　)。

A. 不想再学习　　B. 立即振奋精神去学习　　C. 介于 A、B 之间

13. 老师给你布置很难完成的任务时,你会(　　)。

A. 顶回去了事　　B. 千方百计干好　　C. 介于 A、B 之间

14. 困难落到你头上时你会(　　)。

A. 厌恶之极　　B. 认为是个锻炼机会　　C. 介于 A、B 之间

计分标准与结果评估

1~4 题,选择 A、B、C 分别得 2、1、0 分;

5~14 题,选择 A、B、C 分别得 0、2、1 分。

19 分以上:说明你的抗挫折能力很强。

9~18 分:说明你虽有一定的抗挫折能力,但对某些挫折的抵抗力较弱。

8 分以下:说明你的抗挫折能力很弱。

活动探索

成长坐标

活动目的　帮助学生梳理自己对成长过程中典型生活事件的态度和认知。

活动步骤

(1)在每个人的成长过程中,都会发生一些让自己久久不能忘怀的事情,请你留意此刻浮现在脑海中的画面,感受此刻内心浮现出的情绪,然后回想你当时的年龄和你正在做什么。

(2)将刚才想到的内容通过制作坐标的形式画在下方,横轴是时间(0—18 岁),纵轴是生活满意度(0—10 分),用点表示自己当时经历某件事时的年龄和相应的满意度,最后将所有的点按顺序连成一条线。

(3)思考以下问题。

①你会用哪3个词语形容自己的成长经历？

____。

②为什么你会选择标记这些事件？

____。

③你认为这些事件对你的现在和未来有什么影响？

____。

(4)教师组织学生分享并进行总结。

分享方向：每个人的成长都会受到多方面因素的影响，过去的事情已无法改变，关键是我们如何看待已经发生的事情。

心理课堂

任务一　认识压力

知识探索

一、压力概念

“压力”这个术语是从物理学中借用来的，汉斯·薛利（Hans Selye）于1936年首次将“压力”使用在健康问题方面。汉斯·薛利是一名加拿大医生和研究者，他是写作有关“压力”这个主题最多产的作者之一。此后，国内外有不少学者对压力概念进行过探索，不同的学者从不同侧重点提出过压力概念的内涵和外延。如Lazarus认为，压力是环境需求超出个人能力和可用资源的情境；Fineman认为，压力是高度焦虑经验的认知及反应；Fleming认为，压力是波及威胁或危险的认知及反应；Higgins等（1992）认为，压力是促使一个人内心产生不平衡状态的原因；我国有学者认为，压力也称为“应激”“紧张”，是指个体的身心在感受到威胁时所产生的一种紧张状态。

从以上学者对压力的看法可以看出，压力的概念包括以下三个方面。

1. 刺激事件

主要指使个体产生压力感觉的事件。

2. 个体对刺激事件的认知和评价

指当个体认为“环境需求超出个人能力和可用资源”或者认为刺激事件“波及威胁或危险”时，就会产生压力，即个体认为刺激事件具有不可控性。

3. 个体有内在体验

如焦虑、内心不平衡、紧张等，我们通常把压力看作由一定刺激事件引起的，使个体认为事情已经超出了当时的可控能力时所体验到的一种身心紧张状态，它可以引起当事人一系列生理上和情绪上的变化。

此定义强调，压力是个体认知到的该刺激事件自己不能应付或者对自己具有威胁。只有当个体认知到情境或压力源具有威胁时，情境或压力源才会对人产生压力。比如，失业使我们的生活无着落，从而对人产生压力。然而，由于个体的生活经验不同，同样的压力源对每个人所造成的压力程度也就不同。

二、压力源

在对压力的定义中，刺激事件包括了各种来自外部或内部的生活事件、日常烦恼，我们统称为压力源或应激源。由此，压力源是指压力产生的来源，即促使个体产生压力的刺激事件。

压力与压力源不同，将两者加以区分非常重要。在日常用语中，当人们谈及压力时，通常是指一种情况或体验，这种情况或体验将他们置于紧张状态之下，比如工作压力。

压力源可以有以下分类方式。

1. 非人为的压力源和人为的压力源

压力源是引起压力的具体的人和事，大致包括非人为的压力源和人为的压力源两种。非人为的压力源又称为“自然逆境”，如地震、泥石流、台风、海啸等自然因素，不以人的意志为转移；人为的压力源又称为“社会逆境”，如经济压力、社会竞争、就业压力、人际压力等。

2. 外压力源和内压力源

压力源也可以按照内外来分。外压力源是指学习、就业、经济、人际关系、情感等各方面的客观事件，而这些客观事件是否成为真实感受到的压力，还要看个人内在的抗压素质。压力的大小是由压力源事件的客观性和自我感觉的主观性两个因素共同决定的。在这两个重要因素中，起主导作用的是后者。用公式表达就是：压力的大小=压力源/承受力。同样一个事件不同承受力的人，感受到的压力大小是不一样的。当然，生活事件大小的不同带来的压力感会有不同；而对压力的承受力则决定了压力事件最终的影响力。

三、压力与身心健康

每个人承受压力的能力都是有限的。通常情况下，适当的压力不会影响人的正常生活和身心健康，但如果一个人长期承受巨大压力而无法获得有效的缓解，那么人的身体和心理就会受到损害，从而产生各种不良反应。就像一只气球，如果你总是不断地给它吹气，总有一刻它会不堪重压而爆裂。

人在压力状态下会出现一定的生理反应和心理反应，这些身体和心理信号提示人们要关注自己的压力水平。

压力的生理反应主要表现在自主神经系统、内分泌系统和免疫系统等方面，如心率加血压升高、呼吸急促、激素分泌增加、消化道蠕动及消化液分泌减少、出汗等。

压力的心理反应包括积极反应和消极反应两类。积极反应体现在当压力适中时，压力可以激活个体的潜能，使个体能以更积极、有效的状态投入所面临的压力情境，更好地完成任务。消极反应体现在当压力过大时，个体表现出的认知、情绪和行为反应。

认知反应：注意力下降、难以专心，容易分心；记忆、分析能力和逻辑思维能力下降，容易思维阻塞、遗忘等。

情绪反应：精神紧张、焦虑、不安、烦恼；易怒、攻击性增强；恐惧、无助、悲观失望、自责情绪控制力下降，工作成就感降低。

行为反应：学习、生活兴趣下降；活动计划性、目标降低，经常顾此失彼、被动应付；回避倾向，想要一个人待着，不愿与人交往。

任务二　认识挫折

知识探索

一、挫折概念

挫折是指个体在目标或需要遇到阻碍而不能实现或不能满足时，体会到的紧张、焦虑、失落、愤怒等情绪反应。

挫折心理包含以下几个方面。

1. 挫折情境

指挫折产生的情境状态，既可能是实际遭遇到的情况，也可能是想象出来的。

2. 挫折认知

指个体对挫折情境的一种认识和评价。

3. 挫折反应

指在需要得不到满足、目标达不到时产生的情绪和反应，如愤怒、攻击、回避等。

人的一生，就是一次远足旅行。在这个漫长的旅途中，我们难免遭遇挫折。有的人因为挫折而失去斗志，从此一蹶不振，有的人却积极面对，虽然伤痕累累，却是越受挫越勇敢，最终找到通往成功的出口。因此，如何应对挫折、如何从挫折中站起来、怎样让生命中的挫折转变成我们的助力，将是我们获取成功的关键。

活动探索

我的挫折

请根据上面学习的内容，在下表中填写一件或几件自己遇到的挫折，并分析自己面对挫折时的行为反应。

挫折分析

挫折情境	挫折认知	挫折感受	改变后的挫折认知	改变后的挫折感受
如：期末考试有一门课程挂科	真倒霉	沮丧	没有认真复习	平静

二、挫折后行为反应

不同个体遭受挫折后有不同的行为反应。心理学研究认为挫折后的表现属于一种自我意识的防卫，目的在于摆脱挫折给自己带来的心理烦恼，减少内心的冲突与不安。

根据受挫后反应的效果不同，可把挫折后的表现形式分为消极行为反应和积极行为反应。挫折后的消极行为反应是个体受挫后常常表现出来的行为特征。消极行为反应在一定时期、一定程度上可以缓解受挫后的紧张、焦虑心理，但这种行为反应缺乏积极的社会价值，其后果是：一方面使大学生引发新的挫折，另一方面也可能危害社会和他人。

（一）消极行为反应

1. 攻击

攻击又称侵犯和对抗。个体目标受挫后，往往在非理智情况下把“高能量”的愤怒情绪指向一定的对象，这是一种破坏性行为。大学生在遭遇挫折后，在情绪与行动上会产生一种对有关人物的攻击性的抵触反应，以消除来自挫折的痛苦。攻击是一种破坏性行为，这种行为分为直接攻击和转向攻击。直接攻击是指一个人受到挫折后，把愤怒的情绪直接发泄到使之受挫的人或物上，如大学里发生的打架斗殴、损害公物等现象。这主要发生在自控力较差、鲁莽的大学生身上。转向攻击是指一个人受到挫折后，把愤怒的情绪指向其他的人或物上，如当受到老师批评时，把怒气发泄到别人或物品上。

2. 退缩

个体目标受挫后，以退缩的方式来适应挫折情境，主要表现在以下几个方面。

1）逃避

即个体不敢面对自己的挫折情境，而逃向生理方面，如受挫后装病等，或逃避到自认为较安全的地方，具体趋向是从现实逃向幻想世界。这种幻想不同于符合事物发展规律的对未来远景的想象，而是个体遭到挫折后，陷入一种不切实际的想象境界中，以求脱离现实，在由自己的想象而构成的似梦非梦的情境中获得满足。

2）倒退

倒退又称回归，即个体受挫后放弃已经习得的成人的正常行为方式而恢复使用早期幼儿时幼稚的方式加以对付，从而减轻内心的心理压力。如易受人暗示，盲目相信他人，盲目执行他人指示，不能控制自己的情绪，暴跳如雷、声色俱厉，甚至无理取闹。

3）冷漠

即个体目标受挫后表现出一种漠不关心、无动于衷的态度，对工作、生活失去信心，放弃一些未受挫折的事物，无所作为，甚至放弃生命。

3. 固执

个体遭到挫折后，由于不能理智地思考和对待失败的原因或自己的错误，反而盲目地重复着导致其出现的无效行为。其特点是行为呆板、无弹性并具有强迫性。如有些大学生因违反学校有关纪律而受到批评后，不仅不改过和收敛，反而反复发生类似行为。严重的固执行为一旦稳定下来，就会出现强迫观念或强迫行为，甚至导致强迫症。

4. 反向

是指把自己的一些不符合社会规范、不被允许的愿望和行为，以一种截然相反的态度或行为表现出来，以掩盖自己的本意，或减轻心理压力的行为反应。它虽然可以在一定程度上掩饰自己的真实动机，但是掩饰包含着压抑，长期运用会从根本上扭曲自我意识，使动机与行为脱节，造成心理失常。

（二）积极行为反应

虽然挫折会使人感到痛苦、焦虑、不安，但是个体受挫后若能在理智的指导下，以积极的行为反应去应对挫折，那么就会有效地摆脱挫折，不断走向成功。挫折后积极行为反应主要有以下几种。

1. 表同

表同是指个体在现实生活中无法获得成功时，将自己比拟为某一成功者，借以在心里减弱挫折产生的痛苦，或者迎合能满足自己需要的人，按照他们的希望去支配自己的思想、行动来冲淡自己的挫折感，并以此求得内心的满足。当一个人在没有获得成功与满足而遭遇挫折时，将自己想象为某一成功者，效仿其优良品质和获得成功的经验和方法，能够使他的思想、信仰、目标和言行更适应环境和社会的要求，增强自信心，减少挫折感。例如，大学生常以一些优秀的历史人物、科学家，或小说中所欣赏的人物，或老师甚至同学作为自己效仿的对象，建立自己心中的榜样，并依照榜样进行积极的自我激励与暗示，用成功代替挫折。

2. 补偿

当大学生在实现既定目标的过程中因主客观条件的限制而无法达成时，设法以新的目标代替原来的目标，以现在的成功体验去弥补原有失败的痛苦，以找回失去的东西和自尊，达到“失之东隅，收之桑榆”的目的，这就是补偿。

这个概念包括两层含义：一是改变策略和行为方式。当目标无法实现时，应该及时调整策略，寻求一种新的行为方式以实现目标。如“迂回战术”“围魏救赵”等就是一种策略上的替代。二是目标的改变，诸如降低目标和重新选择目标等。当既定目标需要付出的代价过大或无法攀登时，可以修改或降低目标的要求，这是一种明智的做法。如一个相貌平凡或有生理残疾的学生，无法与其他美丽健康的同学争相媲美，于是发奋学习，在学术研究上取得较大的成就，从而获得其外貌不能赢得的声望，这就是补偿作用。

3. 升华

指一个人因某种原因无法达到原定目标，或者个人的动机与行为不为社会所接受时，用另一种比较崇高的、具有创造性的或建设性的、有社会价值的目标来代替，从而在更高的层次上去满足未能满足的需要，借此恢复心理平衡的反应方式。如“化悲痛为力量”就是一种典型的升华表现。

4. 幽默

当处境困难或尴尬时，那些人格比较成熟、修养较好的人，往往以幽默的方式把原本困难的情况转变过来，大事化小，小事化了，摆脱困境，维护自己的心理平衡。

三、挫折对大学生的影响

挫折是一种客观存在。任何人都不可避免地遭遇到各种各样的挫折，不管是否愿意。挫折对我们的心理及行为具有积极和消极两个方面的影响，它是强者的垫脚石，是弱者的绊脚石。

（一）挫折对大学生的消极影响

1. 降低大学生的学习效率

学习是一种积极的思维活动，学习效率除受个体智力水平和知识水平的制约之外，还与学习者的情绪状态、自信心等因素密切相关。大学生遭遇挫折后，会极大地降低学习效率。在现实生活中，有许多大学生在遇到失恋、考试失败、父母离婚等挫折后，学习成绩明显下降，这就是挫折产生消极影响的表现。

2. 降低大学生的思维能力与生活能力

大学生受挫后，容易引起情绪波动和出现行为偏差。如果持续遭受挫折，则可能导致神经系统的混乱。不但大大降低了思维创造力，生活适应能力也大打折扣。

3. 易使大学生性格改变与出现行为偏差

当大学生遭到重大挫折或持续挫折而又无法做出相应的调整时，某些行为反应就会形成相应的习惯模式或个性特征。如一位对爱情充满憧憬、热情开朗的大学生，因恋爱屡次失败，导致对异性怀有过度的戒心，对爱情不再抱有热情和希望。这种消极态度的持续发展，使其个性产生了十分微妙的变化，由外向热情变成了深沉世故。同时，由于受挫的大学生处在应激状态下，感情易冲动，自控能力较差，不能正确评价自己的行为及其后果，可能会做出违反社会规范的行为。如有些大学生受挫后，喜欢几个人一起酗酒闹事，或挑唆斗殴，甚至走上违法犯罪的道路。

（二）挫折对大学生的积极影响

事实证明，人们成就事业的过程，往往就是他们战胜挫折的过程。挫折对大学生具有一定的积极作用，具体表现为以下三点。

1. 有利于磨炼大学生的性格和意志

坚强的性格和意志往往是长期磨炼的结果。多数大学生生活在较好的家庭与学校环境中，虽然这种环境有利于他们的成长，但也降低了他们对挫折的适应能力，不利于坚强性格的形成。一旦遇到挫折，他们将会承受更大的压力，所以经历的挫折多了，承受挫折的能力就强，就能更清醒、更深刻地认识所面对的问题，性格也能变得坚强。

2. 有利于增强大学生的情绪反应能力和解决实际问题的能力

当大学生面临困难或挫折时，其神经中枢受到强烈的刺激会引起情绪激奋、精力集中，使整个神经系统兴奋水平提高。在这种情况下，人的精神焕发，思维加快，情绪反应能力大大提高。同时，在解决困难和克服挫折的过程中，大学生可以从中积累经验和提高解决问题的能力。

3. 有利于大学生正确地认识自我，提高生活适应能力

许多大学生对社会、对自己有一些不切实际的想法，当他们用这些想法来指导自己的行动时，就容易遇到挫折。挫折的产生无疑会给他们吃下一粒“清醒丸”，使他们对自己做出一个合乎实际的评价，同时也使他们对生活、对社会有一个较为客观的认识，增强其适应现实生活的能力。

任务三 压力管理与挫折应对

知识探索

一、压力管理

人生活在世界上就一定会有压力，没有压力的世界是不存在的。如前文所述，正常的压力体验对生存很重要，它能帮助我们应对挑战，实现目标。问题并不在于正常的压力，而在于长期、过度的压力，以及我们在处置压力时的方式是否恰当。学会有效地管理压力对大学生来说有重要意义。

压力管理就是个体用有效的方法应对在压力情况下的生理、心理唤起。压力管理的策略主要有以下几种。

（一）注意自身的压力信号

一旦压力产生消极作用，就会变成负担，而身体和意识就会发出警告信号。当然，这些信号并不一定是有害的或危险的，你可以把它们看成一种征兆，它表明你没有发现或者已经超越了自己能力的极限。但是，如果这些信号不断地或经常地出现，那就不是什么好兆头了，这时就需要认真地对待这些信号。

压力信号主要分为两种（如表 10-1）：预警信号和警报信号。预警信号可以看成是一种征兆，预示着自己没有发现或已经超出了自己的能力极限。警报信号则表明个体必须认真对待这些信号，并注意调节自己的生活状态，因为你的身体已经出问题了。

表 10-1 压力信号

	预警信号	报警信号
情感方面	不满，急躁，没有安全感，有敌对情绪，无精打采，缺少动力，激动，易怒，忧虑，神经过敏，产生空虚的感觉，觉得自己很失败，对未来感到焦虑。	情绪不稳定，沮丧，冷漠，焦虑，偏执，筋疲力尽，经常感到绝望，迷失自我，没有自信，空虚。
智力方面	易走神，注意力不集中，健忘，缺乏灵感，白日梦，缺乏抽象思维能力，缺乏综合思维能力，不停地担忧，犹豫不决。	迷乱，判断错误，患上强迫观念症，丧失作决定的能力。
生理方面	心悸，胸部疼痛，眩晕，出汗，体重下降/增加，气短，尿频，头痛，腹泻，消化不良，出虚汗，胃肠道疼痛，失眠或睡得太久，烦乱，紧张，头痛，背痛，四肢僵硬、发抖、抽搐，肌肉疼痛，颈肩僵硬、疲劳。	长期高血压、心脏病、胃溃疡，长期感到疲劳，体重迅速下降/增加。

续表

	预警信号	报警信号
行为方面	无法发挥自己的全部能力，易冲动，拘谨不合群，抽烟，喝酒，暴饮暴食，使用镇静剂，服用安眠药。	酗酒，旷工，经常出事故，有危险的行为，服用兴奋剂，长期愤世嫉俗，偷窃，抵制行为。

有时，这些信号本身也会成为一种问题。尽管它们是因为压力而产生的，但它们也可能增加或导致新的压力。那样就会陷入一个恶性循环：由压力造成的这些征兆反过来产生了更大的压力。比如，压力使你变得暴躁不安，这可能会引起别人的反感，从而给你造成更大的心理压力。

（二）恰当处理应激源

要设法消除应激因素，阻止应激状态的产生。一方面可以从改善可能成为应激因素的社会生活环境入手，通过社会物理工程加以处理改善环境、交通、居住和工作条件；另一方面可以通过社会工程来处理因社会压力或不适当的要求所造成的应激状态，重建人与人之间的新关系、新环境，减少应激状态发生的可能性。

（三）生理策略

人的生理状况有一部分是无法改变的，如体形、身高等，但是也有可以后天获得的部分，这部分因素随着时间而不断增加、改变。它们主要由个人的生活方式决定，个人的生活方式对适应力的影响巨大，其中的一些决定性因素是：体育锻炼、休息、健康的饮食习惯、不抽烟、适量饮酒、健康的睡眠习惯、合理安排时间和清晰的主次感。

（四）社会支持系统

大学生应建立个人心理支持系统，在压力难以排解的时候，可向朋友、家人、心理咨询专家等倾诉痛苦，寻求心理帮助。当心情不愉快时，不妨与同学、朋友交谈倾诉一番，特别是向异性朋友倾诉，会产生良好的心理调节作用。美国心理学家调查研究表明，所有的人都可以在向异性倾诉的过程中获得比向同性倾诉的过程中更高的解决抑郁的功效。

（五）调整对压力情境的认知

认知决定了大学生是否能够面对压力情境，当大学生对情境的认知混淆不清时就会出现错误的解释；当他们否认情境的认知时，就会造成对情境的拒绝，使他们不敢面对现实的压力问题。因此，认知调整在压力管理中非常重要。首先，协助学生发现其非理性的想法，对于自己或他人的苛刻要求，这些想法通常冠以“必须、应该、肯定”这样的字眼，要认识到面临问题的不可避免性，从而坦然接受。其次，提出他们的困扰不是问题引起的，而是因为想法有误，找出困扰的根源，建立理性想法。再次，建立日常应对模式，不理性的认知行为的改变不是一下子可以做到的，需要建立逐步努力的程序，运用理性认知面对压力并有效管理。

二、挫折应对

既然挫折是客观存在的，我们应当主动进行挫折心理训练和挫折教育，从预防入手，提高自己对待挫折的容忍力，同时树立辩证的挫折观，采取有效的心理防卫机制，走出心理困境。具体来说，可以从以下几个方面进行挫折心理的调整。

（一）树立正确的挫折观

在挫折情境中许多不理智的反应、不正确的行动，都源于缺乏对挫折的正确认识。为此，我们应该树立正确的挫折观。

1. 挫折存在的普遍性与必然性

自然界、社会中的万事万物，无一不是在曲折中前进、螺旋式上升的。挫折是人们认识世界过程中的必然现象，任何人的成长过程中都不可避免地会遇到不同程度的挫折。如果有了正确的挫折观，认识到挫折是人生的一部分并做好了充分的心理准备，就能把挫折当作进步的阶石、成功的起点，从而不断取得进步。

2. 挫折意义的双重性

大文豪巴尔扎克说过："世界上的事情永远不是绝对的，结果完全因人而异。困难对于天才是一块垫脚石，对于能干的人是一笔财富，对于弱者是一个万丈深渊。"挫折既有消极的一面，也有积极的一面。挫折会给人以打击，带来损失和痛苦，但也能使人受到磨炼和考验，变得坚强起来、成熟起来，并因此而增长知识和才干，获得解决问题的能力，使挫折向积极方面转化。

3. 挫折的可克服性

正确的挫折观，还在于当挫折发生时，要勇于面对它、正视它、解决它，并坚信挫折是可以克服的。强者之所以为强者，不在于他们遇到挫折时根本没有消沉和软弱过，而在于他们善于克服自己的消沉和软弱。鲁迅彷徨过，哥白尼忧郁过，伽利略屈服过，歌德、贝多芬还想过自杀，但他们通过斗争，最终都坚定地走向了辉煌。他们成就事业的过程往往也就是战胜挫折的过程。

4. 大度乐观，正确地评价自我和社会

个体对挫折的承受力，往往与其人生价值观和处世态度有着密切的关系。一个乐观向上、性格开朗的人，比一个患得患失、郁郁寡欢的人，更具有挫折化解能力。学会容忍挫折，胸怀坦荡，情绪乐观，满怀信心，最终还是能够战胜挫折的。一方面你要从自身找出原因，找出缺点与错误，不能一味地埋怨社会环境和客观条件，这样只会使你越陷越深；另一方面，你应当正确地认识自己的优点和长处，不要稍遇挫折就责备自己、否定自己，自暴自弃，这样也会使你走入自我挫败的境地。正确的态度应是实事求是地评价自己，愉悦地接纳现实的自我与社会条件，在此基础上，冷静地分析客观、主观目标以及环境等方面的因素，采取有效的补救措施。

5. 放弃偏见，主动寻求帮助与支持

个体在遭受挫折后，除了可以自发地运用各种心理防卫机制来缓冲挫折感、维持心理平衡外，还可以主动寻求他人或机构的帮助与支持。目前半数以上的高校都设有心理咨询中

心，大学生可以得到心理咨询员的专业性帮助和支持。

（二）构建积极的心理防御机制

个体遭受挫折后必然会有所表现，以解脱挫折给自己带来的心理烦恼，减轻内心的冲突与不安。这是自我意识的防御作用，称为自我防御。自我防御机制在现实生活中是一种相当普遍的心理现象，但它有积极与消极之分，有的人形成了消极的自我防御机制，有的人则发展了积极的自我防御机制。我们应当教育和引导学生发展积极的心理防御机制，形成健康的人格特征，增强挫折的免疫能力。

1. 通过集体主义和为社会服务的行为满足心理需要

人生在世，总有所需。当个人的需要得不到满足时，有的人或强行索取，或消极不满；有的人则使自己的行为与社会、集体的利益相一致，为他人做出力所能及的贡献，从而受到社会、集体和他人的赞许，从中满足自己的物质及心理需要。如有的学生学习成绩不十分突出，但在参加集体文化、体育活动方面，或为其他同学服务方面做得很突出，同样受到大家的尊敬和赞扬。这种人格化的自我防御机制，是心理健康发展的表现之一。我们应该懂得人所需要的满足既不可能离开社会，又要受到社会各种因素的制约。一个人只有把自己积极地社会化，发展集体主义和为社会服务的行为，才能在满足社会需要的同时满足自己的需求。

2. 学会积极地预期

自我防御机制发展积极而成熟的人，不是等不利的情况出现后才消极应付，而是善于对即将发生的事情进行预测，拟定合乎实际的应对计划，做好准备，包括心理准备。如有的学生总是在考试前及时做好各种准备，不打无准备、无把握之仗。同时，还要估计到各种困难和不利后果，使自己处于主动地位。具有这种人格特征的学生，就不容易出现消极自我防御特征。

3. 发展坚强的自我克制心理品质

人的自我防御机制一般是在无意识的情况下发挥作用的。有些人往往以“一时冲动”等借口为自己的某些言行辩解，其实他们都只是看到人在当时的表现，而没有发掘其内部原因。心理学认为，一般来说，每个人都会有某些不现实、不正确乃至不健康的欲念或冲动。有的人不能控制，有的人消极压抑，有的人却能以理性的自觉和坚强的意志去克服、消除、抛弃某些不良意念和冲动。这种差异并不是“一念之差”，而是长期形成的思想意识的必然结果。我们应当分析认识消极防御机制及错误行为的思想根源，认识意识、意志、人格在调控行为方面的作用；提高思想觉悟的同时，自觉加强心理品质修养，特别是要发展高层次的自我监控、自我调整、自我控制的良好心理品质，以便在任何条件下都能保持正确健康的思想行为方向，不被消极思想行为所左右。

4. 倡导转移和升华

当一个人的思想、愿望、要求不能实现时，不是消沉、埋怨和发泄，而是采取理智冷静的态度，改变不正确、不现实、不可能的思想要求，转向客观条件许可的高尚思想行为，这就是转移和升华。如一个在学习上很优秀的人，突然因某种原因被迫去不想去的大学，学自己不想学的专业，但他并不因此而怨恨消沉，而应该下决心多学点知识，或转攻外语、计算机、书法、美术等，以陶冶自己的情操。升华作用并不是消极压抑自己的情感需要，而是理智地进行情感和需要的一种转移，是对心理冲突的疏通引导，使之向更合理、更高尚的方向发展。这是一个人心理健康和成熟的最重要的标志。弗洛伊德将升华作用称为自我防御机制的最高水平。

（三）提高耐挫能力

大学生挫折心理产生的最主要原因是个体主观因素，一切外部因素都是通过个体感知后而产生作用的。因此，大学生战胜挫折，必须发挥主观能动性，积极进行自我调节，使挫折带来的不良情绪得以解脱，保持心理健康发展。

1. 正确认识自我，战胜自我

正确认识自我是成功的第一步，在此基础上才能正确地自我设计。设计的起点必须建立在切实可行的基础上，既不能过高，也不能过低。有了这样的设计，就要开始为之努力奋斗，不断地战胜奋斗过程中的随意性、盲目性和浮躁的情绪。大学生应该树立即便改变不了别人和这个世界，也可以改变自己的信念，有勇气利用挫折作为前进的动力，为自己寻找一个新的开始，积极面对人生。

2. 积极勇于面对

与恶狗打过交道的人都知道，你越是害怕，越是逃跑，它追你越快、越凶；相反，如果你停下来，转过身，勇敢地面对它，它反而会对你望而却步；如果你勇于自卫，它甚至会被你吓跑。对待挫折也是一样，逃避、害怕不是解决问题之道，勇敢面对才有可能最终摆脱困境。但是，要做到勇敢面对，不是一件容易的事。当挫折不请自来时，许多人心理上的恐惧要远远大于挫折本身。因为人们都知道，挫折意味着太多的痛苦、失落和危机，是我们最不愿意看到的，也是最耗费心力和体力的，它让人有一种本能的害怕和恐惧。然而，挫折并不因为你害怕、恐惧就自动消失，不但不会消失，而且还会像恶狗那样对你穷追狂吠。所以，与其被动退却，不如勇敢面对，主动出击。

3. 适时调节情绪

矛盾和冲突的消除需要大学生有较高的心理调节水平，即对自己的心理状况的调节能力。受挫后的大学生可以采用以下情绪调节的方法。

（1）音乐调节法。音乐对人的精神状态具有神奇的调节作用。

（2）书籍陶冶法。有益的书籍会使人的灵魂得到净化、升华，冲淡人们心中的烦恼，给人以力量和勇气。

（3）情趣陶冶法。人的情趣来自生活中对美的感受，热爱生活，情趣自然会来到你身边，如去郊游、听喜欢的歌曲、下棋、练书法、绘画等。

4. 及时调整心态

调整心态的步骤一般包括以下四个环节。

（1）是什么。确定自我心理的困扰，是哪种类型的挫折引发的挫折感。

（2）为什么。寻找导致困扰的原因，从主客观两个方面分析导致挫折的原因。

（3）怎么办。采取合理有效的应对策略。

（4）怎么样。监督巩固心理调适的成效。

要注意的是，认识到心理问题而不去行动并不能解决问题，天助自助者，即做自己的主人，自我观察、自我管理、自我调整、自我监督。

5. 找人倾诉苦恼

倾诉是完全说出心里的话。它是用语言将自己的情绪向别人表述的宣泄方法，也是一种尽快达到心理平衡、心理净化的手段。在大学生活中，当大学生遭遇挫折后，将积蓄于心里的所有痛苦、委屈、困扰、愤慨一股脑儿地向周围人倾诉出来，是保持心理平衡、促进良好适应的较好方法。

（四）积极总结经验教训

挫折给人以压力、痛苦，但只要善于总结经验与教训，它同时也给人以智慧。可以说，知其败而不知其所以败的人才是真正的失败者，知其败且知其所以败的人才是潜在的成功者。总结经验教训时应注意以下几个方面。

1. 目标是否恰当

如果我们已经尽了全力，仍未达到目标，这时我们应该检查主观的智力、能力、体力等水平是否适应目标的达成。若目标过高，我们就要及时调整目标，既可以降低目标，也可以改换目标，甚至应学会放弃。否则，明知自己不能达到目标而固执前行，只会遭到更大的挫折。

2. 方法是否稳妥

若目标确实可行，我们就要检查达到目标的途径、方法是否稳妥。如发现“此路不通”，我们就要改弦易辙，另辟蹊径，不要停留在十字路口观望、徘徊，以致坐失良机。

3. 了解阻力来自哪里

有时目标可行，方法妥当，但还是失败，这时我们要进一步分析造成挫折的原因，是自然因素还是人为因素。我们要想方设法排除阻力，化阻力为动力，做到败不馁，不达目的不罢休。

4. 正视失败，不懈追求

如果我们经受过挫折，尝受过苦果，对挫折仍漠然视之，若无其事；或是打肿脸充胖子，把错误当正确；或是灰心丧气，自暴自弃，那么都不可能将消极情绪变为积极情绪。只有正视挫折、认真汲取挫折教训的人，才能将“失败”变为“成功之母”，才不会因暂时的挫折而气馁。只要我们不被失败的情绪压倒，在总结经验与教训的基础上不懈地追求，就一定能取得卓越的成就。

心理训练

融化压力冰块

活动目的 通过正念冥想，回顾压力、感受压力、释放压力。

活动步骤

（1）老师通过以下引导语，让学生放松下来。

“想象你心中的压力就像一块冰块，这块冰块压得你喘不过气来……现在，有一束光照过来，你心中的压力随着冰块的融化慢慢地消失了。”

（2）学生思考。

当胸口的冰块融化后，你是否感觉身心轻盈了许多？

你觉得这个方法还适用于哪些场合？

（3）教师根据大家的回答进行总结并分享减轻压力的方法。

解析：这个正念冥想游戏较少受客观因素的影响。

心理赋能

逆境是一所人生大学

人生不会歌舞升平，一帆风顺。逆境和挫折是人生中常见的功课，如何应对逆境和挫折，不仅是对心理素质的检验，也直接关系到当事人的身心健康。从心理学上看，面临逆境要保持心理健康，有两点特别重要：一是如何归因；二是如何调整认知。前者是指将挫折的原因归结为外界原因，还是归结为自己的主观原因。一般来说，将挫折归结为外因的人只会徒增一些牢骚怨言，更加激化人际矛盾；而归结为因的人，如认为是自己的某种疏忽，偏听偏信了某些说法，而造成某种决策和选择的失误等，则有可能促进对自己行为的反思和必要的调整。从某种意义上说，没有哪种灾难或不幸的发生是与自己无关的。俗话说得好：“勉求诸人，不如求诸己。”这样的反思将有助于自己观念与行为的调整。

面临逆境时调整认知是维护心理健康的重要手段。其一，将逆境中的痛苦看成对自己精神的考验，而不仅仅是不幸和无辜，逆境里的人生体验往往比平时更深刻、更丰富。其二，将逆境看成人生顺境时难得的警示，促进对自我意识和言行的反思。顺境容易使人头脑发热，而逆境反而使人趋于冷静。其三，逆境是促进当事人调整人生目标与生存方式的机遇，如平时你想换个工作不易下决心，逆境时反而容易实现这个目的；平时忙于工作不注重休息，逆境时反而会促使我们认识到休息并非不重要。逆境可能会促使我们放弃一些平时我们认为非常重要但其实并不紧要的事情。其四，通过逆境考察和认识别人的人格，加深对人性和社会的理解。其五，善于发现逆境中的阳光、善意和希望。

逆境并不可怕，可怕的是人对逆境感到悲观和失望。保持内心世界的光明，就不怕任何逆境。逆境并不是一无所获，逆境是一所真正的人生大学。

回顾一下在过去的生活中自己是如何应对逆境的，重新制定一套应对逆境和挫折的策略和方案，一个有准备的头脑是不会再害怕黑暗的。

（资料来源：邱鸿钟. 人生是一首未完成的诗[M]. 广州：暨南大学出版社，2014.）

项目十一

生命教育，应对危机

心语心愿

生命究竟有没有意义，并非我的责任，但怎样安排此生却是我的责任。

——赫塞

人最宝贵的是生命。生命属于每个人只有一次。人的一生应当这样度过：当他回首往事的时候，不会因为碌碌无为、虚度年华而悔恨，也不会因为人卑鄙、生活庸俗而愧疚。

——尼古拉·奥斯特洛夫斯基《钢铁是怎样炼成的》

学习目标

知识目标：探索生命的意义，帮助大学生识别心理危机的信号，掌握心理危机的自助、求助与互助的方法。

素质目标：帮助学生树立正确的生命观，用积极的人生态度珍惜拥有的一切。

心理觉察

小艾的心理危机

小艾，女，大学二年级学生，学习成绩不佳，多门考试挂科。小艾自述家庭条件较好，父母都是高级知识分子，从小对其学习要求较高，总对她说："你只要好好学习，其他什么都不用管。"大学之前她的学习成绩一直名列前茅，是老师眼中的好学生，是同学眼中的学习榜样，父母也引以为傲。但由于她压力太大，考试时太紧张，高考失利，未考进理想大学，父母想让其复读，但小艾坚决不同意，因为此事与父母发生了很大冲突，一段时间都不说话。她上大学之后，找不到学习和生活的目标，不知道自己要干什么；人际关系一般，和同学、老师交流较少，没有要好的朋友；特别讨厌学习，没有学习动力，不知道为什么要学习，经常旷课，在寝室睡觉、打游戏，觉得即使挂科自己也无所谓。小艾感觉自己的人生被父母控制着，现在看不到自己的价值和存在的意义，甚至有时都会想活着有什么意思呢？

思考：

（1）生命是什么？

（2）生命的意义何在？

（3）遇到心理危机时，应该如何应对？

心理自测

中国生命意义源量表

下面共有30道题目，请按照1—7分进行评分，表示有意义的程度随数字增大而逐渐增大，1代表完全没意义，4代表有意义，7代表非常有意义。请大家对每一道题目进行评分。

1. 有健康的身体。（　　）
2. 有快乐的心情。（　　）
3. 保持积极乐观的心态。（　　）
4. 保护环境。（　　）
5. 孝敬父母。（　　）
6. 养育子女。（　　）
7. 达到一定的目标。（　　）
8. 关心国家大事。（　　）
9. 有亲密和知心的朋友。（　　）
10. 有良好的人际关系。（　　）
11. 有美满的爱情。（　　）
12. 生活在和谐的社会中。（　　）
13. 社会公正。（　　）
14. 先人后己。（　　）
15. 给他人带来快乐。（　　）
16. 得到他人的帮助。（　　）
17. 贡献社会。（　　）
18. 做自己想做的事。（　　）
19. 合理安排和管理好时间。（　　）
20. 有工作、事业或学业。（　　）
21. 获得受教育的机会。（　　）
22. 独处思考。（　　）
23. 获得提高自我能力的机会。（　　）
24. 有人生的理想和目标。（　　）
25. 有基本的物质生活保障。（　　）
26. 帮助他人。（　　）
27. 有富裕的物质享受。（　　）
28. 得到他人或社会的认可与尊重。（　　）
29. 从事有创造性的活动。（　　）
30. 人与自然和谐的关系。（　　）

该量表由程明明、樊富等人于2011年编制，为自评量表，用于测量个体生命意义的来源。

计分标准与结果评估

本量表分为5个维度,将每个维度各题得分相加得到各维度的总分,然后用各维度的总分除以各维度的题目数,从而得到各维度的平均分。以下是5个维度分别对应的题目。

(1)社会关注:4、8、13、14、15、16、17、26、30。

(2)自我成长:7、19、20、21、22、23、24、29。

(3)关系和谐:5、6、9、10、11、12。

(4)生活享受:18、25、27、28。

(5)身心健康:1、2、3。

根据5个维度的平均分高低,可以判断出每个人的生命意义来源,各维度的平均分越高,说明个体的生命意义更多地来自这个维度。

心理课堂

任务一　生命教育

知识探索

什么东西到处都是,却无比珍贵?什么东西一去不复返?什么东西是有限的,但能创造无限的可能性?它就是生命。只有当我们拥有了生命,才有机会去认识和探索世界,才能获得力量并创造无限的可能。那么,生命究竟是什么?生命存在的意义又在哪里?我们应该如何让自己过上充实的人生?

一、生命概念

根据人类的约定俗成,有机生命简称为生命。一般人也不难区分什么东西是有生命的,什么东西是没有生命的。但给生命下一个科学的定义却是千百年来的一个困难问题,迄今也没有解决。

生命,《现代汉语词典》给出的解释是生物体所具有的活动能力。百度百科的解释是:生命,泛指一切具有稳定的物质和能量代谢现象,能回应刺激、能进行繁殖的半开放物质系统。生命个体通常都要经历出生、成长和死亡。由于生命的复杂性,使得生命没有一个准确定义,只能抓住生命本质的复杂性进行定义。

人的生命,是人的生理、心理、社会属性的复杂的统一体,分为生理生命、心理生命、社会生命。生理生命主要包括新陈代谢、生长、发育、遗传、变异、感应、运动等。生长和发育是生命的基本过程,而新陈代谢则是生命的最基本的过程,是其他一切生命现象的基础。心理生命是指人的心理生命,也是人的精神生命。心理生命使人超越了人的生理生命,使人与动物区别开来。社会生命是指人生命的存在是一种社会关系存在。生命的这三个部分并不是完全独立的,而是紧密地联系在一起,共存于一个生命体中,作用于人整个的生命活动过程之中。

课堂互动

一般情况下，在地震发生后，被压在废墟下人的生还极限为 72 小时，这是国际公认的“黄金救援”时间，然而生命的极限却一再被改写。每一个活下来的生命，都给了我们感动与惊喜，创造了一个又一个的生命奇迹。2008 年汶川地震救援过程中曾经有这样一则感人的故事，一位白发苍苍的花甲老人在被困 92 个小时后得救。救援队员发现她在获救的那一刻，即使身体虚弱不堪，依然拼命瞪大眼睛，仿佛又看到了新的希望。这位老奶奶后来诉说了支撑她活下来的信念：远在异乡的儿媳妇即将生产，她不断地告诉自己，一定要看到小孙子的诞生。看到这段内容，你内心的感受是什么？你有哪些感触？

二、生命的属性

1. 唯一性

任何一个生命体都是独一无二的，具有其先天的独有属性，彼此之间是不可替换的。

2. 全程性

从生命的原点出发伴随生命始终，决定了个体生长、发育乃至生命活动的全过程，并且这个过程是不可逆转的，具有单向性。人死不能复生。

3. 不平衡性

没有一个生命体的各系统能量是完全平衡的，生命体的四元素的平衡状态是无限趋向于平衡，但无法持续保持绝对平衡。所以说，世界上唯一不变的是改变。

4. 自律平衡性

它是生命体的生理功能、结构形态、个性气质、能量气血等方面相对稳定的个体生命特征。每个人都有不同的“生命属性”，又受限于自身的“生命属性”。就如塑料材质不可用来造烧饭的锅，聋哑人再用功也成不了歌唱家。人的发展不能打破生命体自身平衡，要根据各自的“生命属性”各取所需，不强求与他人保持一致，否则将损伤自身。

5. 无常性

生命不仅是有限的，而且是无常的，生老病死，不可预测。

三、生命的价值和意义

1. 生命的价值

人的生命价值具有两个特征。

第一个特征：人既是生命的主体，也是生命的客体。

第二个特征：人的生命可以创造出高于自己生命的价值。

2. 生命的意义

生命的意义是一个解构人类存在的目的与意义的大问题。它通过许多相关问题体现出来，例如：“我为何在此？”“什么是生命？”“生命的真谛是什么？”等等。在历史长河中，它也是哲学、科学以及神学一直所思索的主题。

卢梭曾经说过，生命本身没有任何价值，它的价值在于怎样使用它。所以，作为当代的大学生，人生的价值和意义就是要“志存高远，增长知识，锤炼意志，让青春在时代进步中焕发出绚丽的光彩”。

活动探索

生命的思考

活动目的 感受和体验个人成长历程，寻找生命的意义。

活动过程

（1）请学生思考以下问题并将答案写在纸上。

由于某种原因，你即将面临死亡，在剩下的时间里只能做最后的5件事，你会做哪些事？

①________________________________。

②________________________________。

③________________________________。

④________________________________。

⑤________________________________。

这5件事的顺序是：________________________________。

你觉得自己到目前为止最成功的事是：

________________________________。

最遗憾的事是：

________________________________。

请写下你最想说的话。

________________________________。

（2）教师组织学生讨论并思考。

任务二　心理危机概述

知识探索

一、心理危机概述

（一）危机定义

危机是当人们面对重要生活目标的阻碍时产生的一种状态。这里的阻碍是指在一定时间内，使用常规的解决方法不能解决的问题。危机是一段时间的解体和混乱，在此期间可能有过多次失败的解决问题的尝试。

从汉语“危机”一词来看,其包含两方面的内容:一方面是“危”,代表威胁或者危险;另一方面是“机”代表时机。可以发现,危机并不是一个负面的词。当个体在遭遇心理危机时,不仅要看到“危险”,而且要看到改变的时机和机会。其实“危险”也是一个重新认识自己和自我成长的过程,是一个新的机遇。人们只有在不断地挑战自我的过程中才能完善自我。

(二)心理危机定义

心理危机是个体在面临突然或重大生活事件,如亲人亡故、患上威胁生命的疾病、灾难等,既不能回避又无法用常用的方法来解决问题时所出现的心理失衡状态。某一事件是否会成为心理危机,有以下三个影响因素。

(1)个体对事件发生的意义以及事件对自己将来的影响的评价。

(2)个体是否拥有一个能够为自己提供帮助的社会支持系统。

(3)个体是否获得有效的应对机制,也就是个体能否从过去经验中获得解决问题的有效方法,如哭泣、愤怒、向他人倾诉等。

由于个体在这三个方面可能存在较大的差异,因此相同的事件不一定对每个人都构成危机。

二、大学生心理危机的特点

大学时代是人生中充满机遇、发展和希望的时代,同时也是充满挑战和不确定性的时代。对大学生而言,由于他们正处于人生的特殊发展时期,挫折经验少、社会支持少,他们在面对纷繁复杂的自身问题及社会问题时容易陷入迷茫状态,难以调节内心冲突,进而出现严重的心理危机,出现过激行为。因此,帮助大学生预防心理危机也显得格外重要。

大学生心理危机具有普遍性、复杂性、动力性和时代性的特点。

(一)普遍性

普遍性是指心理危机是每个人成长过程中都会遇到的事件,没有人能够幸免,对于成长中的大学生来说更是如此。心理危机是个体的非正常、非均衡状态,是一种正常的生活经历,并非疾病和病理过程。心理危机表明个体正在努力抗争,力求保持自身与环境间的平衡。虽然大学生的心理危机是不可避免的,但是通过设定目标、形成计划、妥善处理,是可以渡过难关的。

(二)复杂性

心理危机是一个复杂的问题。从造成心理危机的原因上看,它可以是生理的,如生理成长与变化、疾病等;也可以是心理的,如需要、价值、个性等;还可以是社会性的,如社会变迁、文化变革与冲突等。从心理危机的来源上看,它可以是外部的,如环境的要求与压力;也可以是内部的,如个体生理和心理的变化与要求。从心理危机发生的时间上看,它可以是突发灾难性的,如交通事故;也可以是一系列事件的日积月累,如人际关系恶化。从心理危机的程度上来说,它与生活事件的强度不一定成正比,而更取决于个体对生活事件的认识以及个体的应对能力、既往经历和个性等。不同的大学生在同样的压力情境下,有的产生了心理危机,有的却能很好地适应。

(三)动力性

动力性是指在心理危机的过程中,焦虑和冲突总是存在的。这种情绪导致的紧张为变化提供了动力。也有人把心理危机看作成长的机会或催化剂,它可以打破个体原有的定势或习惯,唤起新的反应,寻求新的解决问题的方法,增强挫折的耐受性,提高环境适应的能力。

(四)时代性

时代性是指当代大学生的心理危机反映了时代、社会对大学生的要求,反映了个人对理想的追求;表现为成为人才、实现理想与现实的冲突和矛盾。大学生的心理危机与时代背景有着高度的相关性。市场经济条件下的贫富差距、就业困难等对现在的大学生产生了很大的压力,一旦应对不好,就容易出现心理危机。

三、大学生心理危机的种类

根据心理危机的特征差异可以将心理危机分为发展性心理危机、境遇性心理危机和存在性心理危机三种。

(一)发展性心理危机

发展性心理危机是指个体在正常成长、发展过程中,由于面临重大事件或经历重要转折而产生的异常反应。发展性心理危机是最广泛存在的心理危机,几乎每一位大学生在成长和发展过程中都会遇到。这些心理危机是大学生生命中的必要和重大的转折点,每一次发展性心理危机的成功解决都是大学生朝着成熟和完善迈步的阶梯。这类心理危机可能是突然间形成的,也可能是长期积累的结果,一般会发生在一些关键性的时期,比如升学、转学、离开父母和亲人等。

(二)境遇性心理危机

境遇性心理危机是由于出现个人无法预测或控制的罕见或异乎寻常事件时引起的心理危机。这类危机具有突发性、强烈性、灾难性以及偶然性等特点,能引起当事人的强烈的情绪反应,例如交通意外、突发重大疾病、父母离婚等。这类危机一旦发生,就会让人突然产生强烈意外的震撼感,结果甚至带有一定的灾难性,对人的心理影响非常明显。

(三)存在性心理危机

存在性心理危机是指伴随着诸如人生目的与意义、自由与生存的抉择以及如何独立等一系列重要的人生问题的思考而出现的内部冲突和焦虑。实际上,个体在大学阶段前和大学阶段后都在不断地追问和探索存在性问题,但大学生因为年龄和身心的特点对存在性问题的思考特别集中。存在性心理危机的成功解决对大学生的人生观、价值观和世界观的正确树立有着重大的意义。

四、心理危机的表现

大学生心理危机的表现对于个体自身而言一般都是外显的，但有些学生善于隐藏，表现得不明显，可以从其一贯稳定的特性中发现端倪。当一个人处在心理失衡的心理危机状态，会在生理、认知、情绪、行为等方面表现出来。我们根据心理危机的表现特征就可以判断心理危机的程度，决定哪些需要帮助以及给予怎样的帮助。根据郑希付先生的《临床心理学》有关内容，可把大学生心理危机的表现归纳为躯体、认知、情绪和行为四个方面。

（一）躯体方面

心理危机不仅会使大学生心理处于失调状态，也会导致一些生理症状的出现。大学生在心理危机状态下，其神经系统、内分泌系统、呼吸系统和免疫系统会发生明显变化，如出现胃肠道不适、恶心呕吐、腹胀腹泻、食欲下降、头晕头痛、失眠多梦、呼吸困难、肌肉紧张等。

（二）认知方面

认知是人最基本的心理过程，包括感觉、知觉、记忆、想象、思维、言语等。心理危机事件发生时，个体观察和判断事情更为简单化、片面化，易偏激，爱钻牛角尖，听不进去他人的建议；看待问题更情绪化，缺乏理智，意气用事；自我期望过高、自我评价不符合实际，沉默少语，或言语本身带有特定意义、令人费解。个体由于身心处于痛苦之中，导致记忆和知觉发生改变，注意力不集中，反应迟缓，难以区分事物的异同，体验到的事物间关系含糊不清，做决定和解决问题的能力受到影响。

（三）情绪方面

情绪具有外显性。大学生处于心理危机状态时，情绪不稳定，很容易流泪，表现出高度的紧张、焦虑和丧失感，且可伴有恐惧、愤怒、罪恶、烦恼、羞愧等。不良的情绪体验是导致心理问题的重要因素，大学生情绪突然改变、与平常相差很大，出现情绪低落、悲观失望、焦虑不安、忧郁苦闷或喜怒无常等负性情绪时，就有可能发生心理危机。

（四）行为方面

我们可以观察他的睡眠或者饮食，如睡眠出现问题，早起或者入睡困难，或者睡着的时候多梦，睡着了但身心没有得到放松，一个星期以上翻来覆去睡不着，白天没有精神，就要引起关注；又如吃东西没有胃口，没有吃的欲望，体重明显增加或者明显降低，时常感到疲惫等。

五、心理危机的识别

心理危机的发生必须同时满足以下三个条件。

（1）学生面临或认为自己面临某种重大生活事件，即刺激源，也就是通常我们说的压力事件。

（2）学生处于一种严重失衡状态，引起个体急性或不稳定的情绪（焦虑、抑郁、报复等）认知和行为方面的功能失调。

（3）学生自己感到无法应付，即用寻常解决问题的手段不能应付所遭遇的事件和问题。

六、心理危机的后果

心理危机是一种正常的生活经历，并非疾病或病理过程。每个人在人生的不同阶段都会经历心理危机。处理心理危机的方法不同，后果也不同。心理危机主要有以下几种后果。

（1）当事人不仅顺利度过危机，而且从危机发展过程中学会了处理危机的方法和策略，提高了心理健康水平。

（2）危机虽已度过，但当事人却留下了心理阴影和创伤，影响到其现今的社会适应。等到当事人下次遇到同样的危机事件时，就会出现新的不适应。

（3）未能度过危机，陷于神经症或精神病。从此，任何生活变化都可能诱发当事人的心理危机。

（4）当事人经受不住强大的心理压力，会有自杀、肢体自残、暴力攻击、离家出走及吸毒、酗酒、性行为错乱等冲突性行为发生。

任务三　心理危机的预防和应对

知识探索

一、大学生心理危机的预防

前面我们了解到大学生心理危机的一些概况。人的一生中总会遇到危机，不管是失恋、意外、疾病还是亲人去世，都可能给人的心灵带来冲击。危机不可避免，如果我们能够正确并积极地面对危机，就可以使危险转变为机遇，成为成长的契机。那么大学生在生活中如何提高自身的心理免疫力，预防危机的发生？

心灵故事

某高校大学一年级学生小何，20岁，经辅导员介绍来到学校的心理咨询中心接受心理咨询。咨询师从辅导员那里了解到，小何情绪很不稳定，前天晚上给男友打电话说自己不想活了。咨询师观察，小何身体瘦弱，走路轻缓，坐下来时一直低着头，与咨询师无目光接触，紧抱书包，面部表情冷漠，沉默不语。经过询问，咨询师了解到小何前天晚上情绪极度低落，曾写好遗书，晚9点在校园的湖边徘徊了很久，想以跳湖的方式结束生命，因为湖边一直有人，没找到机会，后来被同学找到带回宿舍。

分析　通过这个案例，我们可以看出，小何向男友表露出不想活的念头、情绪极度低落以及写好遗书等，分别是在言语、情绪以及行为等方面的自杀征兆。这提示我们，形成对于识别危机的正确认识，提高危机预防的能力，学会危机应对，有利于助人、自助。

（一）培养积极认知

人在应对危机事件的过程中，认知起着非常重要的作用。弗兰克尔在《追寻生命的意义》一书中描述了他在集中营的生活，他看到了三类不同的人：第一类人会主动寻求死亡；第二类人会主动寻求生存；第三类人被动地生存。这三类人面临的是同样的集中营生活：残酷、冷漠生命随时都会受到威胁。他们其实一直处于危机中，但是他们的反应却不一样，在这里面起作用的就是认知，有的人拥有更积极的认知。

（二）建立良好的应对方式

应对方式是个人在应激期间处理应激情境、保持心理平衡的一种手段，它会直接影响到心理危机是否能够得到有效解决。通常情况下，人的应对方式主要有以下三种。

（1）解决问题—求助（成熟型）：这类人在面对应激事件或环境时，常能采取解决问题和求助等成熟的应对方式，而较少使用退避、自责和幻想等不成熟的应对方式，在生活中表现出成熟稳定的人格特征和行为方式。

（2）退避—自责（不成熟型）：这类人在生活中常以退避、自责和幻想等应对方式应对困难和挫折，而较少使用解决问题和求助这类积极的应对方式，表现出退缩的人格特点，其情绪和行为均缺乏稳定性。

（3）合理化（混合型）：合理化应对方式既与解决问题、求助等成熟应对方式呈正相关关系，也与退避、幻想等不成熟应对方式呈正相关关系，反映出这类人的应对行为集成熟与不成熟的应对方式于一体，在应对行为上表现出矛盾的心态和两面性的人格特点。

大学生需要记住的是“求助是强者的行为”，成功人士往往更懂得求助，而不是事必躬亲。大学生要认识到每个人都有自己的局限，也都有所长，你不能解决的问题，别人未必不能，你想不到的方法，别人也许能想到。

（三）构建社会支持系统

社会支持指人们感受到的来自他人的关心和支持。构建社会支持系统就是要构建一个来自他人关心和支持的系统。尤其是个人遇到心理危机之后，可以寻求他人的帮助，而不是独自解决。

（四）探索和丰富生命的意义与价值

大学生要看到生命意义来源的多样化和丰富性，不要只将生命意义局限在成绩好、有人爱、有钱等方面，而要探索和丰富自身的生命意义，比如个人成长、贡献社会、身心健康、生活享受等，都可以是生命意义的来源。同时，也要将注意力放在追寻生命意义的过程上，体验和创造自己的生命意义。

（五）提升自己的抗挫折能力

人生路上难免会有诸多不顺心和挫折，如何在挫折中复原、成长和前行，是每个人的必修课。

拓展阅读

世界预防自杀日

2003年9月10日被世界卫生组织定为首个“世界预防自杀日”。为了唤起公众对自杀的关注,世卫组织和国际自杀预防协会呼吁各国政府、预防自杀协会和机构、当地社区、医务工作者以及志愿者们加入当天的各项地方性活动中,共同提高公众对自杀问题重要性以及降低自杀率的认识。首个“世界预防自杀日”的口号为“自杀一个都太多”。

二、心理危机应对

一个人遭遇心理危机时,最重要的是求助。

(一)寻求专业帮助

个人遭遇心理危机后,往往会出现一些应激的症状,如失眠、情绪低落、胃口不好等。通常情况下这些应激反应都会在一周左右减少或者消失。如果这些症状持续两周以上,并且严重影响到了个人的生活和学习,或者你出现了想要自杀的想法,产生了想要结束自己生命的冲动和计划,这时你就需要寻求专业帮助了,比如找心理咨询师或者精神科医生,也可以寻求心理热线的帮助。

(二)自我救助

大多数处于心理危机中的大学生,在危机面前可能会忽略了自身这个重要的支持资源。对自己的心理状态保持觉察,当自己出现自杀的想法、有想自杀的冲动或者已经开始准备自杀的计划时,一定要引起自己的注意,这个信号提醒我们需要采取措施帮助自己了。除了寻求专业帮助,还有很多自我救助的方法,从自我的角度出发来积极应对危机,努力化解危机,使自身的心理状况恢复到或者超过危机前的水平。

1. 向信赖的人表露自己的状况

向自己信赖的家人、朋友、同学、老师等表露自己的状况,告诉他们自己的想法或计划。

2. 保持生活的基本规律

这是指该吃饭时吃饭,该睡觉时睡觉,即使吃不下饭、睡不着觉,也要尽可能地在形式上保持规律,这会有助于我们保持基本的掌控感,维持身体的健康,为走出危机做好准备。

3. 寻求社会支持

社会支持是指个体感受到的来自他人的关心和支持。处于危机中的大学生通常喜欢独来独往,不喜欢和他人有太多的来往,这样只会让情绪变得越来越糟。因此,在心理危机期间个体还要寻找必要的社会支持,如老师、同学等,集众人的力量帮助自己走出心理危机。有的大学生可能担心会给别人添麻烦,害怕别人会不愿意帮助自己,而放弃求助。这个时候,个体一定要相信,自己在有危急情况时,身边的人会愿意伸出援助之手。

4. 现实层面的应对

这是指要调动各种现实的资源来帮助自己解决引发危机的问题。同时,我们也需要暂时降低和学习相关的各项要求。在危机状态下，生命健康与安全高于一切，如果实在无法继续学习或工作，可以考虑休学或请假，必要的时候可以暂时远离引发危机反应的人或事。

拓展阅读

遇到危机，我该做什么

（1）不要等待，主动寻求帮助。

（2）要相信会有人能帮助你。但你得将自己真正的困难和痛苦告诉你信任的人，否则他们对此一无所知。

（3）如果你的倾诉对象不知道如何帮助你，可以向学校的心理咨询中心寻求帮助。

（4）如果担心你的心理问题被发现，可以拨打心理热线或向校外的心理咨询人员寻求帮助。

（5）有时为找到一个真正能帮助你的人需要求助于几个不同的人或机构。你应坚持下去，提供帮助的人一定会出现。

（6）解决心理危机通常需要一个过程，可能你得反复多次见心理咨询人员或心理医生。

（7）如果医生开药，应遵医嘱坚持服用。

（8）避免使用酒精或烟草麻痹你的痛苦。

（9）不要冲动行事，强烈的痛苦使你更难做出合理的决定。

（资料来源：汪海燕，吴才智. 活着没商量：自杀心理及其预防 [M]. 北京：高等教育出版社，2008.）

身边同学出现心理危机该怎么办？

（1）向他们表达你的关心。询问他们目前面临的困难以及困难给他们带来的影响。

（2）多倾听，少说话。给他们一定的时间说出内心的感受和担忧。

（3）要有耐心。不要因他们不能很容易与你交谈就轻言放弃，允许谈话中出现沉默，有时重要的信息会在沉默之后出现。

（4）不要担心他们会出现强烈的情感反应。情感爆发或哭泣有利于他们的情感得到释放。

（5）保持冷静。要接纳，不作评判，也不要试图说服他们改变自己内心的感受。

（6）给予希望。让他们知道面临的困境能够改变。

（7）要留心任何自杀念头，不论他们用什么方式流露。不要害怕询问他们是否考虑自杀，这样不会使他们自杀，反而会挽救他们的生命，例如询问："你的心情是否如此糟糕，以至于想结束自己的生命？"

（8）在结束谈话时，要鼓励他们再次与你讨论相关的问题，并且要让他们知道你愿意继续帮助他们。

（9）事先应知道他们可能会拒绝你要提供的帮助。有心理危机的人有时会难以承认他们自己无法处理的问题，不要认为他们的拒绝是针对你本人。

（10）如果你认为他们需要专业的帮助，向他们提供转介信息。如果他们对寻求专业帮助恐惧或担忧，应花时间倾听他们的担心，告诉他们大多数处于这种情况的人需要帮助，解释你建议他们见专业人员不是因为你对他们的事情不关心。

（11）如果你发现他们有自杀风险，不要承诺你会对此保密；应请其他人一起承担帮助他们的责任。

（12）如果你发现他们要立即采取自杀行为，不要让他们独处。要把他们送到能提供心理服务的诊所或医院

（13）如果他们已经采取了自杀行为要立刻把他们送到医院的急诊室抢救。

（资料来源：宋德如，张晓旭. 大学生心理健康教育[M]. 江苏：江苏人民出版社，2012.）

心理危机干预技术：ABC法

A：心理急救，稳定情绪；

B：行为调整，放松训练，晤谈技术；

C：认知调整，情绪减压和哀伤辅导。

（1）首先要取得受伤人员的信任，建立良好的沟通关系。

（2）提供疏泄机会，鼓励他们把自己的内心情感表达出来。

（3）对访谈者提供心理危机及危机干预相关知识教育宣传，解释心理危机的发展过程，提高其对生理和心理应激的应付能力。

（4）根据不同个体对事件的反应，采取不同的心理干预方法。例如，针对急性应激反应可以开展心理疏导、支持性心理治疗、认知矫正、放松训练等，以改善焦虑、抑郁和恐惧情绪，减少过激行为的发生。

（资料来源：贾楠，乔凯平. 大学生心理健康教育 [M]. 北京：机械工业出版社，2023.）

三、危机事件影响群体的自我照顾

危机事件影响群体指事件目击人、危机相关人（同学、室友）。在心理学上有替代创伤（Vicarious Trauma）或次级创伤（Secondary Trauma）这一概念，也就是说，与当事有关联的人都有可能会受到影响。因此，危机事件发生时，被影响群体的自我照顾也很重要。

（一）接纳自己的感受

对于危机事件现场的目击人，或者与危机当事人的社会交往较多的人都会有较为强烈的情绪体验，如震惊、难以置信、悲痛、失眠、做噩梦等，甚至有可能表现出创伤后应激障碍的一些症状等。因此，我们要尊重和接纳受到事件冲击而表现出来的一些情绪、举动。

（二）注重情绪疏导

允许自己表达、宣泄由于事件诱发的各种情绪，情绪得到充分疏导后才能进一步地理性思考，比如接受逝者已逝的事实。如果自己处理不了，还可以求助于心理咨询中心的老师。

（三）相互支持

如果受危机事件影响的是同一个群体，比如同宿舍的室友、同学，可以和大家建立起相互支持的联盟，比如共同缅怀逝去的同学，在面对悲恸时相互给予支持，互相照顾彼此的生活等。

拓展阅读

心理危机干预热线

北京心理危机研究与干预中心：800-810-1117，（010）82951332。
上海市心理援助公益热线：（021）-12320-5。
上海市危机干预中心热线：（021）-64383562。
南京生命求助热线：（025）86528082。
南京自杀干预中心救助热线：（025）16896123。
杭州心理研究与干预中心救助热线：（0571）85029595。
武汉市精神卫生中心危机干预中心救助热线：（027）85844666，51826188。
深圳心理危机干预热线：（0755）25629459。
广州市心理危机干预中心热线：（020）81899120，83182110。
天津市心理危机干预热线：（022）96051199。
四川省心理危机干预中心热线：（028）87577510，87528604。
湖南省《法制周报》心理危机干预中心热线：（0731）4839110。
重庆市心理危机干预中心热线：（023）66644499。
青岛市心理危机干预中心自杀干预热线：（0532）85659516。
厦门市心理危机干预热线：（0592）5395159。
石家庄心理危机干预热线：（0311）6799116。
昆明市心理危机干预热线：（0871）65011111/12320-5。
（资料来源：夏翠翠，宗敏，涂翠平. 大学生心理健康教育 [M]. 北京：人民邮电出版社，2022.）

心理训练

沧海一粟——树与人

活动目的　体验人生的短暂和生命存在的意义。

活动步骤

（1）热身活动：自然界中都有哪些种类的树？你喜欢哪种树？

（2）分组：按树的种类分组（杨树组、松树组、白树组、柳树组、苹果树组等）。

（3）开展活动：

①参天大树。每个成员画出自己喜欢的大树，想象它有多少岁，经历了多少风风雨雨，饱受了多少世间沧桑，都有哪些价值；自己和它相比，是怎样的感觉。

②树与人的对话。每个成员与自己画的树进行一次心灵对话，并将对话写在树下方。

讨论分享

（1）分享与讨论：每个成员在小组内交流自己与树的对话，然后在全班交流。

（2）活动总结：教师结合大家的作品做总结发言。

心理赋能

“我们是否告诉过孩子：生命是情意的牵连，从出生起妈妈每天的期待就是看着你一天一种变化，生命在于源源不断，生命更在于一种报恩与情意的美。”

“我们是否告诉过孩子：个人生命虽然有限，但有限的生命可以创造无限的奇迹，这世上最伟大的奇迹都是生命活动的痕迹，从思想名著，到令人陶醉的音乐，从让全世界受益的电的发明，到深究生命起源的科学探索，生命的价值就在于让这个世界丰富多彩，我们需要告诉孩子们，生命是如此美好神奇。”

“可是，为什么还会有人舍得放弃如此美好而神奇的生命呢？因此还需要告诉他们：生活其实也像莫测的天气，急风暴雨后才会有绚烂的彩虹；磨难也是有价值的，它能使生命更有力量，而有力量的生命才有更多的生命感受与奇迹。”

（资料来源：李玫瑾. 人生没有迈不过的坎[N]. 中国青年报，2007-05-21）

项目十二

善用网络，筑梦未来

心语心愿

水至清则无鱼，人至察则无徒。

——《大戴礼记》

一个人的成功，关键在于能否战胜命运中的挫折，成功的过程就是战胜挫折的过程。

——拿破仑·希尔

学习目标

知识目标：了解大学生常见的网络问题。掌握大学生不良适应心理的调试方法。

素质目标：培养大学生热爱生活、理性平和、积极乐观的生活态度。引导大学生合理运用网络，造福自身，造福社会。

心理自测

网络成瘾量表

1. 你觉得自己上网的时间比你预期的时间要长吗？

A. 几乎没有　B. 偶尔　C. 较常　D. 经常　E. 总是

2. 你会因为上网忽略自己要做的事情吗？

A. 几乎没有　B. 偶尔　C. 较常　D. 经常　E. 总是

3. 你更愿意上网而不是和亲密的朋友待在一起吗？

A. 几乎没有　B. 偶尔　C. 较常　D. 经常　E. 总是

4. 你经常在网上结交新朋友吗？

A. 几乎没有　B. 偶尔　C. 较常　D. 经常　E. 总是

5. 生活中朋友家人会抱怨你上网的时间太长吗？

A. 几乎没有　B. 偶尔　C. 较常　D. 经常　E. 总是

6. 你因为上网影响了学习吗？

A. 几乎没有　B. 偶尔　C. 较常　D. 经常　E. 总是

7. 你是否会不顾身边需要解决的问题而上网查邮件或看留言吗？

A. 几乎没有　B. 偶尔　C. 较常　D. 经常　E. 总是

8. 上网影响到你的日常生活吗？

A. 几乎没有　B. 偶尔　C. 较常　D. 经常　E. 总是

9. 你是否担心网上的隐私被人知道？

A. 几乎没有　B. 偶尔　C. 较常　D. 经常　E. 总是

10. 你会因为心情不好去上网吗？

A. 几乎没有　B. 偶尔　C. 较常　D. 经常　E. 总是

11. 你在一次上网后，会渴望下一次上网吗？

A. 几乎没有　B. 偶尔　C. 较常　D. 经常　E. 总是

12. 如果无法上网，你会觉得生活空虚无聊吗？

A. 几乎没有　B. 偶尔　C. 较常　D. 经常　E. 总是

13. 你会因为别人打扰你上网而发脾气吗？

A. 几乎没有　B. 偶尔　C. 较常　D. 经常　E. 总是

14. 你会上网到深夜不去睡觉吗？

A. 几乎没有　B. 偶尔　C. 较常　D. 经常　E. 总是

15 你在离开网络后会想着网上的事情吗？

A. 几乎没有　B. 偶尔　C. 较常　D. 经常　E. 总是

16. 你在上网时会对自己说就再玩一会儿吗？

A. 几乎没有　B. 偶尔　C. 较常　D. 经常　E. 总是

17. 你会想办法减少上网的时间，最终失败吗？

A. 几乎没有　B. 偶尔　C. 较常　D. 经常　E. 总是

18. 你会对人隐瞒你上网多长时间吗？

A. 几乎没有　B. 偶尔　C. 较常　D. 经常　E. 总是

19. 你宁愿上网而不愿意和朋友们出去玩吗？

A. 几乎没有　B. 偶尔　C. 较常　D. 经常　E. 总是

20. 你会因为不能上网而变得烦躁不安，喜怒无常，一旦能上网，这些不良情绪就会消失吗？

A. 几乎没有　B. 偶尔　C. 较常　D. 经常　E. 总是

计分标准与结果评估

选择 A 得 1 分，选择 B 得 2 分，选择 C 得 3 分，选择 D 得 4 分，选择 E 得 5 分。

网瘾程度：总分 40—60 分为轻度，总分 61—80 分为中度，总分 81—100 分为重度。

手机成瘾倾向量表

1. 一段时间没有带手机，我会马上查阅是否有未接电话、短信、微信。

A 非常不符　B 不太符合　C 一般

D 比较符合　E 非常符合

2. 我宁愿用手机聊天，也不愿直接面对面交谈。

A 非常不符　B 不太符合　C 一般

D 比较符合　E 非常符合

3. 在等人的时候，我总是频繁打手机向对方询问身在何处，如果不打就着急难耐。

A 非常不符　B 不太符合　C 一般

D 比较符合　E 非常符合

4. 如果很长时间没有用手机，我会觉得难受。

A 非常不符　B 不太符合　C 一般

D 比较符合　E 非常符合

5. 课堂上我会因为电话或短信而不能专心听讲。

A 非常不符　B 不太符合　C 一般

D 比较符合　E 非常符合

6. 如果没有手机，我会感到孤独。

A 非常不符　B 不太符合　C 一般

D 比较符合　E 非常符合

7. 用手机与他人交流时，我感到更自信。

A 非常不符　B 不太符合　C 一般

D 比较符合　E 非常符合

8. 一段时间手机铃声不响，我会感到不适应，并下意识看一下手机是否有未接电话、短信、微信。

A 非常不符　B 不太符合　C 一般

D 比较符合　E 非常符合

9. 我经常有"我的手机铃声响了""我的手机在震动"的错觉。

A 非常不符　B 不太符合　C 一般

D 比较符合　E 非常符合

10. 电话、短信、微信多，我会觉得生活更充实。

A 非常不符　B 不太符合　C 一般

D 比较符合　E 非常符合

11. 我经常怕手机自动关机。

A 非常不符　B 不太符合　C 一般

D 比较符合　E 非常符合

12. 手机是我的一部分，一旦减少使用就会觉得失去了什么似的。

A 非常不符　B 不太符合　C 一般

D 比较符合　E 非常符合

13. 同学、朋友常说我过于依赖手机。

A 非常不符　B 不太符合　C 一般

D 比较符合　E 非常符合

14. 当手机经常连不上网没有信号时，我会焦虑并且发脾气，变得暴躁起来。

A 非常不符　B 不太符合　C 一般

D 比较符合　E 非常符合

15. 课堂上，我会经常主动把注意力集中在手机上而影响听课。

A 非常不符　B 不太符合　C 一般

D 比较符合　E 非常符合

16. 我觉得用手机跟人交流更舒适。
A 非常不符　B 不太符合　C 一般
D 比较符合　E 非常符合

17. 我用手机上网看电视剧、打游戏,不能落在别人后面。
A 非常不符　B 不太符合　C 一般
D 比较符合　E 非常符合

18. 网购每周至少 3 次以上。
A 非常不符　B 不太符合　C 一般
D 比较符合　E 非常符合

19. 大 V 和网红的社交媒体账号我每天必看一遍,哪怕睡得再晚。
A 非常不符　B 不太符合　C 一般
D 比较符合　E 非常符合

20. 每到一个陌生的、新奇的场景,都要用手机拍一拍,并放到网上晒一晒。
A 非常不符　B 不太符合　C 一般
D 比较符合　E 非常符合

计分标准与结果评估

选择 A 得 1 分,选择 B 得 2 分,选择 C 得 3 分,选择 D 得 4 分,选择 E 得 5 分。

网瘾程度:总分在 40—60 分为轻度,总分 61—80 分为中度,总分 81—100 分为重度。

心理课堂

任务一　了解大学生常见的网络心理障碍

心灵故事

小李是来自偏远地区的考生,高中时学习比较刻苦。由于教育资源和临场发挥的问题,小李考上了某职业院校。大学一年级结束时,小李的成绩非常优秀,获得了一等奖学金。奖金发下来后,在同学们的鼓动下,小李来到了网吧放松。没多久,小李就迷恋上了网络游戏,一发不可收。接下来的一年中,他将全部的热情与精力都投入到了网络游戏中,并将大部分生活费用来上网,为满足上网支出,他只好从生活费上省钱出来。由于生活饮食不规律,他消瘦了很多,上课精神不能集中,记忆力减退,学业成绩一落千丈,挂科、旷课、借贷、撒谎在小李的身上都有体现。小李还不时出现轻生的念头。辅导员多次找他谈心,并与家长沟通,做他的思想工作,但收效甚微。小李的家人为了能使他完成学业,只好在学校附近花高价租房陪读。

拓展阅读

共青团中央维护青少年权益部、中国互联网络信息中心联合推出的《2021年全国未成年人互联网使用情况研究报告》正式发布。未成年人的互联网普及情况呈现以下三个主要特点:一是未成年人的整体互联网普及率进一步提升,2021年达96.8%,较2020年提升1.9个百分点;二是城乡未成年人互联网普及率差距自2018年以来持续缩小,2021年城镇未成年人互联网普及率为96.7%,农村未成年人互联网普及率为97.3%,除小学外,其他学历段农村未成年人互联网普及率高于城镇;三是互联网对未成年群体渗透的低龄化趋势更加明显,小学生的互联网普及率达95.0%,28.2%的小学生在上学前就已经接触过互联网。

未成年人的互联网介入环境呈现以下三个主要特点:一是介入设备方面,手机仍然是未成年人最主要的上网设备,新型智能设备在未成年网民中有较高使用率,这类设备的信息安全风险值得重视;二是介入时长方面,未成年网民在工作日和节假日过度上网的情况有所改善,未成年网民在工作日平均每天上网时长在2小时以上的比例为8.7%,较2020年下降2.8个百分点,在节假日平均上网时长在5小时以上的比例为9.9%,较2020年下降2.3个百分点;三是网络依赖问题,近三成家长认为孩子存在上网时间过长的问题,约两成未成年网民认为自己对互联网存在不同程度的依赖心理,未成年网民上网时长是否受到家长限制,显著影响其对互联网的依赖程度。

未成年人的网络安全和权益保护情况呈现以下四个主要特点:一是我国未成年人遭遇网络安全事件的比例延续了下降态势,表示“自己曾在过去半年内遭遇过网络安全事件”的未成年网民比例为25.5%,较2020年下降1.7个百分点;二是近四成未成年网民在上网过程中遭遇过不良或消极负面信息,其中炫富、躺平类不良信息对未成年人的影响最为广泛;三是未成年人网络权益维护意识明显提升,近八成未成年网民知道可以通过互联网对侵害自身的不法行为进行权益维护或举报,较2020年提升5.7个百分点;四是仍有少数未成年网民的网络安全防范意识存在不足,20.0%的网民表示在上网过程中没有考虑过网络安全防范问题。(引自中国青年网)

知识探索

一、网络心理健康的标准

网络心理是指在虚拟的网络时空里的个人心理过程及由此而形成的人格特征。网络心理是在网络环境这一物质技术背景和特定文化背景下产生的。网络环境的出现导致网络主体身份呈现出虚拟性、自我创造的想象性、多样性、不确定性,从而引起网络主体的心理变化。主体身份及人格的变化使得网络心理除了具有一般的心理特征之外,还具有其他显著特点,如:虚拟移情、自我迷失、网络道德责任感不强、网络人格障碍等。

健康的网络心理应该有正确网络心理健康意识或观念;能正确对待和处理网络与现实生活的关系,保持人格的完整和统一;在网络和现实中均能保持良好人际交往和环境适应能力;有良好的自我控制能力,不因网络使用而影响正常工作和学习;不影响身体健康,离线时身体没有明显的不适应感。

健康的网络心理应具备以下特点：

(1)能在网络和现实社会环境中保持旺盛的求知欲望和浓厚的学习兴趣。

(2)能在网络和现实社会环境中具有独立生活的能力。

(3)具备正确的自我意识，能悦纳自己。

(4)具备完整统一的网络意识和现实人格品质。

(5)网络活动中具备良好的心境和情绪的调节控制能力。

(6)具备良好的网络环境、适应能力和环境改造能力。

(7)具备良好的网络交际能力和现实交往能力，人际和社会关系和谐。

(8)具有符合大学生年龄特征的网络心理行为。

二、大学生常见的网络心理障碍

网瘾即网络依赖障碍，是一种精神疾病而非心理疾病。网络依赖障碍是指过度使用网络导致出现明显的社会功能障碍、身体和心理损害的精神疾病。网络依赖主要分为网络游戏成瘾、网络色情成瘾、邮件/信息成瘾、网络赌博成瘾、网络购物成瘾等。

网络依赖障碍的共同特征是在使用网络时忘记时间或忽略其他事情；不断追求更长网络应用时间，或更好的设备、软件等；无法使用网络时会抑郁、焦虑、紧张等；为了网络逐渐形成了说谎、逃课、易疲劳、社会退缩、争强好胜等。

网络依赖障碍的危害：

(1)影响心理健康；

(2)自我意识模糊，缺少现实感；

(3)影响躯体健康，如免疫力下降、内分泌紊乱等；

(4)诱发青少年犯罪，影响学习和工作等。

网络依赖障碍的个体已经无法有效控制自己过度上网的行为，应及时进行专业的干预和治疗。

精神障碍诊断与统计手册(DSM-5)

《中国青少年健康教育核心信息及释义(2018版)》中网络成瘾指在无成瘾物质作用下对互联网使用冲动的失控行为，表现为过度使用互联网后导致明显的学业、职业和社会功能损伤。其中，持续时间是诊断网络成瘾障碍的重要标准，一般情况下，相关行为需至少持续12个月才能确诊。

按照《网络成瘾诊断标准》，网络成瘾可分为五类：网络游戏成瘾、网络色情成瘾、网络关系成瘾、网络信息成瘾、网络交易成瘾。

DSM-5提出的网络游戏成瘾的9个症状：

(1)沉湎于网络游戏(个体想着先前的游戏活动或预期玩下一个游戏，网络游戏成为日常生活中的主要活动)。

(2)当网络游戏被停止后出现戒断症状(这些症状通常被描述为烦躁、焦虑或悲伤，但没有药物戒断躯体体征）。

（3）耐受，需要花费逐渐增加的时间来参与网络游戏。

（4）不成功地试图控制自己参与网络游戏。

（5）作为结果，除了网络游戏以外对先前的爱好和娱乐失去兴趣。

（6）尽管有心理社会问题仍然继续过度使用网络游戏。

（7）关于网络游戏的量，欺骗家庭成员、治疗师或他人。

（8）使用网络游戏来逃避和缓解负性心境（例如，无助感、内疚、焦虑）。

（9）由于参与网络游戏，损害或失去重要的关系工作或教育或职业机会。

网络游戏障碍：持续地、反复地使用网络来参与游戏，经常与其他人一起游戏，导致临床显著的损害和痛苦，在12个月内表现为上述5个（或更多）标准。

标注目前的严重程度：

基于对日常活动的破坏程度，网络游戏障碍可以是轻度、重度和重度。有较轻度网络游戏障碍的个体可能表现较少的症状，并对他们日常生活的破坏较少。那些有严重网络游戏障碍的个体会花费更多的时间在电脑上，以及在人际关系或职业或求学的机会方面遭受更严重的损失。

根据DSM-5，若患者存在至少5个症状，即可被诊断为网络游戏障碍。

ICD-11（测试版）则给出了3条诊断标准

（1）对玩游戏的控制受损（比如开始时间、频率、持续时间、场合等）。

（2）玩游戏的重要程度高于其他兴趣爱好和日常生活。

（3）即使导致了负面影响，游戏行为仍在继续和升级。

而美国精神医学学会的诊断标准则来自2008年由原北京军区总医院制定的《网络成瘾临床诊断标准》，其中对网瘾的诊断标准为：

（1）对网络的使用有强烈的渴求或冲动感。

（2）减少或停止上网时会出现周身不适、烦躁、易激惹、注意力不集中、睡眠障碍等戒断反应；上述戒断反应可通过使用其他类似的电子媒介，如电视、掌上游戏机等来缓解。

（3）下述5条内至少符合1条：

①为达到满足感而不断增加使用网络的时间和投入的程度；

②使用网络的开始、结束及持续时间难以控制，经多次努力后均未成功；

③固执使用网络而不顾其明显的危害性后果，即使知道网络使用的危害仍难以停止；

④因使用网络而减少或放弃了其他的兴趣、娱乐或社交活动；

⑤将使用网络作为一种逃避问题或缓解不良情绪的途径。网络成瘾的病程标准为平均每日连续使用网络时间达到或超过6个小时，且符合症状标准已达到或超过3个月。

无论是DSM-5、ICD-11，还是我国的《网络成瘾临床诊断标准》，都具备两条核心特征：

一是成瘾者不仅仅花大量时间和精力玩游戏，更重要的是他们忽略了现实生活，无法再参与到正常的社会活动中。

二是他们完全丧失自我控制能力，让游戏支配了他们的生活。

三、大学生常见的网络心理障碍类型

(一)网络畏惧

网络畏惧是指大学生个体由于担心网络会带来不可预料性和不确定性因素而导致心理和生理上的情绪反应,主要有三个方面的表现:一是对网络技术操作上的畏惧,部分偏远地区的学生害怕被其他同学嘲笑,于是产生网络畏惧;二是网络技术发展迅速跟不上时代的潮流而产生畏惧;三是网络不良报道过多,害怕影响自己正常的生活和学习,从而远离网络。

(二)网络迷恋

网络迷恋是指由于个体长时间沉溺于网络游戏、上网聊天、网络技术、网上猎奇而造成的对网络过度依赖和迷恋,导致个人生理、心理和社会功能严重受损的状况。网络迷恋包括以下几种类型:网络交际迷恋、网络游戏迷恋、网络交友迷恋、网络信息收集成瘾、网络制作迷恋等。

(三)网络孤独

网络孤独是指个体在现实世界中找不到乐趣,希望通过上网获得大量信息、网上娱乐、网上人际交往来提高和改变自己的现状。

部分大学生性格内向、自卑、多疑、心思敏锐,不愿意也不善于同他人交往,比较青睐于网上的匿名、匿性、匿身份的交往方式,不断地在网上寻找知音;向网友发泄自己的不良情绪,但结果却事与愿违,只能隔靴搔痒,反而加重了孤独感。

(四)网络自我迷失和自我认同混乱

网络自我迷失和自我认同混乱是指个体因为过度沉溺于网络,使个体个性发生严重扭曲,其言行严重违背了现实社会中的规范、规则、道德,一般包括以下两种类型。

1. 网络狂暴

网络狂暴是指当网络发生故障后,个体会产生焦虑不安,并向计算机发泄怒火,甚至将不满情绪发泄到同学和家人身上。

2. 网络犯罪

网络犯罪是指个体运用网络,对其系统和信息进行攻击、破坏和利用网络进行犯罪的总称。有资料显示,我国网络犯罪以平均每年30%的速度递增。对于涉世未深的大学生来说,面对黄色暴力、垃圾信息及黑客等,很容易上当受骗,甚至参与其中。大学生网络犯罪主要有以下几方面:网络经济诈骗、制作黄色网页、传播黄色信息;通过网络入侵盗用他人的财产,侵犯他人的合法权益等犯罪活动。

(五)网恋

互联网的出现,为人类爱情的天空增添了一丝色彩。科技的发展带动了社会的变迁,同时也带动了人与人联结的形式。谈恋爱不仅仅限于现实世界,在网络的虚幻世界中,也同样可以谈情说爱。这种通过上网结识异性朋友而产生的恋情被称为网恋。对于处于青年中期的大学生来说，对网恋等行为抱有很大的幻想。一项“大学生网恋”的调查显示，87.8%的大学生认为网恋是满足情感需要的一种方式，三分之一的人选择网恋带入现实生活，近四成的大学生报告自己的周围同学发生过网恋。

（六）网络成瘾

网络成瘾又称网络成瘾综合征，是指个体在无成瘾物质作用下的上网行为冲动失控，表现为由于过度使用网络而导致的明显的生理、心理、社会功能的损害。

网络成瘾的早期症状表现为逐步感觉到上网的无穷愉悦感，上网的时间逐渐延长，注意力、记忆力明显下降。症状逐步发展成躯体依赖，表现为每天起床后的情绪低落，思维迟缓，头昏眼花，双手颤抖，疲乏无力和食欲不振。但上网后症状可明显减轻，继而发展为体重减轻、外表憔悴，一旦停止上网，明显地表现出情绪不稳、忧虑和沮丧，甚至不择手段地满足上网需要。

网络成瘾是因为长期上网会使大脑中的多巴胺水平升高，这种化学物质会令患者呈现短时间的高度兴奋，让人沉溺于网络的虚拟世界不能自拔，但离开网络就会出现戒断反应，表现为精神沮丧、颓废、自主神经紊乱、激素水平失衡、免疫功能降低，可能诱发种种疾病，并伴发焦虑、抑郁，甚至有可能出现自残和自杀行为。

四、网络对大学生的影响

（一）网络对大学生学习方式的影响

无论是疫情时代，还是后疫情时代，网络给大学生的学习带来极大的便利，大学微课、慕课等网上资源让大学生们足不出户就能领略到顶尖大学的教师风采并学习到课程，让大学生们获取知识更快速、便捷，但网络不能代替学校、家庭、社会，不能代替学生的实践行为，不能引导学生分析错误产生的原因，帮助其改正错误。教育不仅仅是知识技能的传播、传授，更重要的是人与人之间的情感的交流与沟通。

（二）网络对大学生生活方式的影响

通过网络浏览信息、观看影视剧、欣赏音乐、进行网络游戏，这使人的交往方式发生了巨大的变化，拓展了个人的生活空间。网络生活有助于提高自信心，激发想象力、求知欲和创造力，不断提高人的心理水平。但网络游戏有强烈的诱惑力和消极的诱导性，也是传播不良文化的渠道。

（三）网络对大学生思维方式的影响

网络能够强化人的逻辑思维能力，培养某些非智力因素中的优良品质，如耐心、细心、专业品质和恒心等；能培养利用现代工具去分析解决问题的意识，但不利于培养青少年多层次的逆思维能力和随机应变思维能力。网络工作模式有时会遏制青少年丰富的想象力和灵活的创造力。从大脑左右两个半球的发展情况来看，网络主要开发人的左半球和逻辑思维能力，对右半球的形象思维能力的开发较小。

（四）网络对青少年社会化的影响

青年由对“人的崇拜”转向对“知识的崇拜”，自主性增强，依赖性减少，青年不再盲目崇拜权威，网络对社会权威产生了巨大的冲击力。这本不是坏事，却容易助长部分比较幼稚的年轻人形成玩世不恭的态度或狂妄自大的个性。

（五）网络对大学生心理健康的影响

通过网络，大学生扩大的人际交往圈子有助于建立良好的人际关系。网络交往使人的交往空间扩大，人际沟通时效性、便利性和准确性提高，有利于良好的人际关系的建立和发展，给心理健康带来积极影响，为不良情绪宣泄提供了良好的途径。

网络提供了新渠道，有益于青少年的心理健康。网络心理健康中心、心理网站所提供的内容给心理健康自测，心理咨询与辅导，心理医院与心理医生介绍求医预约，了解心理健康动态带来极大的便利，但网络也会引起人际关系障碍，如网络孤独、网络成瘾。网络还会诱发人格障碍，如攻击性人格、退缩性人格、双重人格和多重人格。网络对自制力弱、性格孤僻、心胸狭窄的人所产生的消极影响较大。网络陷阱较多，如游戏色情网站、不良聊天室等。网络成瘾一方面影响正常的学习和课业，另一方面使学生沉溺于其中，远离周围伙伴，从而变得更加孤独。

任务二　培育健康的网络心理

知识探索

随着网络在大学生中普及，网络所带来的心理障碍也越来越受到关注，保持大学生的网络心理健康是当代大学生心理健康的重要方面。网络的普及是社会进步的体现，大多数人都从中受益，只要正确地对待网络，客观地确定其在生活中所占的位置，就不会偏离正常的生活轨道。

一、网络心理障碍的成因

（一）网络心理障碍的成因

（1）大学生的身心特点造成大学生的网络行为偏差，导致网络心理障碍。在网络行为动机方面，网络的出现满足了大学生求知和猎奇的心理需求，虚拟社会满足了大学生的归属感和成就感。网聊中的平等、自主、随意摒弃了传统人际交往中的外貌、地位、身份、长相、语言、地域差异等，使大学生产生一种自信、自尊、自我价值感。网络功能的多面性、隐匿性以及纯感情性缓解了他们内心的压力和紧张，保持了他们的心理平衡。网络使大学生可以以不同的身份去满足自己的各种角色变换需求，宣泄情感。网络传播改变了传统传播中受众的被动局面，满足了以自我为中心的大学生的心理需求。

（2）网络环境基础导致网络心理障碍。建立在电子计算机与现代通信技术相互结合基础上的广域型数字化通信网络，即以 Internet 为主要标志的网络系统所涵盖的时空范围以及所形成的网络环境，使人们的时空天地得到了极大的扩张，网络信息量和交流范围及其形式的多样化和扩大化是大学生在网络上迷失自我的主要原因。

（3）大学生人格因素分析。大学生网络心理障碍的产生除了网络本身的特性因素以外，人格特质也是其中的一个因素。研究表明，高依赖的网络使用者人格特质多具有独立、情感丰富、警觉性高、自我揭露低、反传统的性格。这些性格特征造成了大学生对网络的依赖，并促使大学生通过在线刺激来满足个人心理需求。

（4）政府、学校、家庭、社会教育及网络监管机构的管理不善导致网络心理障碍。家庭、学校、社会是社会道德文化的植入者，这三者在大学生网络行为指导中发挥了巨大的作用。但面对网络文化的冲击，家庭、学校与社会的教育还不能完全应对其挑战。

家长缺乏网络知识，对网络的本质不了解，无力对大学生的网络行为提供指导与监督。在大学生心理、行为、品质形成过程中，充当重要角色的学校及传统的教育内容和手段显得滞后与低效。大学生网络行为与道德文化的植入者相互分离，因而道德文化的植入者不可能对大学生的网络行为进行有效的约束和监管。家庭、学校及社会在道德教育中存在着严重的不足。网络监管机构对网络信息的管理还很薄弱，对信息的技术屏蔽手段落后，不能对网络信息进行有效筛选与过滤，以致网上色情、黑客文化、反动的迷信信息泛滥，这是诱导大学生网络行为失范的客观原因。

（二）网络成瘾的心理治疗与调试方法

网瘾已成为当今社会不容忽视的心理疾患，严重者不仅影响学习和生活，更影响了身心健康。网络成瘾者可以采用以下几种方法进行心理调适和治疗。

1. 认知疗法

认知治疗是根据认知过程影响情感和行为的理论假设。通过认知行为技术来改变病人不良认知的一类心理治疗方法的总称。所谓认知，一般是指认知活动或认知过程，包括信念和信念体系、思维和想象。认知过程一般由三个部分组成：结束和评价信息的过程；产生应付和处理问题方法的过程；预测和估计结果的过程。

认识治疗高度重视研究病人的不良认知和思维方式，并且把自我挫败行为看成是病人不良认知的结果。所谓不良认知，指歪曲的、不合理的、消极的信念和思想，往往导致情绪障碍和适应不良行为。治疗的目的就在于矫正这些不合理的认知，从而使病人的情感和行为得到相应的改变。

认知疗法的基本观点是：认知过程是行为和情感的中介；适应不良行为和情感与适应不良性认知有关。咨询师的任务就是与病人共同找出这些不良的认知，并提供学习和训练方法矫正这些不合理的认知，从而使病人的情感和行为得到相应的改变。认知疗法不同于传统的行为疗法，因为它不仅重视适应不良性行为的矫正，而且更重视改变病人的认知方式和注重认知、情感、行为三者的和谐。同样，认知疗法也不同于传统的内省疗法或精神分析，因为它重视目前病人的认知对其身心的影响，即重视意识中的事件而不仅仅是潜意识；内省法或精神分析则重视既往经历，特别是童年经历对于目前问题的影响，重视潜意识而忽视意识中的事件。

认知疗法采取的方法主要有以下几种。

（1）认知重建：改变坚定而又顽固的信念，如游戏真棒，上网真好，再没有比上网更刺激的事等。明确上网动机和端正上网态度，不厌恶和排斥它，采取“导”而非“堵”的中肯态度，让网络成瘾者充分认识到网络成瘾后的严重后果。

（2）自我提醒：将上网的好处和坏处分别列在一张对称的纸上，按程度轻重排好顺序，每天做思想斗争 10—20 次，每次 3—5 分钟，尤其是在网瘾发作时，也可以将好处和坏处分别贴在显眼的地方，如电脑上、卧室里、门上，每天多次默念和大声对自己朗读上网的坏处，战胜自己不合理的网络信念。

（3）自我辩论：想象自己上网成瘾后的种种不良后果，如成绩下降，被大家看不起，被别人侮辱，对不起自己的父母及亲人等。在网瘾发作时，让理想自我与现实自我进行辩论；让内心的道德感、责任感与罪恶感、失败感斗争；从感情上战胜自己，痛下戒除网瘾之决心，增强自己的戒网观念。

（4）自我暗示：如果又有了想上网的念头，反复自我暗示。如果不行，劝自己现在应该学习，等周末再说，我一定能行，我一定能戒除。每当抵制住了诱惑，认真学习，度过了充实的一天后，就进行自我鼓励，如：今天我又赢得了一次胜利，继续坚持，加油等。这样不断强化，形成良性刺激，加强自己的意志锻炼，使上网的欲望得到抑制。

2. 行为疗法

行为治疗（条件反射治疗）是以行为学习理论为指导，按一定的治疗程序，来消除或纠正人们的异常和不良行为的一种心理治疗方法。它的主要理论是巴甫洛夫的经典条件反射原理和斯金纳的操作条件反射原理。行为治疗强调，病人的症状及异常的行为和生理功能，都是个体在其过去的生活历程中，通过条线反射作用及学习过程而固定下来的，因此也就可以设计某些特殊的治疗程序。通过条件反射作用的方法，即学习的方法来消除或矫正那些异常的行为或生理功能，同时建立新的健康的行为来替代它们。

行为疗法采取的方法有以下几种。

（1）强化法：自我奖励，自我惩罚，按当天的进度情况给自己设置一些小小的奖励或惩罚。奖励和惩罚既可以由成瘾者自己执行，也可以请老师、同学、家长协助执行。当目标执行无误，就奖励自己吃一样喜欢的零食或买一件喜欢的东西，否则就罚自己长跑 1000 米或做家务等。

（2）行为契约法：成瘾者与家长共同商定解除网瘾的行为契约。成瘾者签订契约并成为契约的执行者。家长则担任契约的监督者，从而规范成瘾者的上网行为，也培养其自我约束能力。

（3）厌恶疗法：默想迷恋网络后造成的种种被辱的场面，想象自己长时间上网萎靡不振的颓废样子，甚至可以将上网后精神不振时的形象拍下来，在与以前精神状态好时相对比。让自己厌恶自己的过度上网行为，从而激励自我，增强自我效能感，但注意不要泛化到厌恶整个自我。

（4）放松训练：为应对戒除网瘾时出现的紧张、焦虑、不安气氛等不良情绪，采用肌肉放松法、想象放松法、深呼吸放松法，以稳定情绪，振作精神。

3. 辅助疗法

辅助疗法采取的方法有以下两种。

（1）体育锻炼法：体育锻炼可以使人分泌多巴胺，让人兴奋，更有利于缓解网瘾发作时的戒断反应，逐渐地利用体育锻炼替代上网行为。

（2）社会支持法：社会成员，尤其是父母，更应关心成瘾者，理解他们、帮助他们，为他们解除网瘾营造一个舒适、安全的人际环境，让他们感受到现实生活中的温暖，满足他们的人际交往和情感沟通的心理需求，从而改变他们通过网络寻求心理满足的方式。

4. 其他方法

1）明确上网的目的

明确上网的目的是方便工作、方便学习知识与调节生活。在上网前就做好防止触网上瘾的心理准备。不要把上网作为逃避现实生活问题或发泄情绪的工具。

2）先定目标

每次上网之前要花几分钟时间想一想自己上网干什么？把具体要完成的任务列在纸上，有选择地浏览自己所需要的内容，不要漫无目的地浏览网页。

3）限定时间

上网之前先限定时间，根据设定的目标确定时间；自觉有效地控制自己的上网时间。尽量利用业余时间上网；不要打破正常的饮食规律与生活习惯。

4）远离网毒

在上网过程中要远离网毒，应保持平稳的心态，消除猎奇心理，不要迷信网络爱情。

5）合理安排时间

合理有序地安排上网时间与参加社交活动的时间，二者兼顾。拥有丰富多彩的现实生活，才不至于在网上寻求情感满足。不要为了打发时间而泡在网上，现实生活中打发时间的方式很多，比如交朋友、聊天、打球、看电影、看报纸、做室外运动等。

6）心理治疗

如果觉察到网络给身体和心理带来不适，而且还长时间得不到缓解，就应该去看心理医生，进行心理咨询。

二、健康网络心理的培养

（一）树立正确的网络认知

正确的认知是健康心理养成的前提。一些不良的认知是导致不良心理的诱因。文艺复兴时期的法国思想家、作家、怀疑论者米歇尔·德·蒙田曾说：“人通常是被自己的看法所困扰，而不是被事物本身。”心理学家埃利斯的 ABC 理论也证明，让你产生心理问题的原因不是事件本身，而是你对事件的评价和认知。因此，要构建健康的网络心理，必须理性对待网络，树立科学的网络观。

网络的普及宣告着人类信息时代的真正到来，它拓展了人类的交往空间，深刻地改变着人与人、人与社会的关系，给人类带来一个全新的时代。在家办公、网上学校、电子商场、电子银行等新生事物的出现，使人类的生活方式发生了深远的变革。网络世界作为一个充满自由、开放、平等的世界，有利于大学生方便、快捷地了解各种各样的现代科学知识和生活经验，提高自身的综合素质；有利于大学生通过多元的互动和交往，有效地和社会融合；有利于大学生借助于网络把地球变小的功能形成全球化的意识。但是对网络的恣意破坏与滥用，也可能给自己带来恶果，如自我迷失、价值观念倾斜、道德水平下降、社会适应不良、思想混乱、网络成瘾等。有人认为网络世界“一半是天使，一半是魔鬼”，其实网络只是一个工具而已，不要夸大网络的功能，进而认为网络是解决一切问题的灵丹妙药，或者否定网络的作用，认为网络是社会秩序混乱的罪魁祸首。大学生只有对网络树立正确的认知，才有可能正确地面对网络，合理地使用网络资源，准确地把握自我，认清自己的真实需要，处理好现实社会与虚拟社会的关系，避免网络心理问题的产生。

（二）积极预防网络心理障碍

1）积极预防网络心理障碍

树立正确的人生观、价值观，提高明辨是非的能力，选环境、定目标、限时间，变网控为自控，成为网络的主人，积极投身社会实践活动，培养健康的心理防御机制。

2）积极应对网络心理障碍

逐渐减少上网时间，摆脱网络依赖；转移注意力，摆脱网络诱惑；找回自己的兴趣，培养自己的乐趣。

3）寻求帮助，尽快脱离网络泥淖

当大学生遭受网络心理障碍的袭击，但自身无法克服时，走出自己的天地、积极求助于他人是十分必要的。其一，求助于老师、家长、同学、朋友等。倘若发现自己在现实生活中难以适应，同时存在情绪低落、能力下降等心理问题时，可以向朋友、家长或老师倾诉。通过倾诉释放心理压力，缓解内心痛苦；还可以得到他人的劝慰，帮助自己解决思想上的不愉快和想不通的问题。当发现自己沉迷于网络，感觉仅靠自己的能力无法控制时，要求助于老师、家长、同学，请求他们的监督。其二，进行心理咨询。心理咨询是摆脱网络心理困境的有效方法。心理咨询的方式有多种，既可以向心理咨询员咨询，也可以进行网上心理咨询。其三，寻求专业治疗。若患者的网络心理障碍较严重，请教心理医生则是更为明智的选择。

（三）加强网络监管，净化网络环境

工欲善其事，必先利其器。竭尽全力，营造清朗、文明的网络空间是深化网络文明建设的关键所在。流水不腐，户枢不蠹。要像人保持肌体健康一样，对网络经常进行体检，及早发现影响社会主义核心价值观的不良倾向，及时处置，防微杜渐。不断加强网络综合治理，紧盯重点平台、重点服务类型和重要环节，有力批驳历史虚无主义等错误思想观点，坚决清理各类有害信息，持续深入开展“清网”系列专项行动，坚决整治各种网络乱象，不断推进“净网”行动向纵深发展。

净化网络环境必须强化正向引导。辩证法告诉我们，有正就有反，有破就有立。净化网络环境要抓打击整治，更要抓教育教化，否则会让人失去方向，无所适从。

净化网络环境还要不断激发网络文明新活力。调动每个网民特别是青年网民，参与促进良好网络生态形成的积极性，推动网络文明润物无声。要把社会主义核心价值观体现到

网络文化活动全过程,引导创作积极健康、向上向善的网络文化精品。要强化示范引领,涵育广大网民特别是青少年的爱国情怀、道德情操和网络素养,引导青少年投身文明实践,为网络文明建设贡献青春力量。要深耕青少年网民活跃聚集的网站平台,特别是社交媒体,融进“青年群”“后浪圈”,以年轻人喜闻乐见、贴心有感、走心入脑的方式做好正能量的精准传播。要建立青年网络文明志愿者队伍,积极开展网络文明实践,积极参与“中国好网民”“网络中国节”“网络公益”“网络诚信”等活动。

罗马不是一天建成的,良好的网络生态也不是一蹴而就的。征程万里风正劲,重任千钧再扬帆。我们要深入学习宣传贯彻党的二十大精神,发挥网络优势,建设网络文明,净化网络环境,营造网络健康,奋力打造网络文明建设新高地,以网上宣传工作新成效服务党和国家事业新发展。

心理训练

大学生网瘾的干预方案

1. 干预目标

基本恢复网瘾者在网络成瘾之前的身心状态。消除因网络成瘾产生的性格内向、自卑、与家人对抗及其精神心理问题和心理障碍。

2. 干预计划

根据网瘾者的具体表现,我们把干预过程分为如下四个阶段。

第一阶段,与网瘾者建立良好的关系,评估网瘾者的网络使用情况和沉溺程度,探讨网络成瘾的行为深层次的问题;

第二阶段,缓解网瘾者的压力并调整其认知,建立双方认可的监督评估机制,这有利于保持双方的良好关系,也为具体方案的制订提供了基础;

第三阶段,制订和实施克服网络成瘾行为的具体方案。把空洞的说理转变为具体的时间,让网瘾者知道自己应该、不应该做什么,并在实施方案的过程中逐步克服网络成瘾行为;

第四阶段,效果评估和随访。根据目标和方案,通过对干预过程的总结,回顾干预过程的要点,检查实现情况,指出成果的问题,处理好干预结束后的关系问题。

3. 干预措施

(1)加强思想教育和互联网教育,提升网瘾者的自律能力。

(2)开展心理治疗和心理辅导。

运用认知疗法:第一,重建认知。改变顽固的、不合理的信念。第二,自我辩论。让网瘾者想象自己成瘾的各种严重后果,用超我、自我、本我进行假设辩论,从而建立健康至上的认知。第三,自我提醒。请网瘾者写出几个由网络成瘾导致的主要问题和几个减少、戒除网络成瘾的好处,做成卡片,随身携带,并且反复看这些卡片,从而树立戒除网瘾的决心。

运用行为疗法:第一,行为强化法。根据每天戒网的进展情况,给予网瘾者一定的表扬、奖励和批评惩罚。第二,行为契约法。与网瘾者商定戒网契约,让网瘾者的亲人、朋友共同成为契约的遵守者和执行者。第三,行为消退法。以打球、看电影等其他行为代替上网,帮助网瘾者应对现实生活中的负性情绪,消除周围网友的强化刺激。第四,厌恶疗法。当网瘾者上网出现快感时,让网瘾者联想上网成瘾的严重后果,并施加适当的疼痛刺激。第五,打破惯例法。让网瘾者在相反的时间上网,进而改变其在线停留习惯。第六,借助外力制止法。在网瘾者上网时请他人阻止其上网。第七,让网瘾者制作个人清单。列出自己成瘾以来被忽略或减少的其他日常活动,并将这些活动按非常重要、重要、不重要排序。回想以前这些活动是如何提高自身生活质量的,从而帮助网瘾者在面对网络和曾一度喜欢而被忽略的活动时做出正确的选择。

心理赋能

网络时代,心理健康的标准

(1)要有正确的网络心理健康意识和观念。一个心理健康的人要具有正确的心理健康意识和观念,认识到心理健康的重要意义和现实价值,能够运用正确的意识指导自己的心理和行为。同时,网络心理健康意识还包括对网络有正确的认知和态度。

(2)能够保持在线和离线时的人格统一。在线时能够积极主动地接受和处理信息,离线后能够迅速地从虚拟情景中走出来,而不是仍然沉溺其中。

(3)有正常的人际交往,人际关系协调,能够与周围环境保持良好的互动。具有健康的网络心理的人,应该在现实中能够维持并发展正常的人际交往,并能够同周围环境的他人保持良性互动。

(4)不因网络的使用而影响正常的学习和工作。如果因为上网而影响正常的工作和学习、家庭生活、人际交往,就属于网络心理不健康的范围了,需要进行及时的控制、调整或治疗。

(5)不影响身体健康。离线时身体没有明显的不适应,上网应以不影响身体健康为前提,离线后不会因为使用网络导致身体的感觉器官、消化器官、神经系统以及其他身体器官机能的下降或失调,能够保持机体的平衡状态。

项目十三

认识职业，步入职场

心语心愿

盲目的努力只是一种缓慢的叠加，用持续精准的努力，撬动更大的可能，这便是精进。

——《精进》

我们要追求那真实的功业，要追求对宇宙人生更深远的了解；要追求永远超过狭小生活圈子之外的更有用的东西。

——罗曼·罗兰

学习目标

知识目标：引导学生了解当代大学生择业的含义、择业存在的误区以及面对择业的各种心态，并通过自我觉察明确自己最看重职业发展的哪些方面。

能力目标：能够通过霍兰德职业测试找到自己感兴趣的职业类型，并根据职业代码找出自己适合的职业类型。

素质目标：塑造学生对求职择业科学正确的态度和价值观，为顺利进入职场、找到适合自己的工作做准备。

心理自测

你看重什么

这一份问卷的目的是了解在你考虑未来的工作选择时，哪些工作性质或条件对你来说很重要。请在下列每题后填上 1—5 的数字。其中，5 代表非常重要，4 代表很重要，3 代表重要，2 代表不太重要，1 代表不重要。计分方式附于题后。

1. 能参与扶危、济贫的工作	10. 能有稳定的收入
2. 能经常欣赏完美的艺术作品	11. 能有清静、不受干扰的工作场所
3. 能经常尝试新的构想	12. 能够分配、调整别人的工作
4. 必须花精力去深入思考	13. 能常常加薪或分红
5. 在职责范围内有充分的自由	14. 主管很善解人意
6. 可以经常看到自己的工作成果	15. 能经常与同事进行休闲活动
7. 能在社会中扮演更重要的角色	16. 能经常变换职务
8. 能指导别人如何处理事务	17. 能成为想成为的人
9. 收入能比相同条件的人高	18. 能帮助穷困、不幸的人

续表

19. 能增添社会的文化气息	40. 可以发挥自己的领导能力
20. 可以自由提出新颖的构想	41. 可以攒下很多的钱
21. 必须不断学习才能胜任工作	42. 有完善的保险与福利制度
22. 在工作时可以不受他人干涉	43. 工作场所有很现代化的设备
23. 常能觉得自己的辛劳没有白费	44. 可以经常变换工作场所
24. 更有社会地位	45. 经常觉得如鱼得水
25. 主管能采取民主、开放的领导方式	46. 能常帮助他人解决困难
26. 不必和同事有利益冲突	47. 能创作优美的作品
27. 生病时能得到妥善的照顾	48. 常需要提出多种不同的处理方案
28. 工作地点的光线、通风良好	49. 必须对事情做深入的分析研究
29. 有一个考核公正的主管	50. 可以自行调整工作进度
30. 能与同事建立深厚的友谊	51. 工作结果能得到别人的肯定
31. 工作的性质常会变化	52. 能够很自豪地介绍自己的工作
32. 能实现自己的理想	53. 能为团体拟订工作计划
33. 能减少别人的苦难	54. 收入能比其他行业的收入高
34. 能运用自己的鉴赏力	55. 不会轻易被解雇
35. 常需要构想新的解决办法	56. 工作场所整洁、卫生
36. 必须不断解决新的难题	57. 主管的能力或品德令人敬佩
37. 能自行决定自己的工作方式	58. 能认识很多风趣的伙伴
38. 能知道自己的工作绩效	59. 工作内容经常随时间而变化
39. 觉得出人头地	60. 能充分发挥专长

计分标准

职业价值观	题号	分数
利他主义	1,16,31,46	
美的追求	2,17,32,47	
创造发明	3,18,33,48	
智力激发	4,19,34,49	
独立自主	5,20,35,50	
成就满足	6,21,36,51	
声望地位	7,22,37,52	
管理权力	8,23,38,53	
经济报酬	9,24,39,54	
安全稳定	10,25,40,55	
工作环境	11,26,41,56	
上司关系	12,27,42,57	

续表

职业价值观	题号	分数
同事关系	13,28,43,58	
多样变化	14,29,44,59	
生活方式	15,30,45,60	

心理课堂

任务一　了解大学生择业心理

知识探索

一、择业心理的含义

择业是人生的一次重大选择，也是对大学生综合素质尤其是心理素质的一次检验。择业心理是指大学生在择业期间所产生的心理活动状态，是影响其正确择业和顺利就业的主要因素之一。大学生的择业心理十分复杂，各种矛盾和冲突交织在一起，对此我们应当进行认真的分析并加以积极的引导、疏导。保持良好的择业心理，除了有利于维护大学生的身心健康之外，对择业活动各个环节的顺利展开都有十分重要的作用。

二、大学生择业心理的特征

（一）择业心理倾向存在误区

大学生择业心理是一个涉及多个层面的复杂心理活动，择业心理倾向性则是其中最重要也最突出的一个方面。心理倾向性是个性中较为活跃的因素，是人类行为的动力基础，它是由需要、动机、兴趣和价值观所构成。择业心理倾向性反映了"一个人的择业目标、对自我的认识、定位，最终指向为侧重面不同的职业目标，如需要目标、动机目标、兴趣目标和价值观目标等。"大学生由于受社会、家庭及自身心理与生理素质等诸多因素的限制和影响，在择业过程中往往不自觉地陷入一些心理误区，扭曲大学生的择业行为。择业心理倾向性的偏差将直接影响择业结果，因此，适时调整择业心理倾向性对大学生顺利地择业将带来切实的帮助。

1. 需要目标方面的误区

需要是个体活动的基本动力源泉。马斯洛的需求层次理论指出，人在基本的生存问题得到解决后，还有更高层次的追求，希望为社会发展做出更大的贡献，得到社会的认同与尊重，实现自我发展与自我完善，体现自我的价值。在经历了十年寒窗苦读之后，几乎每一个大学生都为自己的择业前途描绘了一幅美丽的蓝图，尽管就业市场形势十分严峻，仍没能让许多大学生理智而现实地面对择业问题。在需要目标方面,陷入了以下三个误区:一是过高地追求个人成就。期望有伯乐识千里马,能在选择的职业中发挥专业特长,成就一番大事业,而没有做好从基层做起、从小事做起的心理准备。二是过早地考虑自我实现,期望短时间内见成效。急于求成的心理使一些大学生对成就的时限期望过高,那些需要较长时间甚至可能一辈子也无法有大作为的职业往往难以让大学生们列入选择范围。三是过分地期望稳定与安全。期望能选择稳定的职业,从一而终或一劳永逸,再无择业压力,把职业的稳定性作为重要考虑因素。于是,“机关、党政部门成了大学生择业的最佳选择”。其实,随着人事制度的改革,大学生期望中的从一而终的稳定与安全想法将越来越找不到存在的土壤。

2. 动机目标方面的误区

动机强度对活动效率有着直接的影响,一般来说较强的动机可以促使活动顺利地完成,提高解决问题的效率。但过强的动机则会适得其反,产生欲速则不达的负面效应。大学生的择业动机受到来自社会、学校、家庭、个人等方面因素的影响。大学生在择业过程中出现了两种动机失度倾向:一是择业动机过强及目标过高。部分学生把择业看成是上大学的唯一目标,把未来事业成就、个人幸福与否全都寄托于择业的成败上,整日忧心忡忡,担心自己的理想能否实现,专业是否对口,甚至某一门课成绩不理想是否影响择业……尤其是一些家庭条件差、自身条件不佳的学生表现得更为突出,致使部分学生因此而产生焦虑、失眠、神经衰弱等心理障碍,不同程度地干扰了学生正常的学习与生活。二是择业动机过弱,目标不明确。部分学生在择业问题上存在依赖和盲目乐观的心理,认为择业是一个水到渠成的过程,无需自己费心,而导致学习动力不足,竞争意识缺乏,对择业缺乏充分的知识和能力及心理准备,临近毕业时,真正在择业现实中受到了挫折才发现悔之晚矣。

3. 兴趣目标方面的误区

职业兴趣是劳动者择业的重要因素,兴趣与职业成功的概率呈明显的正相关性,充分利用这种正相关性是获取职业成功的捷径。不同的职业也需要不同的兴趣特征,如果能将专业、兴趣爱好与职业相匹配则是最佳的职业选择。学有所用,无可厚非,但是有相当一部分大学生过于强调专业对口,认为择业必须专业对口才能才尽其用,才能实现自我价值,缺乏对高等教育已由精英教育向大众教育转化的现实的认识,不可能做到每位毕业生都专业对口,致使许多学生对于非本专业的只需稍做努力和调整就能够胜任的职业视而不见,人为地使择业渠道变得狭窄。

4. 价值观目标方面的误区

随着市场经济的不断深入,大学生的人生观、价值观发生了很大的变化,相当一部分大学生对择业目标定位过高。特别是近年来,受拜金主义、享受主义、实用主义、功利主义等不良社会思潮的影响,他们的择业出发点往往是我想做什么,而不是我能做什么或我该做什么,表现在地域选择上,以沿海发达地区和大中城市为目标,不愿到西部不发达地区、小城镇和农村地区;在单位选择上,热衷于进行政机关、事业单位、大型企业、高薪企业,轻视中小企业和条件相对艰苦的单位;在岗位选择上,要求体面、待遇高、专业对口,不愿意从基层做起,从艰苦的工作做起。过高估计自己的能力,追求最佳职业选择,认为自己应从事收入多、工作闲、环境优之类的工作,致使自己的择业目标和实际社会需求之间存在着巨大的差距。

（二）择业心态各异

择业心态是指大学生求职择业时的心理活动状态，如焦虑、情绪高涨、失落、缺乏信心、犹豫不决等状态。大学生的择业心态与他们的个性品质、个人能力、择业价值观有关。择业心态是了解大学生择业心理倾向、择业心理素质的重要方式。大学生择业中产生的种种心理健康问题常常是通过各种不正常的择业心态表现出来的。当代大学生的择业心态表现出以下特点。

1. 盼望竞争，但缺少勇气

在社会主义市场经济体制下，当代大学生对双向选择、自主择业、走向人才市场基本形成共识，产生了自主择业的意识。然而，许多当代大学毕业生面对竞争时，又显得顾虑重重、优柔寡断。有的怕自己条件不行，竞争失败丢了面子；有的怕同好友因竞争伤了和气；有的怕不正之风干扰太大，竞争中只能作牺牲者。这些毕业生对择业缺乏应有的自信心，总是害怕失败和受挫，既影响了他们正常水平的发挥，也给学习和生活带来消极的影响。

2. 对公平竞争机制持怀疑态度

实行毕业生“双向选择”的就业制度，充分体现了竞争机制，大学毕业生应当珍惜这个机会，要勇于竞争和善于竞争，在竞争中实现自己的理想。但是许多毕业生对公平竞争机制持怀疑态度，甚至干脆放弃竞争。客观地讲，我国的公平竞争机制确实在某些环节上不够完善，但是总体上能达到基本公平。毕业生因担心自己没有社会关系而悲观，从而怀疑甚至否定公平竞争机制，其实是一种错误的择业心理。

3. 有远大理想，但又害怕面对现实

在择业中，大部分毕业生能接受从基层做起的观点，愿意将自己的前途同国家、民族的命运连接在一起，有着强烈的报国之志。然而，在现实问题的选择上，真正愿意到基层就业的人较少。

4. 择业心理期望高，但缺乏很强的竞争力

当代大学生的择业心理期望值很高。大学生大多希望选择赚钱多、层次高的职业，有利于自我的发展。但是，他们对自己的实力缺乏正确的认识，看不到自己的微弱竞争力，以至于在择业中存在高不成、低不就的心态。

5. 实现自我价值愿望强，但缺乏艰苦奋斗的心理准备

大学生择业十分重视自我价值，追求自我实现，愿意根据自己的专业到祖国需要的地方去，到他们认为能实现自己“价值”的单位去。他们有实现自身价值的雄心壮志，但他们平时在家中娇生惯养，缺少实践和锻炼，还没有充分做好艰苦奋斗的择业心理准备。

三、大学生择业心理存在的主要问题

大学生在求职择业过程中产生了焦虑心理、挫折心理、自卑心理、依赖心理等不良心理状态，因此关注大学生择业的心理问题，帮助他们消除心理障碍，形成良好的心态，以健康的身心求职择业，具有十分重要的意义。

(一)自我认知失调心理

在择业过程中,我们每个人首先要做到认识自己,要正确、客观地评价自己,了解自身的兴趣、气质、性格和能力,对自己的所学专业、工作能力、爱好特长、优势与劣势有一个完整的把握,明白自己能干什么和不能干什么,这就是所谓“知人者智,自知者明”。这样在择业过程中才能对自己合理定位,但是能够准确自我认知并非一件容易的事,很多大学生择业时就不能够准确地自我认知和评价。对于自我认知的不准确,大学生们要么怀有一定的自卑心理,对自身素质和择业竞争力评价过低,不敢主动参与择业竞争,要么非常自负,自命不凡,认为自己各方面能力很强。大学生们大多血气方刚,喜欢争强好胜,虚荣心较强,容易引发攀比心理,形成了较高的心理期望值,表现在求职择业过程中,就是忽视自身特点,对自我缺乏客观、正确的评价,不从自身实际出发,不考虑所选单位是否适合自己,而是盲目攀比,总想找到一份超过别人的工作。这种攀比心理使得不少毕业生在择业过程中迟迟不愿签约,与择业职位擦肩而过,浪费了很多择业机会。自卑心理、自负心理和攀比心理是大学生择业时自我认知不准确的三个表现。

1. 自卑心理

自卑是一种缺乏自尊心、自信心的表现。一些大学生过低地估价自己,总是自己看不起自己。在求职择业中,他们往往缺乏自信心,缺乏勇气,不敢竞争。这种现象多见于自我意识发展不健全以及性格内向或有生理缺陷的大学生。在屡遭挫折之后,一些大学生容易产生强烈的自卑心理,胆小、畏缩,觉得自己处处不如人。

过度自卑,使学生们产生精神不振、消极厌世、沮丧、失望、脆弱等心理现象,久而久之还可能导致自卑型问题人格发生。在对自己是否充满自信的调查中,回答自信的占 45%,某些毕业生因自己不是名牌学校毕业、专业不热门、人又长相一般,既没有社会关系可利用,又没有金钱的支持,总之,别人具有的先天优势自己都没有,自卑感油然而生。在择业中,他们往往缺乏自信和勇气,看不到自己的优势,害怕竞争。过度自卑,使这些毕业生产生精神不振以及沮丧、失望、孤寂等心理。有这种心理的学生往往表现为对自己的能力评价过低,却看不到自己的长处和优势。部分学生因择业时屡屡受挫,或者所学专业不景气,或者自己的专业知识、技能及综合素质不如其他同学,或者性格内向、不善言辞,从而面对择业市场产生了强烈的自卑感。他们特别在乎别人对自己的态度,敏感、多疑、自闭,没有信心与人交往,没有勇气面对用人单位,表现为面对用人单位缩手缩脚、过于拘谨,不能适当地向用人单位展示自己的长处和优势,有的甚至把自己的长处也变成了短处,因而影响了自己的求职择业。

2. 自负心理

有部分毕业生自认为很有才华,各方面条件都不错,应该有个好的归宿,因而傲气十足。在调查中过度自信者占到 18%。一旦产生自负心理,很容易脱离实际,以幻想代替现实,使自己的择业目标和现实产生了很大反差,如果不能如愿,他们的情绪就会一落千丈,从而产生孤独、失落、烦躁、抑郁的心理。与自卑心理相反,有的毕业生因为自己所学的专业紧俏,或者自身的条件比较优秀,或者生活经历过于顺畅、很少甚至从未经受过挫折和逆境等原因,因而在心理上产生了一种自命不凡、高人一等、胜人一筹的自负心理,觉得自己学有所成、满腹经纶、“皇帝的女儿不愁嫁”“找一份比较理想的工作应是小菜一碟”。有这种自负心理，在求职择业时往往会好高骛远、自命不凡、眼高手低，给用人单位留下浮躁、不踏实的印象，不受用人单位的欢迎。有的毕业生则择业期望值过高，脱离实际，怕吃苦、讲实惠，不愿到基层和艰苦地区等需要人才的地方工作，择业目标与现实之间存在着巨大的反差，双向选择变成了单向选择，不切实际地挑选用人单位，幻想地择业。

3. 攀比心理

它是指大学生在择业过程中不从实际出发，不量力而行，与他人攀比的心理，表现为主观性很强的不切实际的自我欣赏，理想成分居多的求职期望过高，容易导致不能积极地对自己进行正确、客观、公正的分析，相互攀比、舍其所长、就其所短。在调查中择业时很注重与他人进行比较的，结果不如他人感到痛苦的占 16.8%。有这种心理的大学生，在择业活动中往往显得缺乏主见，极易受别人干扰。他们把注意力过多地集中到别人的择业取向中，即使有的单位非常适合自身发展，但因为某个方面比不上同学选择的择业单位，就放弃了选择。而且这种心理往往会延续到就业后，带着失败者的心态进入社会。在择业时，由于每个人生活的环境、家庭背景、能力和性格以及机遇是不尽相同的，因而在择业目标、择业选择上不具有可比性。

（二）自我认知失调心理

大学生择业情绪心理是指大学生择业之前产生的一些情绪问题或是在择业过程中的情绪波动。情绪是大学生心理健康的晴雨表。大学生择业时情绪出现浮躁和波动，是心理成长期中不可避免的现象。但是，倘若情绪长期波动并郁闷在心中，不仅会影响到大学生的顺利择业，还会影响大学生身心的健康发展。下面我们从焦虑、抑郁和挫折三个方面的择业情绪心理问题进行分析。

1. 焦虑心理

焦虑是一种紧张不安并带有恐惧体验的情绪状态，多半是由于不能实现目标或不能避免某些威胁而引起的。毕业前，绝大多数当代大学生心理问题表现为过度焦虑。在对择业前景的调查中很有信心的占 5.8%，没有信心的占 14.5%。面对理想与现实、就业与失业、签约与违约、就业与考研等矛盾，他们常难以取舍、忧心忡忡、无所适从，表现出焦虑情绪。这种焦虑，使当代大学生毕业时精神上负担沉重、紧张烦躁、心神不宁、萎靡不振；学习上得过且过、只是应付、反应迟钝；生活中意志消沉、长吁短叹、食不甘味、卧不安席。由于种种原因，有相当一部分毕业生临近毕业还没有落实择业单位，心理普遍有焦虑感。特别是一些基础学科专业或学习成绩不佳、学历层次不高的大学生，表现得更为焦虑。他们往往会表现为心神不宁、意志消沉、萎靡不振，严重影响正常的学习和生活，影响顺利就业。我国传统教育模式决定了当代大学生在面临毕业走向社会择业时的心理准备不足，不知如何去面对择业竞争，对现实与将来的一系列问题感到束手无策、无能为力，不知如何获取用人信息，如何进行自我设计，如何推销自己。成绩优秀的同学担心找不到理想的工作，难以实现他们的人生价值；成绩不佳的同学担心没有单位选中自己；女同学担心择业中的性别歧视等等。大多数当代大学毕业生表现焦虑的程度较轻，多是由于过分担心某些问题引起的心理失衡。在激烈竞争的社会，理想的职业并不是很容易得到的，需要自己做出合理定位和不懈努力，用人单位在选择人才时往往需要经过多方面的了解考察，有时需要有一个等待过程，这种等待极易形成大学生就业的焦虑与恐惧心理。

2. 急躁心理

急躁是一种不良心境，和冷静是对立的，其主要特征是情绪高涨或低落。大学生在职业未最终确定以前，普遍都有急躁心理。在您是否了解就业单位的调查中，不了解的占 28%，与用人单位盲目签约的占 38%。一部分学生在不了解用人单位的情况下就草草签约，一旦发现未能如愿，又后悔莫及。尤其是在规定的期限内未落实单位的一些学生，心理更为急躁。急躁是一种不良的心境，急躁使人缺乏自我控制能力，会导致事倍功半甚至事与愿违的结果。当代大学生这种急躁的心理，常使他们烦躁不安，缺乏自制力。这些不良的心理因素常常会引起异常的生理反应，出现头痛、头昏、消化紊乱、心慌、睡眠障碍等躯体化障碍，有时还会导致问题行为的发生，常见的有逃课、损坏东西、报复、迁怒于人、嗜烟、嗜酒、上网成瘾等等。这些心理障碍不仅会危及学生的身心健康，影响学生顺利择业，严重的还可能导致违纪违法。大学生择业中常常出现忧心忡忡、烦躁不安、心理紧张、无所适从等现象。有的学生恨时间过得太慢，有的学生怨用人单位用人条件太苛刻。

3. 挫折心理

挫折心理是指人在从事有目的的活动时遇到障碍所表现出来的情绪反应。当一个人产生挫折心理后就可能陷入苦闷、焦虑、失望、悔恨、愤怒等多种复杂情绪的体验之中，因此挫折心理是一种消极的心理状态。调查显示大学生择业中不能经受住挫折的占 38%。在择业问题上当代大学生受到挫折是因为他们的去向和抱负不能为社会和亲友所理解和接受，从而产生怀才不遇的感觉。这往往是由大学生自我评价过高造成的，而且通常是期望值越高，挫折感就越重。如果在挫折中不能认真反思，而是失去理智、盲目地一意孤行，就可能形成人格障碍，由此引起内心世界的严重扭曲，对健康人格塑造构成严重威胁。

任务二　培育大学生正确的入职与择业观

知识探索

一、引导大学生树立科学的成才观

择业是个体成才的重要路径之一，科学理性的择业观必然内在包含了科学的成才观，大学生树立科学的成才观有助于其形成正确的择业观，因而必须把树立科学的成才观作为择业观教育的重要内容。胡锦涛同志与习近平同志都强调青年要树立科学的成才观。胡锦涛同志提出了科学发展观这一重要概念，在科学发展观指导下的成才观，就是科学成才观。坚持以科学成才观作为大学生发展的个人目标，就是要让大学生学会发展，学会适应和改造环境，使青年成为复合型人才。自从党的十八大以来，习近平总书记也提出了一系列关于青年成才的重要论述，这为青年成才指明了明确的方向和路径。

二、培养大学生科学的劳动观

大学生的择业观是他对今后劳动过程的一种主观设想，择业观受到劳动观的影响，因而进行择业观教育必须以培养大学生科学的劳动观念为目标。关于科学劳动观，恩格斯曾指出，劳动是一种义务。习近平总书记提出要尊重劳动、培育合理劳动观念。“民生在勤，勤则不匮。”自从党的十八大以来，习近平总书记在许多场合提出了要尊重劳动的观念，他多次指出应在全社会弘扬劳动精神，用劳动先进模范来鼓舞带动广大人民群众树立热爱劳动、辛勤劳动的劳动观。

三、培育大学生的学习意识

在机会面前必须做好充分的准备，不然大学生根本无法实现顺利择业。学习是提高大学生能力的重要途径，而学习的基本前提就是具有主动自觉的学习意识，否则一切外在教育只能是徒劳无获。通过培育大学生的学习意识，能够唤起他们主动学习和自觉接受教育的积极性、主动性。通过学习使大学生自身择业能力得到提升，从而在就业市场竞争中更加游刃有余。所以，必须以培育大学生的学习意识作为择业观思想政治教育个体层面的重要目标之一。党和国家领导人高度重视大学生学习意识的培养。2013 年 5 月 4 日，习近平总书记在同各界优秀青年代表座谈时讲到，青年人应该把学习作为首要任务，作为一种责任、一种精神追求、一种生活方式，让勤奋学习成为青春远航的动力。特别是在当前知识“保鲜期”不断缩短的时代，人们为了与时代发展保持同步，更需要具备学习意识。具体而言，培育大学生学习意识主要包含了以下几个方面的分目标。

1. 培育大学生自觉学习的意识

由于我国父母对子女一向秉持“望子成龙”“望女成凤”的观念，因而他们从小学开始就给子女灌输强烈的学习意识。但是，这种学习意识更多的是一种外在要求，而并非一种主动自觉的学习要求。而在这种教育之下，子女一旦失去了父母的监督和督促，他们在学习意识上就会呈现出相对缺乏的状况。因而我们必须唤起并引导大学生树立起自觉学习的意识，让他们意识到学习对于他们未来择业的重要性，让学习成为他们发自内心的主动追求，这样才能唤起他们学习的动力和坚持的意志。

2. 培育大学生终身学习的意识

当前社会，由于新媒体、互联网技术的迅速发展，人们的学习场所已不再局限于传统的学校、教室，由此便赋予了人们终身学习的可能性，“活到老，学到老”日渐成为人们所赞同的一种学习理念。对于大学生而言，必须树立起一种终身学习的意识，克服功利主义的学习观，这样不仅有利于他们自身择业能力的全面增强，也有助于他们今后的职业发展。

3. 培育大学生谦虚好学的品质

孔子曰：“三人行必有我师。”《中庸》曰：“舜好问而好察迩言。”这都是谦虚好学品质的体现。作为大学生，他们正处于知识的迅速积累期，为更全面、客观地学习知识，需要在性格上具备谦虚好学的品质，善于从书本中学习，善于从他人身上学习，善于从实践活动中学习，全面提高自身素质，为今后顺利择业打下坚实的基础。

任务三　认识自己的职业兴趣

知识探索

霍兰德职业性格测试

本问卷共90道题目，每道题目是一个陈述，请你根据自己的真实情况对这些陈述进行评价，如果符合实际情况就在相应的题目前打“√”，否则打“×”，不要漏答。

1. 强壮而敏捷的身体对我很重要。
2. 我必须彻底地了解事情的真相。
3. 我的心情受音乐、色彩和美丽事物的影响极大。
4. 和他人的关系丰富了我的生命并使它有意义。
5. 我自信会成功。
6. 我做事必须有清楚的指引。
7. 我擅长于自己制作、修理东西。
8. 我可以花很长的时间去想通事情的道理。
9. 我重视美丽的环境。
10. 我愿意花时间帮别人解决个人危机。
11. 我喜欢竞争。
12. 我在开始一个计划前会花很多时间去计划。
13. 我喜欢使用双手做事。
14. 探索新构思使我满意。
15. 我是寻求新方法来发挥我的创造力。
16. 我认为能把自己的焦虑和别人分担是很重要的。
17. 成为群体中的关键任务执行者，对我很重要。
18. 我对于自己能重视工作中的所有细节感到骄傲。
19. 我不在乎工作把手弄脏。
20. 我认为教育是个发展及磨炼脑力的终身学习过程。
21. 我喜欢非正式的穿着，尝试新颜色和款式。
22. 我常能体会到某人想要和他人沟通的需要。
23. 我喜欢帮助别人不断改进。
24. 我在决策时，通常不愿冒险。
25. 我喜欢购买小零件，做成成品。
26. 有时我长时间阅读，玩拼图游戏，冥想生命本质。
27. 我有很强的想象力。
28. 我喜欢帮助别人发挥天赋和才能。

29. 我喜欢监督事情直至完工。
30. 如果我面对一个新情景，会在事前做充分的准备。
31. 我喜欢独立完成一项任务。
32. 我渴望阅读或思考任何可以引发我好奇心的东西。
33. 我喜欢尝试创新的概念。
34. 如果我和别人摩擦，我会不断尝试化干戈为玉帛。
35. 要成功就必须定高目标。
36. 我喜欢为重大决策负责。
37. 我喜欢直言不讳，不喜欢转弯抹角。
38. 我在解决问题前，必须把问题进行彻底分析。
39. 我喜欢重新布置我的环境，使它们与众不同。
40. 我经常借着和别人交谈来解决自己的问题。
41. 我常想起草一个计划，而由别人完成细节。
42. 准时对我来说非常重要。
43. 从事户外活动令我神清气爽。
44. 我不断地问：为什么？
45. 我喜欢自己的工作能够抒发我的情绪和感觉。
46. 我喜欢帮助别人找可以和他人相互关注的办法。
47. 能够参与重大决策是件令人兴奋的事情。
48. 我经常保持清洁，喜欢有条不紊。
49. 我喜欢周边环境简单而实际。
50. 我会不断地思索一个问题，直到找出答案为止。
51. 大自然的美深深地触动我的灵魂。
52. 亲密的人际关系对我很重要。
53. 升迁和进步对我极重要。
54. 当我把每日工作计划好时，我会较有安全感。
55. 我不害怕过重的工作负荷，且知道工作的重点。
56. 我喜欢能使我思考、给我新观念的书。
57. 我希望能看到艺术表演、戏剧极好的电影。
58. 我对别人的情绪低潮相当的敏感。
59. 能影响别人使我感到兴奋。
60. 当我答应一件事时，我会竭尽所能监督所有细节。
61. 我希望粗重的肢体工作不会伤害任何人。
62. 我希望能学习所有使我感兴趣的科目。
63. 我希望能做些与众不同的事。
64. 我对别人的困难乐于伸出援手。
65. 我愿意冒一点险以求进步。
66. 当我遵循成规时，我感到安全。

67. 我选车时，最先注意的是好的引擎。
68. 我喜欢能刺激我思考的话。
69. 当我从事创造性的事时，我会忘掉一切旧经验。
70. 我对社会上有许多人需要帮助感到关注。
71. 说服别人依计划行事是一件有趣的事情。
72. 我擅长于检查细节。
73. 我通常知道如何应付紧急事件。
74. 阅读新发现的书是一件令人兴奋的事情。
75. 我喜欢美丽、不平凡的东西。
76. 我经常关心孤独、不友善的人。
77. 我喜欢讨价还价。
78. 我花钱时小心翼翼。
79. 我用运动来保持强壮的身体。
80. 我经常对大自然的奥秘感到好奇。
81. 尝试不平凡的新事物是件相当有趣的事情。
82. 当别人向我诉说他的困难时，我是个好听众。
83. 做事失败了，我会再接再厉。
84. 我需要确切地知道别人对我的要求是什么。
85. 我喜欢把东西拆开，看看能否修理它们。
86. 我喜欢研读所有的事实，再有逻辑地做出决定。
87. 没有美丽事物的生活，对我而言是不可思议的。
88. 人们经常告诉我他们的问题。
89. 我常能借着资讯网络和别人取得联系。
90. 小心谨慎地完成一件事是有成就感的事情。

计分标准

下面的数字代表霍兰德职业性格测试中的题号。

现实型：1、7、13、19、25、31、37、43、49、55、61、67、73、79、85

研究型：2、8、14、20、26、38、32、44、50、56、62、68、74、80、86

艺术型：3、9、15、21、27、33、39、45、51、57、63、69、75、81、87

社会型：4、10、16、22、28、34、40、46、52、58、64、70、76、82、88

企业型：5、11、17、23、29、35、41、47、53、59、65、71、77、83、89

常规型：6、12、18、24、30、36、42、48、54、60、66、72、78、84、90

请算出每种类型打“√”的数目，并填在下面：

现实型______研究型______艺术型______社会型______企业型______常规型______

将上述分数从高到低依次排好，并填在下面：

第一位____________第二位____________第三位____________

第四位____________第五位____________第六位____________

职业性格测试定性评判结果说明

R（实际型）：木匠、农民、操作 X 光的技师、飞机机械师、鱼类和野生动物专家、自动化技师、机械工（车工、钳工等）、电工、无线电报务员、火车司机、长途公共汽车司机、机械制图员、电器师。

I（调查型）：气象学者、生物学者、天文学家、药剂师、动物学者、化学家、科学报刊编辑、地质学者、植物学者、物理学者、数学家、实验员、科研人员、科技作者。

A（艺术型）：室内装饰专家、图书管理专家、摄影师、音乐教师、作家、演员、记者、诗人、作曲家、编剧、雕刻家、漫画家。

S（社会型）：社会学者、导游、福利机构工作者、咨询人员、社会工作者、社会教师、学校领导、精神病工作者、公共保健护士。

E（事业型）：推销员、进货员、商品批发员、旅游经理、饭店经理、广告宣传员、调度员、律师、政治家、零售商。

C（常规型）：记账员、会计、银行出纳、法庭速记员、成本估算员、税务员、核算员、打字员、办公室职员、计算机操作员、秘书。

下面介绍与你三个代号的职业性格类型一致的霍兰德职业代码名录，对照的方法如下：

首先根据你的职业性格代号，在下面找出相对应的职业，例如你的职业性格代号是 RIA，那么牙科技术员、陶工等是适合你的性格的职业。然后寻找与你的职业性格代号相近的职业，如你的职业性格代号是 RIA，那么其他由这三个字母组合成的编号（如 IRA、IAR、ARI 等）对应的职业，也适合你的性格。

霍兰德职业代码

RIA：牙科技术员、陶工、建筑设计员、模型工、细木工、制作链条人员。

RIS：厨师、林务员、跳水员、潜水员、染色工、电器修理工、眼镜制作工人、电工、纺织机械装配工、报务员、装玻璃工人、发电厂操作工人、焊接工。

RIE：建筑和桥梁工程、环境工程、航空工程、公路工程、电力工程、信号工程、电话工程、一般机械工程、自动工程、矿业工程、海洋工程、交通工程技术人员；制图员、家政人员、打捞员、计量员、农民、农场工人、农业机器操作工、清洁工、无线电修理工、汽车修理工、手表修理工、管子工、线路维修工、盖（修）房工、电子技术员、代木工、机械师、锻压操作工、造船装配工、工具仓库管理员。

RIC：船上工作人员、接待员、杂志保管员、牙科医生的助手、制帽工、磨坊工、石匠、机器制造工人、机车（火车头）制造工人、农业机器装配工人、汽车装配工、缝纫机装配工、钟表装配和检验工人、电动器具装配工人、鞋匠、锁匠、货物检验员、电梯机修工、托儿所所长、钢琴调音工、装配工、印刷工、建筑钢铁工人、卡车司机。

RAI：手工雕刻、玻璃雕刻、制作模型人员；家具木工、皮革品制作工人、手工绣花人员、手工钩针纺织工、排字工人、印刷拼板工人、图画雕刻人员、装订工。

RSE：消防员、交通巡警、门卫、理发师、房间清洁工、屠夫、锻工、开凿人、管道安装工、出租汽车驾驶员、仓库管理员。

RSC：汽车驾驶员、货物搬运工、送报员、勘探员、娱乐场所的服务员、起卸机操作工、灭害虫者、电梯操作工、厨房助手。

RSI:纺织工、纺织工、农业学校的教师、某些职业课程教师(诸如艺术、商业、技术、工艺课程)、雨衣上胶工人。

REC:抄水表员、保姆、实验室动物饲养员、动物管理员。

REI:轮船船长、航海领航员、大副、试管实验员。

RES:旅馆服务员、家畜饲养员、渔民、渔网修补工、水手长、收割机操作工、搬行李工人、公园服务员、救生员、登山导游、火车工程技术员、建筑工人、铺轨工人。

RCI:测量员、勘测员、仪器操作者、农业工程技师、化学工程师、民用工程技师、石工程师、资料室管理员、探矿工、煅烧工、烧窑工、矿工、保养工、磨床工、取样员、样品检验员、纺纱工、炮手、绕筒子工、漂洗工、电焊工、锯木工、刨床工、制帽工、手工缝纫工、油漆工、染色工、按摩师、木匠、农民、建筑工人、电影放映员、勘测员助手。

RCS:公共汽车驾驶员、一等水手、游泳池服务员、裁缝、建筑工人、石匠、烟囱修理工、水磨石工、泥水匠、车工、烟囱修建工、混凝土工、电话修理工、爆炸手、邮递员、矿工、裱糊工人、纺纱工。

RCE:打井工、吊车驾驶员、农场工人、邮件分类员、铲车司机、拖拉机司机。

IAS:普通经济学家、农业经济学家、财政经济学家、国际贸易经济学家、实验心理学家、工程心理学家、心理学家、哲学家、内科医生、数学家。

IAR:人类学家、天文学家、化学家、物理学家、医学病理学家、化石修复者、艺术品管理员。

ISC:营养学家、饮食顾问、火灾检查员、邮政服务检查员。

ISC:侦察员、电视播音室修理工、验尸室人员、目录编制人员、医学实验室技师、调查研究者。

ISR:水生生物学者、昆虫学家、微生物学家、配镜师、矫正视力者、细菌学家、牙科医生、骨科医生。

ISA:实验心理学家、普通心理学家、发展心理学家、教育心理学家、社会心理学家、临床心理学家、目录学家、皮肤病学家、神经病学家、妇产科医生、眼科医生、五官科医生、医学实验室技术专家、民航医务人员、护士。

IES:细菌学家、生理学家、化学专家、地质专家、地理物理学专家、纺织技术专家、医院药剂师、工业药剂师、药房营业员。

IEC:档案保管员、保险统计员。

ICR:质量检查技术员、地质学技师、工程师、法官、图书馆技术辅助员、计算机操作者、医院听诊员、家禽检查员。

IRA:地理学家、地质学家、水文学家、矿物学家、古生物学家、石油地质学家、地震学者、声学物理学家、原子和分子物理学家、电学和磁学物理学家、气象学家、设计审核员、人口统计学家、数学统计学家、外科医生、城市规划家、气象员。

IRS:流体物理学家、物理海洋学家、等离子体物理学家、农业科学家、动物学家、食品科学家、园艺学家、植物学家、细菌学家、解剖学家、动物病理学家、作物病理学家、药物学家、生物化学家、生物物理学家、细胞生物学家、临床化学家、遗传学家、分子生物学家、质量控制工程师、地理学家、兽医、放射治疗技师。

IRE：化验员、化学工程师、纺织工程师、食品技师、渔业技术专家、材料和测试工程师、电气工程师、土木工程师、航空工程师、行政官员、冶金专家、原子核工程师、陶瓷工程师、地质工程师、电力工程师、口腔科医生、牙科医生。

IRC：飞机领航员、飞行员、物理实验室技师、文献检查员、农业技术专家、动植物技术专家、生物技师、油管检查员、工商规划者、矿藏安全检查员、纺织品检验员、照相机修理工、工程技术员、编计算机程序者、工具设计者、仪器维修工。

CRI：簿记员、会计、记时员、铸造机操作工、打字员、按键操作工、复印机操作工。

CRS：仓库保管员、档案管理员、缝纫工、讲述员、收款人。

CRE：标价员、实验室工作者、广告管理员、自动打字机操作员、电动机装配工、缝纫机操作工。

CIS：记账员、顾客服务员、报刊发行员、土地测量员、保险公司职员、会计师、估价员、邮政检查员、外贸检查员。

CIE：打字员、统计员、支票记录员、订货员、校对员、办公室工作人员。

CIR：校对员、工程职员、海底电报员、检修计划员、发报员。

CSE：接待员、通讯员、电话接线员、卖票员、旅馆服务员、私人职员、商学教师、旅游办事员。

CSR：运货代理商、铁路职员、交通检查员、办公室通信员。

CSI：簿记员、出纳员、银行财务职员。

CSA：秘书、图书管理员、办公室办事员。

CER：邮递员、数据处理员、航空邮件检查员。

CEI：推销员、经济分析家。

CES：银行会计、记账员、法人秘书、速记员、法院报告人。

ECI：银行行长、审计员、信用管理员、地产管理员、商业管理员。

ECS：信用办事员、保险人员、各类进货员、海关服务经理、售货员、购买员、会计。

ERI：建筑物管理员、工业工程师、农场管理员、护士长、农业经营管理人员。

ERS：仓库管理员、房屋管理员、货栈监督人。

ERC：邮政局长、渔船船长、机械操作领班、木工领班、瓦工领班、驾驶员领班。

EIR：科学、技术和有关周期出版物的管理员。

EIC：专利代理人、鉴定人、运输服务检查员、安全检查员、废品收购人员。

EIS：警官、侦察员、交通检查员、安全咨询者、合同管理者、商人。

EAS：法官、律师、公证人。

EAR：展览室管理员、舞台管理员、播音员、驯兽员。

ESC：理发师、裁判员、政府行政管理员、财政管理员、工程管理员、职业病防治、售货员、商业经理、办公室主任、人事负责人、高度员。

ESR：家具售货员、书店售货员、公共汽车的驾驶员、日用商品的售货员、护士长、自然科学和工程的行政领导。

ESI：博物馆管理员、图书馆管理员、古迹管理员、饮食业经理、地区安全服务管理员、技术服务咨询者、超级市场管理员、零售商品店店员、批发商。

ESA：博物馆馆长、报刊管理员、音乐器材售货员、广告商、导游、（轮船或班机上的）事务长、飞机上的服务员、船员、法官、律师。

ASE：戏剧导演、舞蹈教师、广告撰稿人、报刊专栏作者、记者、演员、英语导游、外语翻译。

ASI：音乐教师、乐器教师、美术教师、管弦乐指挥、合唱队指挥、歌星、演奏家、哲学家、作家、广告经理、时装模特。

AER：新闻摄影师、电视摄像师、艺术指导、录音指导、丑角演员、魔术师、木偶戏演员、骑士、跳水员。

AEI：音乐指挥、舞台指导、电影导演。

AES：流行歌手、舞蹈演员、电影导演、广播节目主持人、舞蹈教师、口技表演者、喜剧演员、模特。

AIS：画家、剧作家、编辑、评论家、时装艺术大师、家具设计师、包装设计师、布景设计师、服装设计师、新闻摄影师、男演员、文学作者。

AIE：花匠、皮衣设计师、工业产品设计师、剪影艺术家、复制雕刻品大师。

AIR：建筑师、画家、摄影师、绘图员、环境美化工、雕刻家、包装设计师、陶器设计师、绣花工、漫画家。

SEC：社会活动家、退伍军人服务官员、工商会事务代表、教育咨询者、宿舍管理员、旅馆经理、饮食服务管理员。

SER：体育教练、游泳指导。

SEI：大学校长、学院院长、医院行政管理员、历史学家、家政经济学家、职业学校教师、资料员。

SEA：娱乐活动管理员、国外服务办事员、社会服务助理、一般咨询者宗教教育工作者。

SCE：部长助理、福利机构职员、生产协调人、环境卫生管理人员、戏院经理、餐馆经理、售票员。

SRI：外科医师助手、医院服务员。

SRE：体育教师、职业病治疗者、体育教练、专业运动员、房管员、儿童家庭教师、警察、引座员、传达员、保姆。

SRC：护理员、护理助手、医院勤杂工、理发师、学校儿童服务人员。

SIA：社会学家、心理咨询者、学校心理学家、政治科学家、大学或学院的系主任；大学教育学、农业、工程、建筑、数学、医学、物理、社会科学和生命科学的教师；研究生助教、成人教育教师。

SAC：理发师、美甲师、包装艺术家、美容师、整容专家、发型设计师。

SAE：听觉病治疗者、演讲矫正者。

SAI：图书馆管理员、小学教师、幼儿园教师、学前儿童教师、中学教师、师范学院的教师；听觉、视觉、智力障碍者的教师；学校护士、牙科助理、飞行指挥员。

SIE：营养学家、饮食学家、海关检查员、安全检查员、税务稽查员、校长。

SIC：描图员、兽医助手、诊所助理、体检检查员、监督缓刑犯的工作者、娱乐指导员、咨询人员、社会科学教师。

SIR：理疗员、救护队工作人员、手足病医生、职业病治疗助手。

心理训练

【生涯幻游】

一、生涯幻游体验说明

《未来典型的一天》

前提：充分放松。

让我们一起乘坐时光隧道机，来到5年后的世界，也就是20××年时的世界，请算一算此时你是多少岁？容貌有变化吗？请你尽量想象5年后的情景，越仔细越好。

好，现在你正躺在家里卧室的床铺上。这时候是清晨，和往常一样，你从睡梦中醒来，先看到的是卧室里的天花板。看到了吗？它是什么颜色？

接着你准备下床，尝试去感觉脚趾头接触地面一刹那的温度，凉凉的？还是暖暖的？经过一番梳洗之后你来到衣柜前，准备换衣服上班。今天你要穿什么样的衣服上班？穿好衣服你看一看镜子，然后你来到了餐厅，早餐吃的是什么？一起用餐的有谁？你跟他们说了什么话？

接下来，你关上家里的大门，准备前往工作的地点。你回头看一下你家，它是一栋什么样的房子？然后，你将搭乘什么样的交通工具上班？

你到达工作的地方，首先注意一下这个地方看起来如何？好，你进入工作的地方，你跟同事打了招呼，他们怎么称呼你？你还注意到哪些人出现在这里？他们正在做什么？

你在你的办公桌前坐下，安排一下今天的行程，然后开始上午的工作。上午的工作内容是什么？跟哪些人一起工作？工作时用到哪些东西？

上午的工作很快结束了。午餐如何解决？吃的是什么？跟谁一起吃？午餐还愉快吗？

接下来是下午的工作，跟上午的工作内容有什么不同吗？你在忙些什么？

快到下班的时间了或者你没有固定的下班时间，但你即将结束一天的工作，下班后你直接回家吗？或者要先办点什么样的事？或者要做一些什么其他的活动？

到家了。家里有哪些人呢？回家后你都做些什么事？晚餐的时间到了，你会在哪里用餐？跟谁一起用餐？吃的是什么？晚餐后，你做了些什么？跟谁在一起？

睡觉前，你正在计划明天参加一个典礼的事。那是一个颁奖典礼，你将接受一项颁奖。想想看，会是一个什么样的奖项？颁奖给你的是谁？如果你要发表获奖感言，你打算讲什么话？

该是上床的时候了，你躺在早上起床的那张床铺上。你回忆一下今天的工作与生活，今天过得愉快吗？是不是要许个愿？许什么样的愿望？

渐渐地，你很满足地进入梦乡。睡吧！一分钟后，我会叫醒你……（一分钟后）

我们渐渐地回到这里，还记得吗？你现在的位置不是在床上，而是在这里。然后，你慢慢地醒过来，静静地坐着。

二、学生讨论、交流、分享

（1）请同学们将这一次幻游活动的过程用你的方式描绘在一张纸上。

（2）完成后大家可以相互讨论下刚才梦到5年后的自己是怎么样的？

（3）请几名同学来分享下5年后的自己是什么样的？

【生涯规划活动】

目标图景化

著名管理学家彼得·德鲁克指出，目标不是命定，而是方向；目标不是命令，而是承诺；目标并不决定未来，而是为了创造未来动员资源和力量的手段。在制定目标的过程中，除了要遵循SMART（Specific，具体；Measurable，可测量；Attainable，可达成；Realistic，现实；Time bound，时间期限）原则之外，一定要将目标图景化，即要将目标视觉化，让理想的图景清晰地展现在自己的大脑中，从而提升个人的直接能动性。兰多等人的研究显示，如果在大学一年级新生规划未来四年的目标时给其一张指向远方的图景式职业目标表，要比只是在一张白纸上简单地写下职业目标对新生的激励效果要强得多。比如，写在图13-1上的目标就比写在图13-2上的目标对个人的激励效果要强得多。

活动任务：

（1）请同学们试着填写图13-1中的目标愿景。

（2）完成填写后，请同学们在小组交流分享自己的目标分别是什么。

（3）在小组内进行讨论并制订有关如何完成目标的具体计划。

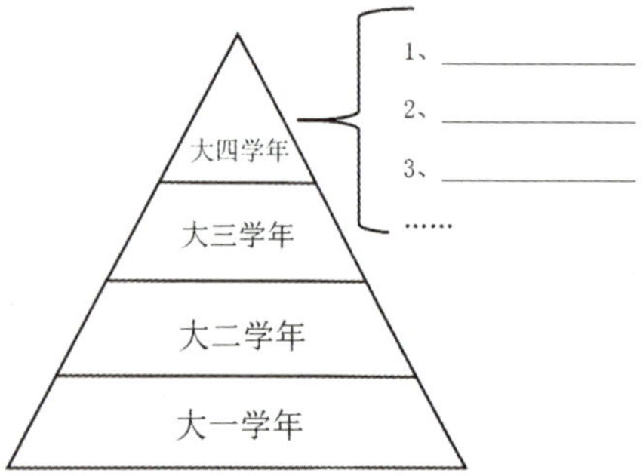

图13-1

图13-2

参考文献

[1] 方平. 自助与成长:大学生心理健康教育[M]. 北京:教育科学出版社,2020.
[2] 冉超凤,黄天贵. 高职大学生心理健康与成长[M]. 北京:科学出版社,2012.
[3] 张信容. 当代大学生心理健康教育[M]. 2 版. 北京:中国铁道出版社,2015.
[4] 梁丹阳,吕智慧. 大学生心理健康教育[M]. 上海:上海交通大学出版社,2016.
[5] 方晓义,夏翠翠. 大学生心理健康教育[M]. 北京:人民邮电出版社,2022.
[6] 王群. 大学心理健康教育[M]. 上海:复旦大学出版社,2005.
[7] 汪海燕,吴才智. 活着没商量:自杀心理及其预防 [M]. 北京:高等教育出版社,2008.
[8] 贾楠,乔凯平. 心理与成长:大学生心理健康指导 [M]. 北京:机械工业出版社,2021.
[9] 夏翠翠. 大学生心理健康教育 [M]. 北京:人民邮电出版社,2022.
[10] 黄希庭,郑涌. 大学生心理健康教育[M]. 3 版. 上海:华东师范大学出版社,2020.
[11] 孙宏伟. 心理危机干预[M]. 2 版. 北京:人民卫生出版社,2018.
[12] 金树人. 生涯咨询与辅导[M]. 北京:高等教育出版社,2007.
[13] 盖笑松. 生涯规划指导[M]. 长春:东北师范大学出版社,2022.
[14] 谢宝国,赵一君,杨光萍. 大学生生涯规划与职业发展[M]. 北京:教育科学出版社,2021.
[15] 刘海东,郑成刚,周艳秋. 职校生心理健康教育[M]. 天津:南开大学出版社,2013.
[16] 朱建军. 释梦[M]. 合肥:安徽人民出版社,2009.
[17] 孔洁,丛山. 高职大学生心理健康指南[M]. 合肥:中国科学技术大学出版社,2006.
[18] 郑日昌. 大学生心理健康——自主与自助手册[M]. 北京:高等教育出版社,2007.